少年趣味读历史

刘建华◎主编

远古时期—东周

九州出版社
JIUZHOUPRESS

图书在版编目（CIP）数据

少年趣味读历史 ： 全六册 / 刘建华主编． -- 北京 ： 九州出版社， 2021.11
ISBN 978-7-5225-0334-9

Ⅰ．①少… Ⅱ．①刘… Ⅲ．①中国历史－青少年读物 Ⅳ．① K209

中国版本图书馆 CIP 数据核字（2021）第 149770 号

少年趣味读历史：全六册

作　　者　刘建华　主编
责任编辑　沧　桑
出版发行　九州出版社
地　　址　北京市西城区阜外大街甲 35 号（100037）
发行电话　（010）68992190/3/5/6
网　　址　www.jiuzhoupress.com
印　　刷　北京一鑫印务有限责任公司
开　　本　880 毫米 ×1230 毫米　32 开
印　　张　18
字　　数　300 千字
版　　次　2021 年 11 月第 1 版
印　　次　2021 年 11 月第 1 次印刷
书　　号　ISBN 978-7-5225-0334-9
定　　价　128.00 元（全 6 册）

前言

浩浩中华，泱泱大国，五千年风云变幻，八千里山河如故，江山代有才人出，各领风骚数百年。滚滚东逝水，浪花淘尽英雄，留下多少可歌可泣的不朽人物与真实故事，在历史的长河中如群星闪耀，演绎着我们绵延不绝的悠悠岁月，蕴含着丰富哲理与深邃智慧。

我们领略这些历史人物的风采，阅读这些历史故事的内涵，能使我们得到智慧的力量和开阔的视野，更能使我们正确地审视过去和展望未来。

历史是一面镜子，是客观存在的事实，真相只有一个，我们尊重历史就是尊重自己。然而，在记载历史或研究历史过程中，却往往随着人们的主观意识而变化和完善，甚至也有歪曲和捏造成分。

特别是近年来受影视、游戏等娱乐媒体的影响，历史被严重地戏说和娱乐化了，失去了历史本来的面貌。因此，我们必须还原历史真相，让我们广大少年儿童正确吸收历史精华，指导他们很好学习知识和健康成长。

英国诗人雪莱曾说：“历史，是刻在时间记忆上的一首回旋诗。”是的，历史往往会以惊人的相似度再次出现。如何从过往相似的历史事件中吸取经验教训？如何利用古人智慧处理现实生活？那就只有学习历史了。

正如唐太宗所说："以史为镜，可以知兴衰。"历史可以提供今人理解过去，并作为未来行事的参考依据。"以史为鉴""读史明智"都是强调历史的现实指导作用，对于个人、民族、人类都是非常有益的启示和帮助。

所以，历史是一个民族宝贵的精神财富，任何一个国家或民族都注重用自己历史教育和鼓励广大人民，特别是广大少年儿童。我们中华民族有着五千年悠久历史，是人类四大文明古国之一，具有无穷智慧与魅力，这是我们民族自立于世界民族之林的资本，也是我们民族得以凝聚并生生不息的命脉，我们更应该用灿烂的历史文化教育我们广大少年儿童，使他们更加珍惜历史，并不断创造辉煌的未来。

中国历史源远流长，千秋文化博大精深，是我们中华各族人民五千年来创造、传承下来的物质文明和精神文明的总和，其内容包罗万象，浩若星汉，具有很强文化纵深，蕴含丰富的历史宝藏。

为此，我们参考了大量历史资料，编撰了这套《少年趣味读历史》。本套作品按历史朝代划分，分为远古时期—东周、秦朝—东汉、三国魏蜀吴—两晋南北朝、隋唐—五代十国、北宋—元朝、明朝—清朝共六册，点面结合，非常系统全面。

本套作品站在历史高度，甄别史实，去伪存真，去粗存精，在保留历史真实情况下，采用富于启发性小故事来传达历史智慧和哲理，同时配有丰富的知识小版块和图文互动的精美图片等，尽量达到丰富、有趣，并十分注意故事性、可读性和知识性，所以易于广大少年儿童阅读和接受，以便产生共鸣和启迪。

目录

目录

·西周·

·东周·

远古时期

约前30世纪初 — 约前21世纪初

盘古是传说中开天辟地的大神，女娲是传说中创造万物的女神。在距今大约六七千年前，中国各地以不同形式进入母系氏族社会的繁荣时期。在大约四五千年前，我国黄河流域和长江流域的氏族，先后进入父系氏族阶段。

盘古开天辟地

据传说远古时期，宇宙不像现在有日月星辰的轮转，没有天地昼夜，也没有山川河流、风云雷雨。整个宇宙混沌一团，里面渐渐孕育了一个生命，这就是盘古。

盘古长期生长在这混沌世界中，感到心烦气闷，便找来先天金石之精的斧凿，将混沌世界劈开。从此，宇宙一变而为天和地，不再是漆黑一片。盘古长长地吐出一口气，闭上沉重的眼皮，与世长辞了。

盘古临死前，他嘴里呼出的气变成了春风和云雾，声音变成了天空雷霆，左眼变成太阳，右眼变成月亮，头发变成颗颗星星，鲜血变成江河湖海，肌肉变成千里沃野，骨骼变

成树木花草，筋脉变成道路；牙齿变成石头和金属，精髓变成明亮珍珠，汗水变成雨露。

传说盘古的精灵魂魄，也在他死后变成了人类。所以，都说人类是世上的万物之灵。

据考古学家研究，盘古并非虚构之中的人物。在上古时代，盘古，又称盘瓠，应是东夷族部落的首领，后来因为变故，其子孙迁移到南海的岛屿之中居住，并建立了盘古国。再后来海水退去、地貌变化，盘古国人纷纷渡海上岸迁移到粤北、广西、湖南、云南等地居住，盘古国才逐渐荒芜并消失了。

女娲抟土造人

传说人类是由女娲抟土造出来的。天地开辟以后，天上有了太阳、月亮和星星，地上有了山川、草木，可是单单没有人类，非常冷清。不知过了多少年，天地间出现了一个神通广大的女神，叫作女娲。

女娲想把世界变得热闹些，就来到水池边，掘起一团黄泥，掺合水仿照自己映在水中的容貌，捏了一个个小人。说也奇怪，小家伙一放到地面，就活了起来，一个劲地叫：“妈妈，妈妈。”

女娲很高兴，又用黄泥捏了一些小人儿。她不停地工作，每天都忙到深夜。她就用树条搅拌上泥浆，向地面洒去。泥浆溅落的地方，顷刻间就出现了许多小人儿。

女娲又想：该怎样让孩子们自己繁衍下去呢？结果女娲参照世上万物传宗接代的方法，把人类分为男女，叫人类也男女配合，繁衍后代。

因为人是仿神的生物，与禽兽不同，所以她又建立了婚姻制度，使之有别于禽兽，后人就把女娲奉为“神媒”。

据传说，天空受到毁坏，露出一个大窟窿，大火和洪水冲向人们，女娲便把五彩石子熔炼成胶糊，把天空窟窿修补好。

有巢氏发明巢居

在上古时期，人少禽兽多，人居住在地面上，经常遭受禽兽的攻击，每时每刻都存在着伤亡和危险。在恶劣环境逼迫下，部分人开始往北迁徙。他们来到今山西和陕西一带，受鼠类动物启发，在黄土高原山坡上打洞，并居住在里面，用石头或树枝挡住洞口，这样就安全了许多。

但是，北方气候寒冷，许多人宁愿留在危险南方，也不肯往北迁移。这时候有巢氏出现了，传说他出生在九嶷山以南的苍梧，曾经游过仙山，得到仙人指点而有了超人智慧。

有巢氏受鸟类在树上筑巢的启发，最先发明了“巢居”。他指导人们用树枝和藤条在高大树干上建造房屋，房

屋四壁和屋顶都用树枝遮挡得严严实实，用以挡风避雨，又可防止禽兽的攻击。人们从此不再过那种担惊受怕的日子了。

巢居在适应南方气候环境特点上有一定优势：远离湿地，远离虫蛇野兽侵袭，有利于通风散热，便于就地取材和建造等。

正是原始社会这种“穴居”“巢居”在长期的历史和环境变迁中，才一步步推动了我们华夏民族的大发展。

有巢氏：又叫“大巢氏”，简称“有巢”。“巢”，相传年号“巢皇”。

华夏：也称“夏”“诸夏”，是古代居住于中原地区的汉民族的自称。

燧人氏钻燧取火

据传说，远古时代发明人工取火的是燧人氏。相传远古人类生吃禽兽，这样很难消化而伤害肠胃，所以人们多患疾病。有一天，燧人氏在周游天下的时候，发现有一种大鸟，在大树上跳来跳去找虫吃，不时用长长的硬喙啄树干，每啄一下，就发出璀璨夺目的火光。

燧人氏受到了启发，想到了取得火种的办法。于是他捡

一根硬木枝，在燧木上钻起来，结果真的发出火光了。可惜用这种树木钻起来的火，只能发光，没有火苗。

燧人氏回到自己家后，继续用别的树木做试验，虽然钻木时很费劲，但终于钻出火了。他无私地把钻木取火的办法教给了人们，人们最终掌握了人工取火的方法。

燧人氏教人们钻燧取火，以火烤猎物的骨肉，不仅味美，而且易于消化吸收，人们也不再患腹疾了。这个传说反映了我国原始时代人类从利用和保存自然火种，再进步到人工取火，是一个漫长的演变过程。

相传由于燧人氏发明钻木取火，他被黄帝封为司徒，主管南方事务。传说燧人氏住于衡山，葬于衡山，人们为了纪念他的重大贡献，将衡山的最高峰命名祝融峰。

神农氏尝百草

在古时候人们还不会种植粮食，得了病也无医无药，生活苦不堪言。后来，部落首领神农氏为了解除百姓的疾苦，亲自品尝了许多种花草，一天之内就曾中毒70次，最后终于找出了各种药用植物和食用植物，人们也从此学会了采药治病和播种五谷。

随着岁月推移，积累的药物知识越来越丰富，并不断得到后人验证，逐步以书籍的形式固定下来，这就是《神农本草经》。

《神农本草经》成为我国最早的中草药学经典之作，对中医药发展产生积极影响，形成了世界闻名的中医药宝库。

神农氏本为姜水流域姜姓部落首领，后发明农具以木制耒，教人们稼穑、饲养、制陶、纺织及使用火，他还发明了医术，制定历法，开创九井相连的水利灌溉技术等。

因为他发明农耕技术而号称神农氏；因以火德王，故称炎帝、赤帝、烈山氏。又成了与黄帝争天下的首领。

《神农本草经》又名《神农本草》，简称《本草经》或《本经》，我国现存最早药学专著。撰人不详，“神农”为托名。全书分三卷，载药365种，其中，植物药252种，动物药67种，矿物药46种，分上、中、下三品，文字简练，成为中药理论精髓。

仓颉发明文字

相传仓颉在黄帝手下当官，黄帝分派他专门管理圈里牲口的数目、屯里食物的多少。随着牲口、食物的储藏数量逐渐增加，光凭脑袋记不住了。仓颉犯难了。

仓颉整日整夜地想办法，先在绳子上打结，用各种颜色的绳子，表示各种不同的牲口。但时间一长，就不奏效了。增加的数目在绳子上打个结很简单，而减少数目时，在绳子上解个结就麻烦了。仓颉又想到了在绳子上打圈圈。

黄帝见仓颉这样能干，叫他管的事情越来越多，年年

祭祀的次数，每次狩猎的分配，部落人丁的增减，都叫仓颉管。仓颉又犯愁了，凭着添绳子、挂贝壳已不抵事了。

经过一番钻研，仓颉根据《洛书》上的符号文字进行深入研究，吸纳从民间搜集来的部分图画文字，便返回故里。

仓颉独居村西深沟，仰观奎星环曲走势，俯瞰龟背纹理、鸟兽爪痕、山川形貌和手掌指纹，受到启迪，根据事物形状创造了象形文字，揭开了人类文明新纪元。

仓颉：颛顼部族人。仓颉死后，葬于鲁山仓头，黄帝赐名仓子头。

洛书：古称龟书，传说有神龟出于洛水，其甲壳上有此图像，结构是戴九履一，五方白圈皆阳数，四隅黑点为阴数。

黄帝大战蚩尤

传说九黎族首领蚩尤长着四只眼睛六只手，人身牛蹄，头上生着锐利的尖角，耳旁鬓毛硬如刀剑，以石头和沙子当饭吃。蚩尤武功高强，还能呼风唤雨。蚩尤共有81个兄弟，全都铜头铁额，凶猛无比。

蚩尤总是利用气候变化，偷袭黄帝，而黄帝军队则把蚩尤围得水泄不通，不留下半点逃窜的空隙。双方军队整整对峙了七七四十九天。蚩尤认为时机已到，命夸父立即传令，准备突围脱逃。

夸父领兵突围，双方开始大战。只见兵器相击，火星飞溅。忽然一阵狂风刮过，只听夸父惨叫一声，跌倒在地。

蚩尤见夸父受了重伤，怒睁双眼，抡起板斧，左右拼杀，领兵杀出一条血路，冲出了重围。黄帝发现蚩尤拼命突围，即命应龙率骑兵跨上火畜，又命风后擂鼓接应。

蚩尤军队溃不成军。轩辕命六路大军，借鼓声威力，发起总攻，一举把蚩尤军队全部消灭在涿鹿之野。

相传轩辕黄帝的母亲叫附宝。传说有一天晚上，附宝看见一道电光环绕着北斗枢星。随即，那颗枢星就掉落了下来，附宝由此感应而孕。

附宝怀胎24个月后，生下一个小儿，这小儿就是后来的黄帝。黄帝一生下来，就显得异常的神灵。生下没多久，便能说话。到了15岁，已经无所不通了。后来黄帝继承了有熊国君的王位。

黄帝统一中原

黄帝大战蚩尤之后，天下又出现骚乱。黄帝知道蚩尤声威还在，于是画了蚩尤画像到处悬挂。天下人都以为蚩尤未死，只是被黄帝降服，更多部落都来归附。

炎帝虽然被蚩尤打败，但是实力尚存。他不满黄帝成为天下共主，企图夺回失去地位，于是起兵反抗。炎、黄二帝发生火并，决战在阪泉之野。经过三场恶战，最终黄帝得

胜。从此，黄帝天下共主地位确立，号令天下，凡是不顺从部落，他都以天子的身份加以讨伐。最后黄帝统一了中原。

黄帝在位期间，经济强盛，政治安定，文化进步，有文字、音乐、历数、宫室、舟车和指南车等发明和创造。黄帝和炎帝被奉为中华民族的共同始祖。

黄帝所居为姬水，据传他出生几十天就会说话，少年时思维敏捷，青年时敦厚能干，成年后聪明坚毅。黄帝有四妃十嫔。正妃为西陵氏，名嫘祖，她教人民养蚕缫丝，织出丝绸做衣裳，故有“先蚕”的称号，次妃名嫫母，传说发明了镜子，虽长相丑陋，但德行高尚，深受黄帝敬重。

尧舜进行禅让

相传尧、舜、禹、汤等均是黄帝后裔，尧封于唐，故称“唐尧”。舜又称“虞舜”。尧把自己两个女儿娥皇和女英嫁给虞舜，派虞舜到各地去同百姓一起干活。

虞舜结婚以后，带着两个妻子一起去种地，虞舜孝顺父母，关心弟弟。大家都说他是一个好儿子，好丈夫，好哥哥。并十分信任他。

经过多方考验，舜终于得到尧的认可。选择吉日，举行大典，尧禅位于舜。尧把治理天下的大权交给舜之后，自己带着一班人到各地去视察了。

虞舜行使了20年治理大权，把事情办理得井井有条，使天下人全都十分佩服。这时候唐尧已经老了，就把部落联盟领袖职权让给了虞舜。

舜接位后，还是既勤劳又俭朴。尧死后，舜想把部落联盟首领之位让给尧的儿子丹朱，可是大家都不赞成。舜才正式当上了首领。这在历史上叫作“尧舜禅让”。

按照《史记》所载传说，舜摄政28年，尧才去世。舜在尧死之后，在位39年，到南方巡守时，死于苍梧之野，葬于江南九嶷山，称为“零陵”。

大禹治水成功

舜经过多方调查，决定任用鲧的儿子禹治理洪水。禹继承父业，决心平复水患，拯救万民。禹深知此事关系重大，便请来几位有威望的长者，共商治水大事。

禹改变了他父亲的做法，带领人们凿开龙门，挖通九条河，经过10年努力，终于把洪水引到大海里，地面上又可以供人种庄稼了。他和人们一起劳动，戴着箬帽，拿着锹子，带头挖土、挑土，禹的脚常年泡在水里，连脚跟都烂了，只能拄着棍子走。

禹30多岁时，在涂山遇到一个名叫女娇的姑娘，两人

便成了亲。禹新婚仅仅四天，还来不及照顾妻子，便为了治水，到处奔波，三次经过自己的家门都没有进。

第一次，妻子生了病，没进家去看望；第二次，妻子怀孕了，没进家去看望；第三次，他妻子涂山氏生下儿子启，婴儿正在"哇哇"地哭。禹在门外经过，听见儿子的哭声，也忍着没有去探望。

禹凭借超常的毅力，跋山涉水，在各地勘察、测量、规划。他还和人们一起运石伐木、开河挖渠，使治水这项宏伟浩大的工程在缓慢而有序地进行着。

禹认真总结前辈治水的教训，寻找治水失败的原因。鉴于前辈治水无功主要是没有根据水流规律因势利导，而只采用"堕高堰库"筑堤截堵的办法，一旦洪水冲垮堤坝便前功尽弃的教训，大胆改用疏导和堰塞相结合的新方法。

一天，禹率百姓由甘肃积石山一路疏通黄河河道而下，走到黄河中游，发现一座大山挡住了黄河的去路，浩荡的黄河水盘旋回流，将高高的孟门山淹没了。禹当即命人将山劈开一个大大的豁口。被困的黄河水开闸般吼叫着狂泻而出，水声震耳欲聋。从此河水常年奔涌畅通无阻。

当时禹将此处命名为龙门，人们为追念他的功绩，称龙门为禹门口。禹的足迹踏遍了黄河两岸，黄河水终于被彻底治服了。

积石山：积石山又称为玛积雪山，在青海东南部，延伸至甘肃南部边境，为昆仑山脉中支。在涂山上，有一座禹王宫，每年阴历三月二十八，周边数万人民都会赶到山顶，向禹王朝拜。

舜将帝位禅让

舜在位33年，把天子位禅让给禹。17年以后，舜在南巡中逝世。三年治丧结束，禹避居阳城，将帝位让给舜的儿子商均。但天下的诸侯都离开商均去朝见禹。

在诸侯的拥戴下，禹正式即天子位，以安邑为都城，国号夏。分封丹朱于唐，分封商均于虞。改定历日，以建寅之月为正月。又收取天下的铜，铸成了九鼎，作为天下共主的象征。

禹做首领后，继续兢兢业业，勤于政务。禹派伯益把稻种分发给住在多雨高温地区的人们，让他们种植水稻。禹又派擅长种植庄稼的后稷将各种粮食分发给不同地区的百姓，解决口粮和种子数量少的问题，并教会人们如何耕种。

由于禹治水有功，又发展了农业生产，各部落人民对他十分拥护。为了歌颂他不畏艰险，为民造福的伟大功德，后人称他为大禹，即伟大的禹。

禹把全国分为九州，并铸九鼎，象征统一天下九州，成为夏王朝的象征。禹建立了我国历史上第一个奴隶制国家，这就是夏朝。标志着我国原始社会的结束、阶级社会的开始，是我国古代社会发展史上的一个重要里程碑。

约前2070 — 前1600

夏朝是我国历史上最早的国家，它开辟了世袭制的先例。中国从夏朝开始进入奴隶社会，夏朝始于夏禹，终于桀，共17帝，延续了约471年，最后被商朝所灭。

大禹建立夏朝

禹担任部落联盟首领后，带着生产工具参加水利工程建设。同时农业生产技术也有了很大进步，出现了许多发明创造，伯益发明了凿井技术，奚仲发明了车，仪狄首创用粮食酿酒。这些发明创造又促进了农业的发展。

在禹统治时期，随着生产力的发展，产品有了剩余，人们学会了酿酒和冶铜，也开始了商品交换。伴随私有制的出现，人们的观念有了质的变化，常常在你抢我夺中发起冲突。大禹万般无奈只好制定禹刑，设置监狱以惩治罪犯。社会的进步使大禹的地位越来越高，他的权力也显得至高无

上。此时的大禹已经不仅仅是一个部落首领，他实际已经是拥有生杀大权的国王了。

禹是活动在崇山一带的夏部落首领，故被称为夏后氏，他建立的我国历史上第一个王朝就被称为夏。夏王朝的建立，标志着我国原始社会的结束，阶级社会的开始，是我国古代社会发展史上的重要里程碑。

禹为了巩固夏王朝，把全国分为九州，即冀州、兖州、青州、徐州、扬州、荆州、豫州、梁州、雍州，进行管理。禹在涂山约请诸侯相会。禹为纪念这次盛会，把各方诸侯部落酋长们送来的青铜铸成九个鼎，象征统一天下九州，成为夏王朝之象征。

夏启继承王位

大禹越来越老，按惯例应该选继承人了。大家一致推荐掌管刑法的皋陶为下一任首领。可是，不久之后皋陶就病死了，大家又推举当年同大禹一起治水的伯益。

此时的大禹已存有私心，很想让自己的儿子启做继承人。可祖上传下的规矩不好破坏，怎么办呢？想来想去，他决定给伯益一个虚名，真正的实权交给儿子。久而久之，启在百姓心中渐渐有了威望。

大禹死后，伯益为他举行了隆重的葬礼。当年大禹为舜举行葬礼后曾将继承人之位让给舜的儿子，但是没有被接受。这次，伯益效仿大禹的样子，也进行避居，假意将王位让给大禹的儿子启。谁知启并没客气，竟堂而皇之地登上了王位。启夺位后，攻杀前朝惯例的继承人伯益。

启这种有违祖规的做法引起了有扈氏的不满，有扈氏联合其他部落组成六军攻打启，但是惨遭失败。伯益和有扈氏的失利，使各部落首领认清现实，都变得顺从，也不敢再有反叛的念头了。

古人有指事为名的习惯，夏启的“启”，显然为启生，“启”的含义是“开启、打开”，启生也就意味着是开启而生，这无疑就是剖腹产术。

夏启荒废国政

夏启即位后打败了伯益和有扈氏，地位得到进一步巩固。他成了一个名副其实的君主，将禅让制彻底改变为世袭制。当了君主的夏启将权力使用得淋漓尽致。他大兴土木修建了王宫和钧台。在王宫中他听音乐、赏歌舞，过着神仙一般令人羡慕的生活。

他在享受的同时，没有忘记学父亲大禹的样子召开首领大会。把地点定在钧台，让众首领聚集在他的脚下。其威风与显赫是以往历代首领无法企及的。

在宫中待腻了，夏启带着王公大臣驾着车浩浩荡荡去各地巡游。当年尧、舜、禹巡游四方是为了解民间疾苦，真正

为百姓做事。而夏启巡游，所到之处恣意玩乐，尽情搜刮，百姓苦不堪言。

启常年不理朝政，渐渐引起众人不满，时有叛乱发生。于是，在夏王朝统治集团内部爆发了夏启五子争夺王位的斗争，其中尤以小儿子武观的行为最为激烈。

夏启派大将彭伯寿统兵平叛。叛乱虽然被镇压了，夏王朝却因此而元气大伤，其统治已经遭到严重削弱。

据传说夏启曾创作了名为《九韶》的大型乐舞。武观战败投降，夏启率部东迁至海滨。

太康昏庸失国

夏启死后其子太康继位。太康在洛水之滨建立新的都城，即夏都斟鄩。太康差遣大量民力，在城内修建宏大的宫殿、宗庙和完善的服务设施。作为一个守成之君，太康承袭了其祖、其父的王位，但是他不具备大禹、夏启的雄才大略，却继承了夏启晚年的腐化生活方式。

新都已建成，太康带着自己的后宫、百官一起到这里玩乐。太康沉湎于声色酒食之中，政事不修，促使内部矛盾日趋尖锐，夏朝外部四夷背叛。他们对自己荒淫的君主失去忠心。

夏王朝的敌人正伺机而动，有穷部族的首领后羿在太康狩猎之际，兵不血刃进入斟鄩。太康知道大势已去，他的民众已用行动证明他们厌倦了这个大禹的孙子。

太康带着自己的少数部众开始流亡生活。很多年后，无名河滨荒原之上有一座孤零零的墓冢，这就是太康最后的归宿。

大禹的儿子启是中国历史上第一个国王，开始了父死子继的帝制时代。然而第一个继承皇位的儿子太康，就因为德行缺失，导致老百姓反感。

太康贪图享乐，在外打猎长期不归，国都被后羿侵占。太康的五个弟弟和母亲被赶到洛河边，追述大禹的告诫而作《五子之歌》，表达了五个人的悔意。

神箭手后羿

相传，嫦娥的丈夫羿是一个神箭手。尧帝时，天上同时出现10个太阳，河流干涸，大地裂开，草木干枯，百姓生命危在旦夕。羿射落九日，拯救了百姓与万物。

由于有穷部落首领箭法高超，人们认为他是神羿再世，便称他为后羿。

有穷部落首领后羿进入夏朝都城后，还不敢自立为王，另立太康的兄弟仲康为夏王，把实权抓在自己手里。

仲康在位期间，后羿广罗党羽。仲康死后立仲康之子相为帝。等到时机成熟，后羿罢黜相并将其放逐到斟灌，夺了夏朝的王位，为夏王朝第六任君王。他仗着射箭的本领，也开始作威作福。

后羿虽然善射，武力强盛，却不修政事，一年到头沉溺于围捕射猎之中。他远离自己的忠臣武罗、伯因等四位大臣，任用东夷族伯明氏出身的寒浞。

寒浞是一个谄上欺下的阴险小人，他表面拥护后羿，暗地却积极扩展私人势力、网罗党羽，谋害了后羿。

斟灌氏：夏代方国，姒姓，夏后相曾居此国。也属地名，即寿光境内。

少康立志复国

寒浞杀了后羿，夺了王位，怕夏族再跟他争夺，便命令自己的长子浇率大军杀死了相。双方激战之时，相的妻子有仍氏从围墙的破洞逃跑，避开浇的士兵，返回了娘家，生下了遗腹子少康。

少康得知自己的身世后，极度悲愤，立志复仇兴国。外祖父见少康人小志大，满心欢喜，命他在有仍氏族中担任牧官。少康向有谋略的人学习治国方略，向有军事才能的人学习排兵布阵，招募武人谋士，密切关注杀父仇人的举动。

浇得知少康的下落后，便派手下大将椒率兵搜捕少康。少康逃到舜的后代有虞氏部落，有虞氏首领虞思见少康年轻有为，十分欣赏，便将自己的女儿嫁与少康为妻，又将一处

叫作纶的地区划分给他做封地。

少康率领大军，在靡以及各部落的支援下，夺取安邑。少康进入安邑后，在靡等人的拥护声中，重新登上王位，恢复了夏王朝的统治。

从“太康失国”到“少康中兴”，前后共约近一百年的时间。少康自幼历尽苦难，复国后能勤于政事，讲究信用。在他治理下，天下安定，文化大盛。

杼继位中兴

杼，又名季杼，是少康之子。少康病死后继位。杼精明干练，曾协助父亲少康攻灭寒氏势力，中兴夏朝。在位期间，决定完成少康的遗愿，攻打东夷。

杼的军队首攻东夷时，被东夷的长距离武器弓矢抵挡，遭受损失，无法前进。

撤军退回都城后，杼发明用兽皮制作铠甲，兵士穿上后，能抵挡敌人的石刀、石箭的砍、射，战斗力大大增强。

杼同东夷族各部落继续争斗，一直攻到东海边，进一步扩大了夏朝的疆域，最后降服了东夷族。

除了东夷，杼还消灭了海边三寿，打败了以狐为图腾的九只胞族，擒获了他们的首领。使东夷等各族进一步融入华夏各族。

杼被夏朝人看成是能够继承大禹事业的一位名主。

杼先后迁都到原和老邱，他在位17年后病死，葬于安邑附近。

“予”本义为“击刺中的矛”，引申义为“向前投送”。“木”与“予”联合起来表示“木制的、向两头投送纬线的织布工具”。

夏朝最辉煌的时代在帝槐时期。槐，杼子，杼病死后继位，在位26年，病死，葬于安邑附近。

残暴孔甲养龙

孔甲是夏王朝少康之后的第八代国君。一天，孔甲与侍从来到一条大河边，他们在河边看见两个庞大的怪物浮在水

面又缓缓爬上岸。一个侍从对他说："这是天帝派来侍奉大王的雌雄二龙，将来天帝希望您像皇帝一样乘坐龙车。"

孔甲命大臣速请驯龙高手刘累驯养那两条"龙"，还赏了刘累许多财物。孔甲对刘累说："我养神龙是为了能坐上龙车，你既然能养龙，就一定能驯龙，我希望神龙早日驾车，我乘龙车巡游天下。"

刘累连续三天送上一盘美味，声称是东海出产的大鱼精肉，可以补养身体，连吃数日，就会身体强壮，乘坐龙车了。孔甲大喜，又赏给刘累大量的财物。

第四天迟迟不见有人送鱼肉来，孔甲等不下去，派人去找刘累，才知他带着财物跑了，而他吃的鱼肉就是"龙肉"。

孔甲在位期间，肆意淫乱，是一位胡作非为的残暴昏君。使得各部落首领纷纷叛离，夏朝国势更衰落，逐渐走向崩溃。

夏桀荒唐暴政

桀是历史上著名的暴君，他长得粗野无比，力大超人，心中毫无点墨。当上君王后，桀整天不思国家大事，而是想着怎样享乐。他派了许多大臣在全国选美女给他享用。诸侯们也都了解了这位大王的习性。

有施氏将部落中最漂亮的妺喜献给桀，以一女而保了平安。桀自从得了妺喜之后，不理朝政，整天和她厮守在一起，对她百般宠爱，为她建立一座宫殿，名为倾宫。

夏桀下令在倾宫庭院挂上肉食，称作肉林，挖个大池，灌满美酒，称作酒池。他与妺喜登上倾宫，三千宫女一齐起舞。舞得累了，宫女们到肉林中摘取肉食，趴在池中痛饮。

妺喜说："裂帛的声音，清脆无比，十分悦耳。"夏桀便命令百姓进贡一百匹帛，叫力大的宫女天天撕裂给妺喜听。

桀自诩太阳却荒淫无度，老百姓对桀恨之入骨，对太阳道："你这个可恶的太阳，什么时候完蛋！"

夏桀，又名癸、履癸，在位52年。桀文武双全，赤手可把铁钩拉直，但荒淫无度，暴虐无道。

商

前1600 — 前1046

商朝是中国历史上的第二个朝代，始于商汤终于纣，前后相传17世31王，延续600年时间。商朝是奴隶制的鼎盛时期，奴隶主贵族是统治阶级，形成了庞大的官僚统治机构和军队。末代君王商纣于牧野之战被周武王击败而亡。从此，商王朝灭亡，被周朝所取代。

商汤十一征

商汤做诸侯君时，正是夏桀暴虐无道、侵夺诸侯、天怒人怨的时候。汤就选择了这个有利时机，开始做灭夏的准备。商汤为了准备灭夏，首先将居住地从商丘迁到商族祖先帝喾曾居住过的亳。在这里积蓄粮草、招集人马、训练军队。

葛是亳西面的一个诸侯国，在诸侯国中并不算大。葛伯是一个忠实于夏桀的奴隶主，是夏桀在诸侯国中的一个耳目。

商汤恐葛伯妨碍他灭夏，就派人挑选了一群肥大的牛羊送给葛伯去祭祀；派亳地的人前往葛地去帮助他们种庄稼，

派商边境的人往葛地送酒饭，给帮助耕种的亳人吃。送酒饭的人都是些老弱和孩子。有一次，一个孩子去送酒肉，因反抗抢劫，竟被葛伯的人杀死。

商汤率兵到葛地把葛伯杀了。商汤从伐葛地开始，逐步翦除夏的羽翼，削弱夏桀的势力，史有“十一征而天下无敌”之说。

大约在公元前1700多年以前，曾有一个“葛国”，即葛伯国，夏代封国之一。自伯益大儿子飞廉为第一任葛伯开始，封爵40位，立国1800年左右。夏朝建立后，启也不亏待元老伯益，特封他的大儿子若木为徐伯、二儿子飞廉为葛伯，此为葛被封国之始。

贤臣辅佐商汤

汤想灭夏，需要找到有才干的人。仲虺就是在这种形势下，来到了商。汤见到仲虺以后非常高兴，向仲虺请教了治国之道。仲虺根据当时天下的形势，分析出了夏桀如此暴政，必然会自取灭亡，人心所向是商。

仲虺鼓动汤积蓄力量，先伐与商为敌的诸侯，破除夏桀的势力，再灭夏建商。

汤见仲虺是有用的人才，任命他为左相，商讨国政；汤

发现伊尹是有才干的人，破格免去伊尹的奴隶身份，任命他为右相。左相仲虺见伊尹是一个贤才，两人的政治主张也相同，也就一心和伊尹合作共同辅佐汤积蓄力量，准备灭夏。汤经常率领仲虺和伊尹出外巡视四周。有了仲虺和伊尹的辅佐，汤治理内部，鼓励商统区百姓安心农耕，饲养牲畜；团结与商友善的诸侯。在仲虺和伊尹的鼓动下，一些诸侯陆续叛夏而归顺商。

仲虺：任姓，薛氏，名莱朱，字仲虺，号中垒，薛邑人，华夏族。商朝开国元勋，杰出的政治家、军事家，奚仲十二世孙，薛姓始祖。二十四岁，继任薛国君主，大力发展生产。后来。投靠成汤，担任左相，成为灭亡夏朝的主要功臣。

商汤灭夏桀

一天，汤到外郊游历，忽然看见一个人四面张着罗网捕鸟，汤就命令他重新祈祷，让他说："想往左的就往左，想往右的就往右，不听从命令的，才进入我的罗网。"人们知道都称赞他是仁慈的国君。

夏桀知道诸侯王商汤居然比自己贤良，而且大多数诸侯都听他的，他有些害怕了，就命令赶快把汤抓起来，囚禁在夏台，就是后来河南努县这个地方。

汤的大臣伊尹心生一计，命人去广搜财宝，挑选美女，派了一个巧舌如簧的使者到夏都去。使者把财宝和美女进献给桀，于是桀就把汤给放了。

汤一回到自己的领地，就着手准备灭夏。他训练军队，准备粮草，打通各诸侯地的关节，形成一种共同讨伐桀的态势。

汤在逐步消灭诸侯国之后，消灭了夏桀，推翻了夏朝统治之后，定都于亳，建立了商王朝。我国历史从此进入了奴隶制的商王朝统治时期。

由于商汤以武力灭夏，打破国君永定的说法，从此我国历代王朝皆如此更迭，因而史称“商汤革命”。汤建立商朝后，影响远至黄河上游，氐、羌部落都来纳贡归服。

功高贤相伊尹

商汤去世后，伊尹又先后辅佐商汤的儿子外丙、中壬两王治国。中壬去世后，伊尹立商汤的孙子太甲继承王位。

伊尹将他留在身边，整日以古为训，给他讲尧、舜、禹怎样治国、夏桀为何亡国、商汤的兴国之道以及国家的法度。太甲依然我行我素，对国事置之不理。

伊尹下定决心要给太甲上一课。伊尹借给先王祭祀的机会，将太甲囚禁在桐宫。伊尹囚禁太甲之后，代行王政，每日处理大量事务。时间一天天流逝，转眼三年过去了。

这一天，伊尹又来到桐宫，太甲忙起身迎接。伊尹没有像往日那样询问他有何进步，而是恭恭敬敬跪在先王灵前拜了三拜。然后站起身对太甲说："微臣斗胆囚禁大王是不得已而为之，如今微臣前来迎接大王回宫。"

太甲这才发现门外停着自己装扮得非常华丽的车子。他泪如泉涌，猛地跪在伊尹面前，一句话也说不出来。

伊尹（公元前1649—前1550），商朝开国元勋，杰出的政治家、思想家，中华厨祖。历事成汤、外丙、仲壬、太甲、沃丁五代君主，辅政五十余年，为商朝兴盛富强立下汗马功劳。

盘庚即位迁都

盘庚是商汤第九代孙。他即位后，开始设法缓和阶级矛盾，去除奢侈恶习、提倡简朴，以图挽救商朝的衰亡。

盘庚经过多方筹划，感到迁都是解决矛盾的最佳途径，于是他决定从奄迁都至殷。

迁都的决定公布之后，反对者主要是奴隶主贵族，他们留恋奄的奢侈生活，纷纷反对迁都的决定。有的贵族甚至威胁盘庚说："我们可以拥立你，也可以罢黜你。"

盘庚是强有力的统治者，他决不因有人反对而改变自己

的决定。他撰写了《盘庚》两篇，宣读了《盘庚》第三篇告诫，以更加强硬的语气再次警告那些奴隶主，又一次将反对的浪潮压制了下去。经过数年的反复斗争，随着新都的逐渐兴建，局面才最终稳定了下来。

盘庚迁殷之后，推行商汤时确立的德政，加强统治，政治上出现了稳定的局面，社会经济和文化也获得了较大发展。殷迅速成为一座十分繁荣的都市。

《盘庚》三篇是《商书》中价值较高的作品。记叙了迁都前后盘庚对贵戚近臣、庶民百姓所发布的谈话和命令，一般认为，它是盘庚当时的演讲词。

武丁重振商朝

商王小乙在位时期，有一个叫傅说的奴隶，他才华出众足智多谋，对国家大事十分关心。后来，他认识了一个叫武丁的杂役，二人极投缘。又过了一段日子，忽然传来国王驾崩的消息，不久，武丁不见了。傅说不知道武丁为什么不告而别，也不知道他的消失是吉是凶。

傅说继续默默地工作，在打骂中过了三年。一天，前呼后拥来了一群达官显贵，见到傅说后倒身便拜，就连奴隶主也连连叩首不敢抬头。傅说恍若梦中，被这一幕惊呆了。原

来，三年前在位的商王小乙是武丁的父亲，因病而死，他将一个千疮百孔的国家留给了武丁。

武丁刚刚即位，根基还不算稳固，他不甘心国家就此衰败，想让有识之士傅说有用武之地。

傅说与武丁的另一个贤臣甘盘合作，共同辅佐武丁，推行仁德；大力发展农业生产，严明法律，使国家一切井然有序，人口增长、国力增强，商王朝再次兴盛。

武丁是商王盘庚的侄子，父亲是商王小乙。武丁任用贤臣傅说为相，妻子妇好为将军，商朝再度强盛，史称“武丁中兴”。

商朝暴君纣王

盘庚死后又传了11个王，最后一个王叫纣。纣原来是一个聪敏且有勇力的人，他能够赤手空拳同野兽格斗，曾倒拉九牛，以手托梁换柱而面不改色。

他早年带兵和东夷进行战争，平定了东夷，把商朝的文化传播到淮水和长江流域。

纣和夏桀一样，只知道自己享乐，根本不管人民的死活。他没完没了地建造宫殿，他在别都朝歌造了一个富丽堂皇的“鹿台”，把搜刮得来的金银珍宝都贮藏在里面；他又

造了一个极大的仓库，叫作“钜桥”，把剥削来的粮食堆积起来；他把酒倒在池里，把肉挂得像树林一样。

他和宠姬妲己过着穷奢极欲的生活，加重了平民奴隶的负担，纣王用各种残酷的刑罚来镇压人民。凡是诸侯背叛他或者百姓反对他，他就把人抓起来放在烧红的铜柱上烤死。这就是“炮烙”刑罚。

纣的残暴行为，加速了商朝的灭亡。这时候，在西部的一个部落周却正在一天天不断兴盛。

殷帝辛名受，“天下谓之纣”，人称殷纣王。为帝乙少子。纣王在位52年。是商朝最后的一个君主，都于沬，改沬邑为朝歌。

西周

前1046 — 前771

周朝是中国历史上的第三个王朝，分为“西周”与“东周”两个时期，史书又将西周和东周合称为两周。周朝传国君37王，享国791年。其中西周共传12王，享国276年。东周与“春秋战国”时期大体重合。

姜太公钓鱼

太公姓姜名尚，又名吕尚，他在没有得到文王重用的时候，隐居在陕西渭水边一个地方。太公经常在番溪旁垂钓。那里是周族首领文王姬昌统治的地区，他希望能引起文王的注意，建功立业。

一天，有一个打柴的来到溪边，见太公用不放鱼饵的直钩在水面上钓鱼，便对他说：“老先生，像您这样钓鱼，百年也钓不到一条鱼的！”

太公举了举钓竿，说：“对你说实话吧！我不是为了钓到鱼，而是为了钓到王与侯！”

文王知道后，先后派士兵和官员去叫他。但是太公从

不搭理，边钓边说："钓啊！钓啊！大鱼不上钩，小鱼别胡闹！"

文王意识到，这个钓者是国之栋梁。他吃素三天，洗澡换衣，带着厚礼前往番溪去请。姜尚辅佐文王，兴邦立国，还帮助文王的儿子武王姬发，灭掉了商朝，被武王封于齐地，实现了自己建功立业的愿望。

姜太公，是中国历史上最享盛名的政治家、军事家和谋略家。他是周文王图商、武王克殷的主谋，周朝开国元勋之一。儒、道、法、兵、纵横诸家皆追认他为本家人物，被尊为"百家宗师"。

周武王伐纣

周文王的儿子姬发即位，姬发就是周武王。拜太公望为师，并且要他的兄弟周公旦、召公奭辅佐，继续整顿内政，扩充兵力，准备讨伐商纣。

公元前1027年，武王听到探子的报告，得知纣王已经众叛亲离。认为时机成熟，发兵5万，请太公望为帅，周公旦、毕公高辅佐，渡过黄河东进。到了孟津，800诸侯重新会师，进攻商纣。

眼看大势已去，纣王下令将所有金银财宝堆到鹿台上。

当夜，就躲进鹿台，放了一把火，跳进火堆里自焚而死。

周武王率大军进入朝歌城。商朝老百姓扶老携幼站在路两旁欢迎周军。武王命令将纣的金银珠宝分给百姓，打开粮仓将粮食分给百姓。武王还叫毕公高释放被商纣关起来的奴隶、罪人以及各地掠夺的女子，让他们获得自由。朝歌城欢声四起。

周武王灭了商朝，结束了商朝600年统治，把国都从丰邑搬到镐京，建立周朝。

为了巩固周朝的统治，周武王把自己的亲属和功臣分封各地，建立诸侯国，一共封了70多个诸侯国。为了安抚商朝残余势力，武王把纣王的儿子武庚封为殷侯，留在殷都。

周成王封叔虞

周成王，姓姬，名诵。其父周武王去世时，他尚年幼，由其叔父周公旦摄政。

周成王小的时候，和与自己感情非常好的小弟弟叔虞在宫中的一棵梧桐树下一块儿玩耍。成王一时兴起，便从地上捡起一片梧桐叶，用小刀切成一个大臣们上朝时手中所持的“圭”，并随手将它送给了叔虞，以玩笑的语气对他说：“我要封给你一块土地，你先把这个拿去吧！”

叔虞便跑去将此事告知他们的叔父周公。周公立刻换上礼服，赶到宫中向成王道贺！成王这才想起此事，说：“我只不过是和叔虞闹着玩，不是真要册封他呀！”

成王的话刚说完，周公立即收起笑容，正色对成王说：“你身为天子，必须一诺千金。如此，你才能得到人民对你的信赖呀！若你罔顾信义，将自己说出口的话视为玩笑，你还有资格做一国的天子吗？”

成王便迅速决定将叔虞册封于唐地。

周公从年轻时代就很有胆识。他跟随武王伐纣的大军东行时，对武王说：“商纣这个暴君残害人民，搅得天下不得安宁。百姓都恨死他了。讨伐这样的暴君，难道还有什么不妥的吗？”

周公的话坚定了武王的决心，于是他们决定克服一切困难，兼程前进，很快取得了战争的胜利。

周公的宽广胸襟

周武王建立了周王朝以后，过了几年就得重病去世了。他的儿子姬诵继承王位，这就是周成王。那时候，周成王才13岁，刚建立的周王朝还不大稳固。武王的弟弟周公旦辅助成王掌管国家大事，实际就是代理天子的职权。

周公尽心尽意辅助成王，管理国事，可是他的弟弟管叔、蔡叔却在外面造谣，说周公有野心，想要篡夺王位当天子。

管叔和蔡叔等人制造的谣言，闹得镐京也满城风雨，连召公也有些怀疑。成王岁数小，对辅助他的叔父也有点害怕。

对此，周公心里感到很难过，他首先同召公披肝沥胆地谈了一次话，告诉召公，自己没有野心，要召公顾全大局，不要轻信外面的谣言。

召公被他这番诚恳的话感动，消除了误会，重新和周公合作。周公在安定了内部之后，毅然调动大军，亲自率领大军东征。

周公制定了许多法令，周朝实行了这些法令，比以前更加稳定了。周公死后，周成王用最隆重的天子礼节，把他葬在文王陵和武王陵附近，表示周公完成了周文王和周武王没能完成的事业。

周成王迁宅成周

周公对洛邑占卜考察，完成了营筑洛邑的工程。周公回到西土，向成王报告营建洛邑的经过。二人经反复协商，欲迁都洛邑。周王朝把自己的都城从西土迁往洛邑。洛邑为夏商旧邦，帝喾故墟，华夏宗地，迁宅于此，利于王化。

成王亲政后，周公对他多次告诫。《尚书·无逸》就是周公对成王的告诫词。周公告诫成王不要过分追求享受，无节制地游乐、嬉戏、酗酒、田猎，于国于身均不利。

这时，淮夷和奄国再次叛乱，成王以召公为太保，以周公为太师，御驾亲征，大破淮夷，残破奄国。这次平叛，确

立了成王的个人权威，巩固了周王朝的政权。

在陕西出土的“何尊”铭文，对成王迁宅洛邑有明确记载，其“迁宅于成周”“宅兹中国，自兹乂民”语，言之凿凿，记载了成王迁宅于成周的历史。

周成王有一次问太史尹佚有关执政方面的问题。他对尹佚说：“我要怎样做才能使天下民众亲近我？”

尹佚回答道：“让天下百姓的劳作要符合时宜，不要过分；自己的行为要恭敬谨慎，顺应时宜。”

康王即位

康王姬钊与其父周成王类似，在即位前并没显示出过人的能力和资质。为此，周成王自然有些担心他不能继承大业，更怕儿子会成为一个碌碌无为的昏君，而把祖宗打下来的江山败在手里。

周成王想到要给儿子安排周公式的人物来辅佐他。思前想后，他心中已经有了不二人选，那就是召公和毕公，让他们来辅佐自己的儿子，周成王自然是很放心了。

于是周成王临终前，便要求召公、毕公辅佐姬钊，并将召公、毕公等大臣召到床前，立下遗嘱。

在遗嘱中，周成王要求大臣们根据遗嘱的精神辅佐、约束周康王严格恪守周文王、周武王的遗训，使他能够制定切实可行的治国方略并认真推行，能够制定严密的法律法令并真正实行而不违背。

总之，就是希望周康王在众大臣的帮助下，克服困难、渡过难关，使周王朝强盛起来，使周康王成为一代明君。

康王登基前，成王作了一篇文章，告诫姬钊要节俭寡欲，勤理国事，守住祖先的基业。

姬钊在位时，不断攻伐鬼方和东南各地，掠夺奴隶和土地，分赏给诸侯、大夫。

康王鬼方之战

周康王即位后，继续推行周成王在位期间所实行的国策，再接再厉，使经济得到更大的发展，国库丰裕，人民安居乐业，社会安定团结，到处呈现一派升平盛世的景象。

当时的鬼方是北方游牧族，他们长期在马上游牧，骑术精湛，机动性极强，由这些牧民所组成的骑兵，战斗力特别强。这些游牧族经常侵扰中原地区，抢掠财物，杀人放火，给边境带来极大的隐患。

为了使国家长治久安，周康王果断做出了发动征伐鬼方战争的决定。于是，康王二十五年，周康王命得力将领率领

大军进攻鬼方。鬼方也调兵迎战。经两次大规模作战，周军约斩杀鬼方4800人，俘获其4名首领及以下1.3万人左右，还缴获了很多车马和大量牛羊。

周军将鬼方又驱逐至远离镐京的汧陇和岐周以西。使边境在很长的一段时间内得到安定。周康王时期成为周朝的盛世。

周康王即位之后写下了《康王之诰》，除了用大量篇幅来叙述登基事项，更有不少关于加强法律法规和治理整顿军队等治国政策。登基伊始，周康王就已经制订出一套比较合理的计划。

昏庸的周昭王

昭王名叫姬瑕，是西周第四位天子，也是周朝的第一个昏君。昭王即位后，沉湎酒色，穷奢极欲，懒理朝政。谁给他呈献珍禽怪兽，他就给谁升官和奖赏。哪里有珍贵名鸟，他就想方设法得到手，为此而耗费了大量财力和物力。

南方有一个少数民族部落叫越裳氏，每次向镐京进贡，总要献上当地特产的一种白雉鸟，这种鸟毛色洁白，鸣声啾啾，悦耳动听，而且肉味鲜美，是宫廷佳肴珍品，十分名贵，昭王异常重视。

后来，越裳氏停止呈献这种名鸟。昭王知道以后，立即向一位大臣责问："越裳氏为什么不给朕进贡白雉鸟？快告诉他们，火速补送，否则，要惩罚治罪。"

大臣连忙回答说："此事与越裳氏无关。自从楚国兴起后，不把周室天子放在眼里，朝贡时断时续。越裳氏那里的白雉鸟，准是受楚国阻拦，不能再献给陛下。"

昭王决定严加惩罚，以儆效尤。

西周的武王、成王和康王，维护周室的一统天下，在历史上出现过著名的"成康盛世"。从昭王十六年开始，亲率大军南征荆楚，经由唐、厉、曾、夔，直至江汉地区，大获财宝，铸器铭功。

昭王南征的下场

昭王这次出征，害苦了沿途的百姓。他命令地方官员必须给周室军队准备安适的住所，精美的食品，保证一切必要的供应，否则，就要撤职，甚至治罪。

昭王军队所到之处，粮食被抢光，牛马被抢走，猪羊鸡鸭被宰杀，家中财物被收走，青年男女被抓。老百姓被昭王军队害得家破人亡，四处逃散，简直无法生活，人人对昭王切齿痛恨。

楚王知道昭王亲率军队前来讨伐，早已做好应战准备。昭王攻打了很长时间，不但没有破城希望，反而被守城的楚

国军民，用强弓硬弩，滚木巨石，杀伤了周室军队的许多士兵。昭王无法持久作战，只好下令撤兵。

汉江岸边的百姓准备了几只大船，把船底凿穿劈开大缝，再用胶粘合好，专等昭王军队上钩。

昭王果然中计，这天偏又风急浪大，人掉在水里，就是会游泳的也无法逃命，大多数士兵很快就葬身江底。昭王不会游水，掉进水里只扑腾了几下，便被水浪吞没。

南征的失败，不仅是周王朝由盛到衰的转折点，也是楚国强大到足以与周王朝抗衡的一个标志。楚国后来成为春秋五霸之一，雄踞南方，问鼎周疆。

周夷王伐太原戎

姬燮原为懿王太子，懿王去世后，就由他继位，但他懦弱无能，被懿王叔孝王夺取了王位。孝王病死，诸侯又依据父死子继的定例，扶立他为帝，就是周夷王。

姬燮对诸侯十分感激，一改以前天子站在堂上受诸侯礼拜的惯例，变为朝见时步下堂来和诸侯相见。他在位期间，被穆王迁居太原一带的犬戎不断地反叛，几次派兵征讨，都未能根除。

周穆王发动征犬戎之战，并将犬戎迁至太原。穆王死

后，恭王、懿王、孝王、夷王、厉王相继即位，在以上诸王在位期间，对戎族之战成为西周中后期对外战争的主要内容之一。

夷王力图征服西戎，以绝除戎族不断侵扰之患。周师进至俞泉，大败戎人。获马千匹，取得较大胜利。

趣味小链接

周夷王：名姬燮，周懿王之子，周孝王侄孙。孝王死后继位。在位30年，病死。姬燮死后的庙号为夷王。

周康王伐鬼方之后，延安一带成为犬戎和猃狁的领地。周夷王曾命虢公攻太原之戎，作战获胜。

西周国人大暴动

周厉王为过奢靡生活，决定增加赋税。大臣荣夷公建议厉王对重要物产实行“专利”。不论王公大臣还是平民百姓，采药、砍柴、捕鱼、猎兽，都必须纳税。还有喝水、走路也得纳税。

厉王搞了三年专利，百姓再也不能忍受了。公元前841年，都城里的小贵族、小商人、手工业者联合起来，冲向王宫，去找厉王算账。起初厉王还想用王师来镇压，可王师中全是些平民百姓。他们见国人造反，很多人也加入了。

周厉王带随从偷偷溜出王宫，把太子靖托付给召伯虎。愤怒的起义群众找不到厉王，决定找太子去抵罪。他们包围了召伯虎的家，勒令他交出太子。召伯虎把自己的儿子冒充

太子，交给了起义群众，这才使太子躲过这场灾难。参加这次暴动的都是居住在都城内外的百姓，故称“国人暴动”。

西周时期，周厉王昏庸无道，他在全国各地派了大量耳目，一旦发现有谁在批评他的政事，马上就抓起来杀头。

周宣王登基

共伯和执政的14年过去了，逃亡在外的周厉王死了，太子靖也已经在召伯虎家里长大成人了。召伯虎觉得时机已经成熟，一天上朝后，他就对共伯和及众大臣讲了真相，大家

见太子还活着，一致同意立他为天子。共伯和知道自己不是周室正宗，而且众怒难犯，也就顺水推舟，亲自到召伯虎家把太子靖接进王宫，举行了隆重的登基仪式。

不久，他就又回到原来的封地，当他的诸侯王去了。新即位的天子，就是周宣王。周宣王在位46年，他鉴于其父“专利”失败的教训，减轻赋税，整顿政纪，周王朝一度呈现稳定局面，史称“宣王中兴”。

但在公元前789年，周朝在千亩一战败给姜戎，使周宣王的统治遭到了沉重打击。周宣王为了补充兵员，清查户口，严格控制逃亡人口，结果引起奴隶和平民的反抗。西周王朝已失去了对社会的控制能力。

周宣王：周朝第十一代王，姬姓，名静，周厉王之子，死后被追谥为世宗。

姜戎：周朝时的一个少数民族。

幽王烽火戏诸侯

周宣王死后，他的儿子姬宫涅即位，就是周幽王。他十分宠爱褒姒，与她终日饮酒作乐。可是褒姒进宫之后，心情闷闷不乐，幽王想尽办法让她笑，她怎么也笑不出来。

有个大臣对幽王说：“现在天下太平，烽火台长久没用

了，我想请大王和娘娘去骊山去玩几天。到了晚上，咱们把烽火点起来，让附近的诸侯赶来。娘娘见了这许多兵马扑了个空，保管会笑起来的。”

附近的诸侯以为犬戎打了过来，赶快带领兵马来救，没想到是大王和王妃放烟花玩呢！诸侯们知道上当，很是气愤地回去了。褒姒真的笑了一下。

诸侯对此异常气愤，就联合犬戎进攻镐京。镐京的兵马不多，勉强抵挡了一阵，被犬戎打得落花流水。犬戎兵马像潮水一样涌进城来，把周幽王和褒姒生的儿子伯服杀了。那个不笑的褒姒，也给抢走了。

褒姒：“千金难买一笑”典故说的就是她。后来大奸臣虢石父，出了个馊主意，这便是有名的“烽火戏诸侯”。

东周

前770 — 前221

西周覆灭后，诸侯拥立原先被废的太子宜臼为王，即周平王，东迁洛邑，史称东周。公元前256年为秦所灭，共传25王，享国515年。

东周是大分裂时期，史称春秋战国。战国末期，秦国吞并六国。公元前221年，秦灭齐，战国结束，秦一统天下。

祝聃箭射周王

春秋战国时，周平王当政51年驾崩，太子孤回京城继承王位，因太悲伤，一回洛阳就死了。孤的儿子继位，就是周桓王。

郑庄公一直对周桓王不满，正巧宋国联合卫国作乱，就联合齐国和鲁国，把宋国打得一败涂地。

周桓王亲率蔡、卫、陈三国军队讨伐郑庄公。郑军养精蓄锐，以逸待劳，一阵奋勇追击，直杀得周王军队丢铠弃甲。

郑国战将祝聃率兵追杀在前，远远地弯弓搭箭，朝周桓王奋力射击，正中桓王左肩。到了营地，祝聃问郑庄公：

"周王已中一箭，我要生擒他，怎么收兵呢？"

郑庄公答道："我们应战是迫不得已啊！周王兵败中箭，已经知道了我们的实力，以后再不敢轻视我们了。"

周王与郑庄公之战最后以"慰问"宣告结束。祝聃给周桓王一箭，说明了当时王室衰落、诸侯强大的现实。

郑庄公出生时难产，他母亲姜氏厌恶他，而爱他弟弟叔段。姜氏千方百计培养叔段，以便取代庄公。郑庄公发现叔段阴谋，派兵包围京襄城，叔段自杀。

庄公对姜氏不满，扬言"不到黄泉不再见面"。后来庄公有些后悔。颍考叔劝谏庄公掘地见泉，母子于地道相见，于是和好如初。

曹刿长勺论战

公元前684年，齐国攻打鲁国。齐国军队所向披靡，很快攻打到了鲁国的长勺。

鲁庄公很着急，派大臣施伯去请擅长军事谋略的曹刿帮忙破敌。曹刿见了鲁庄公，问庄公是不是有对付齐军的良策，庄公说靠的是鲁国上下一条心。

曹刿请求鲁庄公允许他去前方参战，鲁庄公同意了，并和他同乘一辆车向战场进发。在齐军三次击鼓后，曹刿才让

庄公下令击鼓。齐军败逃后，曹刿下了战车，察看齐军车辙后又远望齐军的队形，这才说：“可以追击了。”

鲁庄公问曹刿这样做的原因是什么，曹刿回答说：“打仗凭的是士气，当第二通鼓打响时，齐军将士已有些疲惫。等到第三通鼓时，齐军已经士气全无，而我方士气充足，自然就能取胜。我下车看到齐国的车辙杂乱无章，所以断定他们是真正败逃。”鲁庄公听后钦佩曹刿，拜其为大夫。

鲁庄公，即姬同，为春秋诸侯国鲁国君主之一，鲁桓公的儿子，承袭鲁桓公，担任鲁国君主，在位32年。

齐鲁长勺之战是一次诸侯之间规模不大的战争，在政略、战略和策略上体现了古人可贵的军事辩证法思想。

齐桓公称霸中原

齐国强大后，齐桓公开始想称霸中原。此时正值周庄王去世，宋国内乱之际。管仲认为此时是称霸中原的好机会。

管仲便让齐桓公派齐使去恭贺新任天子周僖王继位，同时让齐使向僖王奏明：希望天子下令，选个诸侯国牵头，召集其他诸侯国，商定宋国国君人选，以平息宋国内乱。周僖王随后写了“由齐侯出面邀请诸侯商讨宋国君位”的命令交给齐使。

不久后，五国在北杏聚首议会。齐桓公规定公子御说为宋国国君，五国一致同意。齐桓公以“匡扶皇室”为由让其

他诸侯选一位领头人。

陈国的国君先表态让齐桓公成为领头人，众人附和，齐桓公便接受了推选。他同到会的四国签订了有关扶助王室等内容的盟约，并商定如有违约者，共同讨伐。

公元前681年，齐桓公成为中原霸主。

齐桓公为了表现自己广集贤士的决心，在宫廷前燃起明亮的火炬。但是点了一年多都没有人来拜见他。这时有一个地位低下的人来求见齐桓公，说自己会九九算术。齐桓公依旧按照庭燎之礼接待了他。一个月后，四面八方的贤士就接踵而至了。

齐桓公九合诸侯

齐桓公帮助燕国打败山戎以后，各诸侯国无不敬服齐国。只有南方的楚国，与齐国对立，要跟齐国一比高低。

公元前656年，齐桓公联合了宋、鲁、陈、卫、郑、曹、许七国军队进攻楚国。

楚成王得到消息后，便派使者前去询问管仲，齐国为何攻打楚国。管仲给出的理由是：因为楚国不再向周天子进贡包茅，对周天子大不敬。使者便保证楚国日后一定准时向周天子进贡。然而使者走后，齐国和诸侯联军又进军至召陵。

楚成王又派屈完去讲和，和谈后，中原八国诸侯和楚国一起在召陵订立了盟约，各自回国去了。

后来，齐桓公帮助周皇室平定了内乱，他趁周襄王送来祭肉答谢自己的时机，又一次会合诸侯，订立了邻国互助盟约。这是齐桓公最后一次会合诸侯。这样的会合，一共有许多次，史称“九合诸侯”。

齐桓公爱穿紫色衣服，齐国上下竞相模仿，导致紫色丝绸价格飞升。

齐桓公认为百姓穿紫色衣服太过奢侈。管仲就让他在明天穿其他衣服，并告诉大臣们他讨厌紫色衣服。齐桓公照做后，齐国人果然不再穿紫色衣服了。

秦穆公重用二相

秦穆公见百里奚已经是一位满头白发的老者，就向他请教富国强兵的方法。百里奚对秦穆公说："我的本事和才华远比不上我的朋友蹇叔，主公若真想实现称霸中原的愿望，就应该拜蹇叔为相。"

秦穆公一听，立即派人去蹇叔隐居的地方，请蹇叔出山。

蹇叔到了秦国，秦穆公向他请教治国图霸的良计。蹇叔略加思索便答道："首先要做到三戒：一戒贪图小利，二戒气愤蛮干，三戒急于求成。"

秦穆公听了蹇叔的一番话，觉得极有道理，真是相见恨晚，连声道："我得蹇叔和百里奚，如同又增左右臂。"

第二天秦穆公就拜蹇叔为右庶长，百里奚为左庶长，他们两个在当时被称为“二相”。

秦穆公在蹇叔和百里奚的辅助之下，兴利除弊实施变革，秦国很快变得强大了，为后来秦始皇统一中国奠定了基础。

蹇叔：春秋时秦国大夫，著名的政治家和军事家。早年游历齐国时，曾收留百里奚。

庶长：是战国秦孝公时期之前的最高官职，掌握军政大权。公元前295年，庶长改名为国尉。

晋文公退避三舍

公元前632年，晋军打下了归附楚国的曹国和卫国，并俘虏了两国国君。楚国的名将成得臣派人通知晋军，要他们释放卫、曹两国国君。

晋文公告诉两国国君，他可以恢复他们的君位，但是要他们先跟楚国断交。曹、卫两国国君同意了晋文公的要求。

成得臣得到消息后，随即展开了对晋军的攻击，晋文公却带着将士接连退让。兵将十分不解。

狐偃解释说：“当初楚王帮助过主公，主公与楚王有约：要是两国交战，晋国情愿退避三舍。今天后撤，是为了

守信啊。”

晋文公退让后，楚军依旧步步紧逼。大战就这样展开了。晋军佯装不敌，慌乱撤退。成得臣骄傲自大，领兵直追，正中了晋军的埋伏，楚军被杀得七零八落。

周襄王得到消息后亲自到践土去慰劳晋军。晋文公趁机约了各国诸侯开大会，订立盟约。就这样，晋文公当上了中原霸主。

晋文公和士大夫黄越约定十天做期限，要攻下原国，超过十天他就撤兵回国。十天后，原国将破，但是晋文公依旧守信撤兵回晋。原、卫两国的百姓听到这件事后认为晋文公讲信义，遂自愿归降于晋文公。

楚庄王一鸣惊人

周顷王六年，楚穆王突然暴病去世，他的儿子旅即位，史称楚庄王。楚庄王在登基后，当政三年中，在处理朝政方面没有任何作为，每天都在吃喝玩乐。他还通令全国：“有敢于劝谏的人，就处以死罪！”

当时，楚国有一个担任右司马官职的人，想劝谏楚庄王励精图治。他灵机一动，决定用猜谜语的办法暗示楚庄王。

第二天，在准备退朝时，他给楚庄王出了个谜语，说：“臣见到过一种鸟，它落在南方的土岗上，三年不展翅、不飞翔，也不鸣叫，这只鸟叫什么名呢？”

楚庄王知道右司马是在暗示自己，就说：“三年不展翅，是在生长羽翼；不飞翔，是在观察民众的态度。这只鸟虽然不飞，一飞必然冲天；虽然不鸣，一鸣必然惊人。我知道你的意思了。”

楚庄王开始奋发图强，励精图治，后来，他带领楚国成了春秋五霸之一。

楚庄王有一匹爱马得肥胖症死了。庄王要以大夫之礼为它安葬。庄王还下令：议论葬马者死。优孟听说后，对庄王说：“这可是大王的爱马，应该以君王之礼安葬啊。”庄王听后，取消了荒唐的葬马打算。

夫差不忘报父仇

春秋后期，位处长江下游地区的吴国和越国，经常互相攻击，战争不断，百姓苦不堪言。

公元前506年，吴王阖闾率兵攻打楚国时，他的弟弟夫概私自率领部分军队返国，意图篡位，并向越国借兵作为外应。阖闾打败楚国，回师平定内乱以后，非常痛恨越国，常想伺机报复。

公元前496年，越王允常去世，其子勾践继位。吴国阖闾得到消息后想趁机攻打越国。越王勾践亲率士兵奋勇抗

敌，吴国惨败。吴王阖闾因受重伤死于路上，夫差成为吴王。夫差继位后一心想报父仇，每天苦练吴国兵马。

公元前494年吴王夫差亲自率领大军攻打越国。越国大夫范蠡对越王说，吴国准备了三年，如今发兵士气正旺，应当避其锋芒。文种也赞同范大夫的看法，并建议同吴国讲和。越王不听，认为讲和有失颜面，便出兵迎战，结果正如范蠡所料，越兵大败。

公元前515年，阖闾在吴王僚的庆功宴上将剑藏在鱼腹中，趁上菜之机刺杀了吴王僚，夺得王位。

夫差：公元前495年至公元前473年在位，家族庙号吴英宗，谥号吴末王。

勾践卧薪尝胆

勾践回国后，他还在屋子里挂了一只苦胆。每次饭前都要舔一下苦胆，提醒自己不要忘了昔日的耻辱与百姓的疾苦。勾践在范蠡、文种的辅佐之下，励精图治，富民兴国。

勾践还采取了许多措施麻痹吴国：贡献美女、玩物、巧匠，让夫差贪图享受，消除其对越的戒心；迎合夫差急于称霸之心，诱导吴国派兵北进中原，耗损其国力。勾践按时给吴国纳贡，使夫差坚信他是真心臣服。

同时，勾践继续贿赂吴国太宰伯嚭，并派出奸细刺探吴国的消息，散布谣言以离间吴国的君臣关系，使夫差错杀忠

良。勾践不时向夫差借粮，减少吴国粮食储存。勾践还施美人计，把名为西施的美女送给夫差。夫差得到西施，极其宠爱，以至言听计从。

公元前482年，越王在吴王去黄池会盟的时候攻打吴国。不久后，吴国被越国所灭，夫差自杀。勾践乘胜率兵北渡淮水，完成霸业，成为春秋时期最后一位霸主。

文种：也作文仲，字会、少禽，一作子禽，春秋末期著名的谋略家。越王勾践的谋臣，和范蠡一起为勾践打败吴王夫差立下赫赫功劳。灭吴后，居功自傲，不听从范蠡功成身退的劝告，后被勾践赐死。

韩、赵、魏分晋

晋平公时，晋国六卿之间斗争激烈。到晋定公时，范、中行两家首先败亡。晋国此时以智氏、赵氏、韩氏、魏氏四家势力最大。这四家中，又以智伯瑶的势力为最大。

智伯瑶逼迫其他三家交出土地，韩、魏两家畏惧智家，便割让了土地。智伯瑶又向赵襄子要土地，赵襄子严词拒绝。公元前455年，智伯瑶随即命令韩、魏两家一起发兵攻打赵氏。赵襄子带着兵马退守晋阳。

晋阳久攻不下。后来，智伯看到了晋阳城的晋水，就在

晋水的上下游筑起大坝，水淹晋阳。这一招很奏效，晋阳城墙都被淹到只露出一尺。可是赵襄子依旧不投降。

赵襄子派家臣张孟谈去游说韩、魏两家。张孟谈告诉他们唇亡齿寒，赵家如果败落，韩、魏两家也会被智伯瑶吞噬。随后，韩魏两家反水，与赵氏合作，开渠引水淹没了智军大营。智伯瑶大败后，其领地和晋国其他土地都被赵、魏、韩三家瓜分。

公元前403年，周天子承认赵、魏、韩三家为诸侯国。

公元前633年晋国作三军设六卿掌管军事大权，到晋平公时，韩、赵、魏、智、范、中行氏六卿相互倾轧。范氏、中行氏、智氏在斗争中败落。后来韩、赵、魏分晋，成为中原大国，位列“战国七雄”。

商鞅实行变法

公元前361年，秦孝公即位，他想改变秦国的形象，就发了求贤令。卫国人公孙鞅见到孝公求贤令后，就去往秦国求见孝公。

公孙鞅见到秦孝公后，认为秦国要想强盛，唯有变法图新。孝公听从了公孙鞅的建议，决心在秦国实施变法。他封公孙鞅为左庶长，掌管变法事宜。

公元前356年，公孙鞅的第一部变法令正式公布了。主要内容为整理治安、加强生产和论功行赏。新法遭到了旧贵族强烈反对。公孙鞅命人将反对者在渭水河边全部斩首。从此，再也没人敢公开反对新法了。

公元前350年，公孙鞅又公布了第二次变法令。新法规

定了赏罚严明，普通百姓和王公贵族，凡有违纪者，一律依法惩治。

变法使秦国变得强盛。公元前340年，公孙鞅带领强兵铁骑一举攻下了魏国的都城。秦孝公因此将商邑一带的15座城池封给了他，称他为商侯。故此，以后人们也管公孙鞅叫商鞅。

商鞅量：商鞅变法时制造的标准量器，刻有铭文32字，容积为202.15毫升，现藏于上海博物馆。

秦孝公：是战国时秦国国君，嬴姓赵氏，名渠梁。先秦男子称氏不称姓，虽为嬴姓却不叫嬴渠梁。

孙膑与庞涓斗智

庞涓到魏国后，得到了魏惠王的赏识，被封为将军。庞涓带兵出征连连得胜，从此更得魏惠王的宠信。

后来，孙膑也来到了魏国。庞涓嫉妒孙膑的才华，便在魏惠王面前诬陷孙膑，使孙膑遭受膑足、黥脸之刑。庞涓认为孙膑从此就是废人，将无法再和自己较量。

不久后，孙膑装疯逃到了齐国。齐国大将田忌赏识孙膑才干，就将他引荐给齐威王。威王钦佩孙膑的才智，对他十分尊敬。

公元前342年，庞涓带领十万大军进攻韩国，韩国向齐国求救。齐威王派兵出战，任命田忌为主将，孙膑为军师。

孙膑设计让齐军佯作溃逃，边退边减少生火的炉灶，诱使庞涓只带轻兵紧追不放。当庞涓追到马陵，天色渐暗。而齐军早就设好了路障和埋伏，魏军一到，万箭齐发，杀声震天。庞涓走投无路，只得拔剑自杀。

孙膑著作的《孙膑兵法》是我国古代著名兵书，《孙膑兵法》古称《齐孙子》。

庞涓：战国初期魏国名将，曾率领魏武卒横行天下，北拔邯郸，西围定阳，他的人生起落成了魏惠王霸权盛衰的标志。

苏秦合纵张仪拆盟

公元前334年，苏秦来到燕国，受到燕文公礼遇。他为燕文公分析当前形势：当今秦国最强，并有吞并各国的野心。燕国要想永保太平，只有与赵国交好，联合中原各国共同抗秦。燕文公深有同感，便派苏秦合纵燕、赵、韩、魏、齐、楚六国。

苏秦圆满地完成了任务。六国国君歃血为盟，封苏秦为“纵约长”，挂六国相印，掌管联盟之事。

秦王听说六国结成了联盟，就决心离间六国。秦王先使魏国和燕国同秦国交好。苏秦得到消息来到燕国，燕易王说

齐国有违盟约，苏秦就帮燕国要回了城池，稳住了联盟。公元前320年，苏秦去往齐国，不久后在齐国遇刺身亡。

苏秦死后，六国合纵渐渐松散。秦相张仪为了拆散六国联盟，先用骗术使楚国和齐国断交，又到其他各国游说，使他们同意“连横”亲秦。苏秦费尽口舌建立的合纵联盟，就这样被张仪的巧嘴尖舌拆散了。

张仪因使得五国连横亲秦，功封五邑，封号为武信君。

苏秦是战国时东周洛阳乘轩里人，字季子，是与张仪齐名的纵横家。

秦、赵渑池相会

公元前279年，秦昭王想和赵国讲和，约赵王在渑池会见。赵王和大臣都很犹豫，去会有危险，不去又太软弱。

蔺相如认为对秦王不能示弱，还是去比较好，赵王才决定动身，让蔺相如随行。大将军廉颇带着军队送他们到边界上，做好了抵御秦兵的准备。

渑池会上，秦王要赵王鼓瑟。赵王忍气吞声地鼓了一段。秦王让人记录下来，说在渑池会上，赵王为秦王鼓瑟。

蔺相如看秦王这样侮辱赵王，他回击道：“请您为赵王

击缶。”

秦王拒绝了。蔺相如说：“您不答应，我就跟您拼了！”

秦王被逼得没法，只好敲了一下缶。蔺相如也叫人记录下来，说在渑池会上，秦王为赵王击缶。

秦王没有占到便宜，他知道廉颇在边境做好了准备，只好让赵王回国。蔺相如在渑池会上又立了功。

渑池：位于河南西部，隶属三门峡市。渑池历史悠久，是中华民族的发祥地之一，远在五千多年以前的新石器时代，就已经有了古人类活动的足迹。

赵括兵败长平

公元前260年，赵秦两国为争夺上党城僵持多日，赵军损失巨大。廉颇决定采取坚守营垒以待秦兵进攻的战略。秦军多次挑战，赵军只守不攻。赵王为此对廉颇不满。秦相应侯和范雎派人向赵国权臣行贿，散布流言，说秦军畏惧赵括，不畏惧廉颇。赵王听信了流言，便派没有才干的赵括替代廉颇为将，命他率兵击秦。

随后秦王任命白起为将军，王龁为副将。赵括下令出击攻秦，白起假装战败逃走，把赵括引进了事先布置好的包围圈。然后秦军从侧面切断赵军的退路，将赵军分成两部分包围在两个小山谷里，动弹不得。被围困46天后，赵括的军队吃光了所有的粮食，开始吃马。赵括没有办法，只好强行突

围。突围中赵括被秦军射死。主将一死，赵国的四十万大军全部投降了秦军。白起命令将这四十万人全部坑杀。

白起：芈姓，白氏，名起，楚国白公胜之后。春秋时期楚君僭称王，大夫、县令僭称公，白起为白公胜之后，故又称公孙起。

信陵君窃符救赵

楚国派兵救赵的同时，魏国也接受了赵国求援的要求。魏安厘王派大将晋鄙率兵援救赵国。赵国派使者向魏国催促进兵。魏安厘王想要进兵，怕得罪秦国；不进兵又怕得罪赵

国，只好不进不退地停着。

赵孝成王十分着急，叫平原君给魏国公子信陵君魏无忌写信求救。信陵君接到信，央告魏安厘王命令晋鄙进兵。魏王始终不答应。信陵君就决定自己到赵国去。信陵君有个朋友叫作侯嬴，侯嬴告诉信陵君，魏王宠爱的如姬可以拿到兵符，信陵君便托人请如姬将兵符偷了出来。

信陵君与侯嬴告别后，就带着兵符来到邺城，选了八万精兵，出发去救邯郸。邯郸城里的平原君见魏国救兵来到，也带着赵国的军队杀出来。两下一夹攻，秦军纷纷败退。信陵君就这样救了邯郸，保全了赵国。

信陵君窃符救赵，表现出信陵君仁而下士的谦逊作风和救人之困的义勇精神。侯嬴告别时对信陵君说："因为年老不能去。在公子到达军营的那一天，我将面朝北而自杀，凭借这个给公子送行。"

秦王政灭六国

公元前230年，秦王先派王翦攻打赵国，赵王听信奸人诬告，错杀大将李牧，不久后赵国战败。公元前225年，秦派兵进攻魏国首都大梁，引黄河、鸿沟之水冲灌大梁城，不久后魏国战败。公元前227年，荆轲刺杀秦王失败，秦派将

军王翦、辛胜率军对燕作战，以燕王杀太子丹，献首求和结束。随后秦军开始攻打楚国，三年后楚国战败。

秦王政二十五年，王贲奉命攻伐燕国在辽东的残余势力，俘获燕王喜，燕国彻底灭亡。秦始皇二十六年，王贲统帅的军队，由燕南部对齐北境突然进攻，直趋齐都临淄。齐国毫无作战准备，竟无应战之兵。齐相后胜劝齐王投降，齐王建不战而降。这样，秦王政用了10年时间，兼并了韩、魏、燕、赵、楚、齐等六国，建立了我国历史上第一个统一的多民族封建中央集权国家。

王翦：战国末期秦国著名战将，与其子王贲一并成为秦始皇兼灭六国的最大功臣。

秦始皇为了有利于管理六国的旧地，开始大幅修筑以国都咸阳为中心，向四面八方延伸出去的驰道。

少年趣味读历史

刘建华◎主编

三国魏蜀吴—两晋南北朝

九州出版社
JIUZHOUPRESS

前言

浩浩中华，泱泱大国，五千年风云变幻，八千里山河如故，江山代有才人出，各领风骚数百年。滚滚东逝水，浪花淘尽英雄，留下多少可歌可泣的不朽人物与真实故事，在历史的长河中如群星闪耀，演绎着我们绵延不绝的悠悠岁月，蕴含着丰富哲理与深邃智慧。

我们领略这些历史人物的风采，阅读这些历史故事的内涵，能使我们得到智慧的力量和开阔的视野，更能使我们正确地审视过去和展望未来。

历史是一面镜子，是客观存在的事实，真相只有一个，我们尊重历史就是尊重自己。然而，在记载历史或研究历史过程中，却往往随着人们的主观意识而变化和完善，甚至也有歪曲和捏造成分。

特别是近年来受影视、游戏等娱乐媒体的影响，历史被严重地戏说和娱乐化了，失去了历史本来的面貌。因此，我们必须还原历史真相，让我们广大少年儿童正确吸收历史精华，指导他们很好学习知识和健康成长。

英国诗人雪莱曾说：“历史，是刻在时间记忆上的一首回旋诗。”是的，历史往往会以惊人的相似度再次出现。如何从过往相似的历史事件中吸取经验教训？如何利用古人智慧处理现实生活？那就只有学习历史了。

正如唐太宗所说："以史为镜，可以知兴衰。"历史可以提供今人理解过去，并作为未来行事的参考依据。"以史为鉴""读史明智"都是强调历史的现实指导作用，对于个人、民族、人类都是非常有益的启示和帮助。

所以，历史是一个民族宝贵的精神财富，任何一个国家或民族都注重用自己历史教育和鼓励广大人民，特别是广大少年儿童。我们中华民族有着五千年悠久历史，是人类四大文明古国之一，具有无穷智慧与魅力，这是我们民族自立于世界民族之林的资本，也是我们民族得以凝聚并生生不息的命脉，我们更应该用灿烂的历史文化教育我们广大少年儿童，使他们更加珍惜历史，并不断创造辉煌的未来。

中国历史源远流长，千秋文化博大精深，是我们中华各族人民五千年来创造、传承下来的物质文明和精神文明的总和，其内容包罗万象，浩若星汉，具有很强文化纵深，蕴含丰富的历史宝藏。

为此，我们参考了大量历史资料，编撰了这套《少年趣味读历史》。本套作品按历史朝代划分，分为远古时期—东周、秦朝—东汉、三国魏蜀吴—两晋南北朝、隋唐—五代十国、北宋—元朝、明朝—清朝共六册，点面结合，非常系统全面。

本套作品站在历史高度，甄别史实，去伪存真，去粗存精，在保留历史真实情况下，采用富于启发性小故事来传达历史智慧和哲理，同时配有丰富的知识小版块和图文互动的精美图片等，尽量达到丰富、有趣，并十分注意故事性、可读性和知识性，所以易于广大少年儿童阅读和接受，以便产生共鸣和启迪。

目录

目录

三国魏蜀吴

220 — 280

三国是上承东汉下启西晋的一段历史时期，分为曹魏、蜀汉、东吴三个政权。赤壁之战时，曹操被孙刘联军击败，奠定了三国鼎立的雏形。

曹操起兵

曹操，字孟德，小名阿瞒，沛国谯县(今安徽亳县)人。他的父亲曹嵩本来姓夏侯，叫夏侯嵩，后来过继给大宦官、中常侍曹腾做养子，才改姓曹。他曾经在东汉朝廷担任过司隶校尉和大司农。

曹操自幼接受封建教育。可是他却更喜欢驾鹰驱狗、骑马射箭。他从小就爱写诗，以诗来表达自己想治理国家的志向和敢于奋争的气魄。他看了许多书，尤其爱读兵书。

他将各家兵法汇集成《摘要》一书，还给我国著名的《孙子兵法》作了注解。年纪轻轻的曹操很快有了名声，就

董卓：字仲颖，东汉末年军阀和权臣，其种种的暴行使之成为中国历史上总体评价极其负面的人物之一。他利用汉末战乱和朝廷势弱占据京城，废立挟持汉献帝，东汉政权从此名存实亡。

连汉末大名士乔玄也赞扬他是“可以安定天下的能人”。

董卓进洛阳的时候，曹操正担任典军校尉的职务。董卓想拉他入伙，任命他为骁骑校尉，董卓越信任曹操，曹操心中越是不安。具有政治头脑的曹操早就看清了董卓的面目。曹操不但不想投靠董卓，反而下了反对董卓的决心。

曹操离开洛阳后来到陈留。陈留一带从上到下都反对董卓。很快，曹操就招募了5000义兵。他开始有了自己的一支队伍，便公开打出了讨伐董卓的旗帜。曹操的威信使很多有才干的人来投靠他。

公元196年，曹操把逃难洛阳的汉献帝迎到了许城（今河南许昌），从那时候起，许城成了东汉临时的都城，因此称为许都。

曹操在许都给汉献帝建立了宫殿，让献帝上朝理政。曹操自封为大将军，开始用汉献帝的名义向各地州郡豪强发号施令。

曹操用皇帝的名义号令天下，又采用屯田办法，解决了军粮问题，还吸收了荀攸、郭嘉、满宠等一批有才能的谋士，他的实力就更加强大起来了。

桃园三结义

刘备，涿郡人，字玄德，自称是西汉皇帝本家中山靖王刘胜的后代。不过传到他这一代的时候，家境已经很贫苦，只能靠和母亲一起编卖草席、麻鞋过日子。在同族人的帮助下，他才拜老师读了一点书。他不大爱读书，喜欢结交豪杰。

张飞，字益德，是刘备的同乡。他性情暴躁，但为人直率，有什么就说什么。他有一身武艺，好见义勇为。

关羽，字云长，是河东解良人，年轻的时候好打抱不平，常常招惹是非。有一回，他因出于义愤杀了一恶霸，被

迫离家逃出潼关。

刘备、关羽、张飞三兄弟桃园结义，刘备的势力也渐渐发展起来。一边招兵买马，一边打制兵器，扩充自己的武装力量。

他们三个带着招募来的士兵，因镇压黄巾起义有功，东汉政府就派刘备做安喜县县尉，主管一县的军事。刘备就此开始起家。

结义：也称结拜。指没有血缘关系的人以磕头换帖、同饮血酒、对天盟誓的方式结为兄弟姐妹，以共同的信仰和誓言来约束和维护共同的利益关系。

刘备义救陶谦

刘备带着关羽、张飞去投奔公孙瓒，他们在公孙瓒那儿讨伐了叛乱称帝的张纯、张举，立下战功。朝廷任命刘备为别部司马。后来，又任命他为平原相，关羽、张飞为别部司马。

赵云，字子龙，常山郡真定人。他身强体壮，武艺超群，为人正派。原属公孙瓒，后归刘备。他和刘备哥俩情同手足。刘备三兄弟带上赵云，一起去上任了。

一天，刘备收到徐州牧陶谦的求援信。因为陶谦的部

将抢走了曹操父亲的全部财宝，并杀了曹家老小。曹操立誓要杀死陶谦。陶谦抵挡不住，便求救于刘备。于是刘备带领3000人马前去援救，逼走了曹操。

陶谦对刘备感激不尽。他认为刘备确是人才，就给刘备4000人马，请他留下来帮助自己。刘备答应了。陶谦立刘备为豫州刺史，请刘备驻扎在小沛。

趣味小链接

陶谦：字恭祖，丹杨郡人。汉末群雄之一，官至安东将军、徐州牧，封溧阳侯。

公孙瓒：字伯珪，辽西令支人。东汉末年献帝年间占据幽州一带，汉末群雄之一。

煮酒论英雄

刘备徐州兵败吕布，就带着关羽、张飞，以及一些亲属官员，连夜逃到许都，投奔曹操，曹操热情地收留了他们。

曹操问道："玄德，你周游四方，见多识广，请问，谁称得上是当代的英雄？"

原来曹操是想在酒后，套刘备的实话，看他是不是也有称霸天下的野心。刘备对此早有防备。举了一些割据一方的军阀，但是曹操都不放在眼中，刘备故作无奈地说："我孤陋寡闻，除了这些人，实在不知道还有谁配称英雄了。"

曹操指指自己，又指指刘备，说："现在天下称得上英

雄的，只有你和我两人呀！”刘备心里一惊，手一松，筷子掉在地上。他赶紧借故弯腰捡起筷子。

刘备见曹操对自己有戒心，就想找个脱身机会，正巧曹操准备派人往徐州截堵袁术，就借口自己熟悉那儿的地形，骗得曹操放他出了许都。

袁术：出身东汉世家，号称四世三公的汝南袁氏，为司空袁逢之嫡长子。

三国时期的“荆襄八俊”有：陈翔、范滂、孔昱、范康、檀敷、张俭、刘表、岑晊。

官渡之战

官渡之战前夕，曹操正躺在床上为军中缺粮发愁，许攸深夜求见。曹操光脚出帐迎接，挽着他的臂膀走入大帐，然后拜伏在地上叩头不已。

许攸慌忙扶起曹操说：“您是丞相，我不过是一个平民，您何必这样谦恭？”

曹操说：“我们是故友，何必分官职上下尊卑呢？”

许攸告诉曹操：“伪装成袁军蒋奇部下去乌巢护粮，就可乘机烧掉袁绍军粮。袁军无粮，不战自溃。”

袁绍70万大军没有了粮食，立时大乱。曹军趁机发起

总攻，把袁军杀得落花流水，袁绍父子仅带800名骑兵逃回河北。

官渡之战曹操创造了以少胜多的军事奇迹，为曹操日后统一北方奠定了基础。官渡之战后不久，袁绍便气急病死，北方就无人能和曹操抗衡了。

东汉末年三国时期的三大“以少胜多”战役分别是：官渡之战、赤壁之战、夷陵之战。

乌巢：汉代地名，因为南临乌巢泽而得名。当时属于酸枣县管辖，故址在今河南省延津县境内。

孙策占据江东

孙策在袁术帐下屡建功劳却不得袁术重用，决定离开袁术，回江东去建功立业。但是由于兵力太小，孙策就要求袁术借兵给他去讨伐刘繇，帮助舅舅解脱困境。袁术也认为刘繇的行为损害了自己江东的利益，于是就借给孙策1000人马。

孙策就在进军江东的途中不断招兵买马，他又得到了好朋友周瑜的援助，补充了粮食及其他必备的物资，加强了自己的力量。

在进攻刘繇的过程中，他在牛渚打败了刘繇的部将张英；又在秣陵打败了笮融；最后终于赶走了刘繇，控制了江

东的一大块地盘。为了争取民心，他严格部队纪律，不许士兵抢劫百姓的财物，也不许虐待俘虏。

不久，就有两万多人投奔孙策。孙策乘胜攻下了吴郡，占领了会稽和其他四个郡，自任会稽太守。从此，他就与袁术断绝了一切联系，开始在江东称霸。

笮融：东汉时期丹杨人，他在下邳所建的浮屠寺、九镜塔在佛教史上具有举足轻重的地位。

刘表：字景升，东汉末年名士，汉室宗亲，荆州牧，汉末群雄之一。

孙权执掌江东

孙策死后，年仅19岁的孙权在长史张昭的帮助下逐渐开始掌握起军政大权。孙策的好朋友周瑜也从巴丘赶回吴郡，来辅佐年轻的孙权。周瑜又向孙权推荐了临淮东城人鲁肃。

孙权开始掌握江东政权的时候，江东刚刚经过战乱，政局不很稳定，这对孙权来说确是一个严峻的考验。江东甚至有人进行了公开的反叛，庐江太守李术就是公开反叛的人之一。

孙权迅速调动军队，消灭了李术，把李术部下的三万多人全部置于自己的控制之下，灭掉李术这件事使大家看出

孙权的气魄、胆略和决策的果断。于是江东的局势就稳定下来了。

在文官武将的辅佐下，孙权用心管理政事，努力增强军事实力。江东大业，在孙权的手中逐渐得到了巩固。

218 年，孙权亲自骑着马去庱亭这个地方射虎，他所骑乘的马被老虎抓伤，孙权把双戟投向老虎，老虎却停了下来，孙权用戈攻击老虎，才把老虎抓获了。孙权每次打猎，常乘马射虎。大臣张昭问孙权说：“你用什么抵挡它？作为君主，应该能驾驭英雄，驱使群贤，怎么能驰骋于原野，骁勇于猛兽？如果有所危险，不是让天下耻笑？”孙权听后认为自己的行为确实欠妥，便谢过张昭说：“我年纪轻考虑事情不周全，太惭愧了。”

徐庶投奔刘备

官渡大战以后，刘备逃到荆州，投奔刘表。刘表拨给他一些人马，让他驻在新野。

刘备在荆州住了几年，刘表一直把他当上等宾客来招待。但是刘备是一个雄心勃勃的人，因为自己的抱负没有能够实现，心里总是闷闷不乐。

他听说襄阳地方有个名士叫司马徽，就特地去拜访。司马徽很客气地接待他，问他的来意。刘备说："不瞒先生说，我是专诚来向您请教天下大势的。"

司马徽听了，哈哈大笑起来，说："像我这样平凡的人，懂得什么天下大势。要谈天下大势，得靠有才能的俊杰。这一带有卧龙，还有凤雏，您能请到其中一位，就可以

徐庶：字元直，颍川人。汉末三国时期人物，本名福，与司马徽、诸葛亮等人为友。

诸葛玄：琅邪阳都人，东汉末年的豫章太守，汉司隶校尉诸葛丰的后代。

平定天下了。”

刘备急着问卧龙、凤雏是谁，司马徽告诉他：卧龙名叫诸葛亮，字孔明；凤雏名叫庞统，字士元。

刘备向司马徽道了谢，回到新野。恰巧这时有一个来投奔他。刘备一看他举止大方，以为他不是卧龙，就是凤雏，热情地接待了他。经过一番谈话，才知道这个人名叫徐庶，也是当地一位名士，因为听到刘备正在招请人才，特地来投奔他。刘备很高兴，就把徐庶留在部下当谋士。

徐庶告诉刘备说：“我有个老朋友诸葛孔明，人们称他卧龙，将军是不是愿意见见他呢?”

刘备从徐庶那里知道了诸葛亮的情况，原来诸葛亮不是本地人，他的老家在琅琊郡阳都县。他少年的时候，父亲死了。他叔父诸葛玄跟刘表是朋友，就带着他到荆州来。不久，他叔父也死了，他就在隆中定居下来。那时，他年纪只有27岁，但是学问渊博，见识丰富，朋友们都很钦佩他。

刘备先后听到司马徽、徐庶这样推重诸葛亮，知道诸葛亮一定是个了不起的人才，就带着关羽、张飞一起到隆中去找诸葛亮。

刘备三顾茅庐

刘备想成就大业。必须找到好帮手。谋士徐庶给他推荐诸葛亮。他就带着关羽、张飞一起到隆中去找诸葛亮。诸葛亮得知刘备要来拜访他，却故意躲开了。

刘备到了那里，扑了个空，跟刘备一起去的关羽、张飞都感到不耐烦。但是刘备却记住徐庶的话，耐着性子去请，一次见不到，第二次再去；两次不见，第三次又去请他。诸葛亮看到刘备这样热情诚恳，就跟着刘备到新野去了。

后来，人们把这件事称作“三顾茅庐”。刘备三顾茅

庐求贤诸葛亮的佳话也一直流传到今天。刘备得到了诸葛孔明，如鱼得水，如虎添翼，实力发展很快，打了一系列胜仗，夺取了许多城市，建立了巩固的立足基地。

刘璋：字季玉，江夏竟陵人。东汉末年割据军阀之一，于220年病逝于荆州。

诸葛亮：字孔明，号卧龙，三国时期蜀汉丞相，杰出的政治家、军事家、散文家、书法家、发明家。他曾革新“连弩”，可同时发射10箭；作“木牛流马”，便于山地军事运输。

曹操挥鞭南征

曹操基本上统一了北方之后，于208年回到邺城，立即开始为南征做军事上和政治上的准备。

在军事上，曹操建造了玄武池训练水军，派遣张辽、乐进等驻兵许都以南，准备南征；同时为了解除后顾之忧，对可能动乱的关中地区采取措施，上表天子封马腾为卫尉，封其子马超为偏将军，继续代替马腾统领部队，令马腾及其家属迁至邺作为人质，以减轻西北方向的威胁。

政治上，曹操罢三公，置丞相、御史大夫，自任丞相，进一步巩固了他的统治地位；捏造罪名杀了多次戏侮及反对

自己的政敌大臣孔融，以维护自己的政治权威。

曹操采用他的战略顾问尚书令、侍中荀彧“显出宛、叶而间行轻进，以掩其不意”的策略，自己亲率大军南征。在曹操大军压境下，刘表病死，刘琮投降，刘备溃逃。

孔融：东汉文学家，字文举，家学渊源，建安七子之首。是孔子的二十世孙。

荀彧：字文若，颍川颍阴人。东汉末年曹操帐下首席谋臣，杰出的战略家。官至侍中，守尚书令，谥曰敬侯。

刘备南逃

曹操亲率大军南征荆州，向宛城、叶县进发。另遣扬武中郎将、谏议大夫曹洪等诸将从东面的小路发动奇袭。

8月，荆州牧刘表病死，其次子刘琮继位。

9月，曹军先锋曹洪陆续在舞阴、博望等地大破荆州军，曹军先头部队已经进至新野。

另外曹操在攻下章陵郡后，又命赵俨以章陵太守兼都督护军，总领张辽、于禁、张郃、朱灵、李典、冯楷、路招七路人马，驻扎于章陵郡，作为后备从东面策应支援。

刘琮惊慌失措，于是接受了蒯越与傅巽等劝说，没有通知屯兵于樊城前线一直在准备抵御曹军的时投荆州的左将军

鲁肃：字子敬，临淮东城人，东汉末年东吴的著名军事统帅。217年，鲁肃去世，年仅46岁，孙权亲自为鲁肃发丧，诸葛亮也为其发哀。

刘备，偷偷地纳表投降曹操。

刘备直至曹操大军到达宛城附近时才意识到刘琮已向曹操投降，于是派人询问刘琮，这时刘琮才派宋忠告知刘备，刘备既惊骇又气愤，为避免陷入孤立，只好立即弃樊南逃。

在渡河至襄阳时，诸葛亮曾劝刘备夺取襄阳，但刘备不愿意，继续南走，另派部将关羽率水军从水路前进。然而，刘琮左右及荆州士民很多都投归刘备，随刘备逃走，结果使刘备军队的速度大大减慢，只能日行10多里。当时江陵贮有大量粮草、兵器等，有人劝刘备留下民众，先攻占江陵，但刘备不愿意。

曹操听到了刘备南走的消息，怕他得到江陵军实，于是放弃辎重，轻装前进至襄阳，然后委任乐进守襄阳、徐晃另屯樊城，亲自与曹纯以及降将文聘等率虎豹精骑5000人追击刘备。

此前，盘踞江东的吴侯、讨虏将军兼领会稽太守孙权势力在暗中不断壮大。听闻曹操南下后，孙权派遣鲁肃前往荆州，去探听刘备等人的意向及消息。

鲁肃到达南郡时，刘琮投降、刘备南逃的消息传来。于是，鲁肃在当阳长阪与刘备会面，劝说刘备与孙权联合。

曹军饮马江汉

曹军虎豹骑以日行300里的速度在长坂追上了刘备，当时刘备虽有10多万众，辎重数千，但能作战的士兵很少。刘备于是抛下妻儿，与张飞、赵云、诸葛亮等数十骑逃走。

曹军夺得刘备军马、辎重不计其数，甚至掳获刘备的两个妻子。由于甘夫人与尚且年幼的刘禅未能及时逃走，赵云于是重新杀回把他们救出。

与此同时，刘备命令张飞率领20骑负责断后，张飞在桥上横矛立马说："张飞在这里，谁敢过来决一死战！"

曹军无人敢近，疑有伏兵暂退，张飞拆桥后追刘备而

去，而曹操返回后亦没有继续追击刘备，而是赶往江陵。

曹操占领江陵后，采取安顿吏民的措施，下令“荆州吏民，与之更始”，宣传荆州“服从之功”，给归附他的人封官加爵。

辎重：军事用语，表示运输部队携带的军械、粮草、被服等物资，后扩用于社会方面。

赵云：字子龙，常山真定（今河北省正定）人。身长八尺，姿颜雄伟，蜀汉名将之一。赵云死后，刘禅又下令追谥赵云为顺平侯。

诸葛亮草船借箭

213年，曹操率大军想要征服东吴。于是，孙权和刘备便联合起来，共同抗曹。

孙权大将周瑜妒忌诸葛亮的才干，要诸葛亮在10天内赶造10万支箭，哪知诸葛亮只要三天，还愿立下军令状，完不成任务甘受处罚。

诸葛亮请鲁肃帮忙借20只船，船用青布幔子遮起来，还要1000多个草把子，排在船两边。第三天四更时候，诸葛亮秘密地请鲁肃一起到船上去，说是一起去取箭。这时候漫天大雾，江上面对面都看不清。天还没亮，船已经靠近曹军的

水寨了。诸葛亮下令把船尾朝东，按一字儿摆开，又叫船上的军士一边擂鼓，一边大声呐喊。

曹军一万多名弓弩手一齐朝江中放箭，箭好像下雨一样。诸葛亮又下令把船掉过来，船头朝东，船尾朝西，仍旧擂鼓呐喊，逼近曹军水寨去受箭。就这样借箭超过了10万支。

趣味小链接

周瑜：字公瑾，庐江舒县人。东汉末年东吴名将，因其相貌英俊而有“周郎”之称。

水寨：古代有山寨之说，旱寨和水寨是其两个分类。一个大的山寨可分为很多个旱寨和水寨，水寨即是在河边处所扎的寨。

赤壁鏖战

赤壁之战，曹操因为北方士卒不习惯坐船，于是将舰船首尾连接起来，人马于船上如履平地。周瑜部将黄盖建议："今寇众我寡，难与持久。然观操军船舰首尾相接，可烧而走也。"

周瑜采纳了黄盖的火攻计策。至战日，黄盖准备了10艘轻利之舰，满载薪草膏油，外用赤幔伪装，上插旌旗龙幡。当时东南风急，10艘船在江中顺风而前，黄盖手举火把，使众兵齐声大叫："降焉！"曹军官兵毫无戒备，"皆延颈观望，指言盖降"。离曹军二里许，黄盖遂令点燃柴草，同时

发火，火烈风猛，船往如箭，烧尽北船，延及岸上各营。顷刻之间，烟炎张天，曹军人马烧、溺死者无数。

赤壁之战，孙、刘联军大胜，曹军大败，为曹、刘、孙三家形成魏、蜀、吴三国鼎立局势奠定了基础。周瑜指挥有方，创造了以少胜多、以弱败强的著名战例，不愧为我国历史上杰出的军事家。

华容古道：在华容县境内，骡马人物自此交通，俗称华容小道。

黄盖：字公覆，零陵泉陵人。历仕孙坚、孙策、孙权三任君主。

刘备自立汉中王

刘备占领了益州以后，东吴孙权派人向他讨还荆州，刘备不同意。双方为了荆州几乎闹翻。后来听说曹操要进攻汉中，益州也受到威胁。刘备和孙权双方都感到曹操是他们强大的敌手，就讲和了。把荆州分为两部分，以湘水为界，湘水以西归刘备，湘水以东归东吴。

刘备安抚下了荆州那一头，就专心对付曹操，请诸葛亮坐镇成都，亲自率领大军向汉中进兵，叫法正当随军谋士。

曹操听到刘备出兵，马上组织兵力，和刘备对抗。曹操

也亲自到长安去指挥汉中战事。双方相持了一年。到了第二年，在阳平关一次战役中，蜀军大胜，魏军的主将夏侯渊被杀。曹操不得不退出汉中，把魏军撤退到长安。

这么一来，刘备在益州的地位更加巩固了。219年，刘备在他手下一批文武官员拥戴下，自立为汉中王。

三国鼎立局势形成。

法正：字孝直，右扶风郡郿人，东汉末年刘备部下重要的谋士。

汉中王：诸侯王的封号，历史上首位汉中王为汉高祖刘邦。

吕蒙白衣渡江

吕蒙从小就练得一身好武艺，年轻时候立了不少战功，受到孙权的器重。后来，吕蒙接替了鲁肃的职位，他认为关羽有兼并东吴的野心，向孙权上书要求出兵对付关羽。正好在这个时候，曹操派使者来联络，要他夹攻关羽。孙权马上复信，表示愿意袭击关羽的后方。

吕蒙计划着如何使关羽放松警惕。吕蒙的身体不好，这一回，他就装作旧病发作，而且说得病得很厉害。孙权也正式发布命令，把吕蒙调回去休养。另派了一个年轻的陆逊去接替吕蒙。

这个消息很快传到樊城。关羽听到吕蒙病重，又听说陆

吕蒙的历任官职有：别部司马、平北都尉、横野中郎将、偏将军、庐江太守、汉昌太守、南郡太守。

徐晃：字公明，河东杨县人。三国时期曹魏名将。曾经参与官渡、赤壁、关中征伐、汉中征伐等几次重大战役。

逊是个年轻的书生，心情就放松多了。

吕蒙到了寻阳，把所有的战船都改装作商船，选了一批精锐的兵士躲在船舱里。船上摇橹的兵士扮作商人，一律穿上商人穿的白色衣服。就这样，一列又一列商船向北岸进发了。

到了北岸，蜀军守防的兵士一看都是穿白衣的商人，就允许他们把船停在江边。没想到一到晚上，船舱里的兵士一齐出来，偷偷摸进江边岗楼，把蜀军将士全部抓住，把岗楼占了。

吕蒙大军神不知鬼不觉地占领了北岸，进军公安。留守公安、江陵的蜀军将领本来对关羽很不满意，经吕蒙一劝降，都投降了。

吕蒙进了寻阳城，派人慰问蜀军将士家属，并且吩咐东吴将士严守纪律，不许侵犯百姓。徐晃把孙权答应曹操夹攻关羽的信抄写了许多份，射进关羽营寨里。

关羽得知吕蒙袭击后方的消息，正在进退两难时，徐晃发起进攻，打败了关羽，使关羽不得不撤去对樊城的包围。

关羽败走麦城

吕蒙是东吴名将，他对孙权说有办法擒拿关羽。让朱然埋伏在麦城以北，潘璋引兵埋伏在临沮。又令将士三面攻打麦城，只空北门 。关羽率关平等200余骑，从麦城北门冲出。走没多远，遇朱然伏兵四面杀来，关羽逃往临沮。行到决石地方，潘璋引伏兵截路，将关羽等人用绊马索绊倒，关羽被马忠捉了。

孙权爱关羽才德，劝他投降，关羽两眼圆睁，厉声大骂。孙权考虑之后，才叫人将关羽父子推出斩首。孙权便依计把关羽的首级送与曹操。曹操明白孙权的用心，将关羽首级配上沉香木身躯，用王侯礼安葬。

关羽父子被害的消息传到成都，刘备大叫一声，昏倒在地。刘备从此不吃不喝，每天只是痛哭不止，连眼睛都哭出血来，发誓要引兵为关羽报仇。刘备在成都南门外亲自主持招魂祭奠，终日号哭不止。

名医华佗听说关羽箭伤不愈，表示能为他割开皮肉，刮骨去毒。手术进行中，华佗刮骨的声音悉悉刺耳，周围的人心惊胆战，掩面失色，而关羽却依然饮酒弈棋，若无其事。

华佗也说："我一生行医，没有见过像您那样沉着坚强的人，真是大丈夫！"

蜀吴大战

赤壁大战以后，曹操对孙权和刘备的威胁暂时解除了，孙、刘之间的矛盾却激化起来。孙权认为荆州应该是东吴的地盘，而刘备却占据不让。后来，刘备去益州，让大将关羽守卫荆州。关羽带兵北上，去攻打曹军，不想孙权却派人从后面袭击，夺取了荆州，又杀了关羽。刘备和关羽情同手足。他发誓要灭了东吴，为关羽报仇。

221年，刘备在成都称帝，国号汉，史称蜀汉，年号章武。刘备即位后的7月，不顾诸葛亮的反对，带领蜀汉的大

部分人马，对东吴发动了大规模战争。

陆逊说："刘备带兵东下，连连得胜，气势正旺，并且占据高处，我们很难攻破他。如果我们出师不利，就会挫伤士气。这是关系全局的大事。我们应当勉励将士，布置防御，等待时机，后发制人。"

蜀军多次挑战，陆逊总是置之不理。这样，吴蜀两军从第二年2月相持至6月。

赵云：三国常山真定人，字子龙。初从公孙瓒，后归刘备。他曾以数十骑拒曹操大军，被刘备誉为"一身都是胆"。

诸葛瑾：字子瑜，琅琊阳都人。诸葛亮之兄，诸葛恪之父。三国时期吴国大臣。

陆逊火烧连营

刘备诱敌之计被陆逊识破，只好从山谷撤出伏兵，让水军离船上岸，和陆军一起，靠着溪沟山涧、树林茂密的地方，扎下互相连接的40多座军营，以便躲避暑热，休整军队，等到秋凉后再向吴军大举进攻。

陆逊先派出一小部分兵力，对蜀军的一个营寨进行试探性进攻，战斗结果吴军吃了亏，可陆逊已经找到了攻破蜀军的办法，那就是用火攻。

陆逊命令水路士兵，用船只装载茅草，迅速运到指定地点；陆路士兵，每人手拿一把茅草，在茅草里藏着硫黄、硝

石等引火物，一到蜀营，就顺风纵火。

吴军又是火攻，又是突然袭击。蜀军毫无防备，顿时乱成一团。各路吴军乘着大火，同时发起攻击，接连攻破了蜀军的40多座营寨。刘备逃到马鞍山，带着残兵败将，杀开一条血路，冲出包围，向西逃跑。刘备摆脱追兵，逃到白帝城。刘备叫来诸葛亮安排后事、托孤而亡。时年63岁。

刘备坟墓：刘备坟墓有两处，一处是成都市昭烈庙内的惠陵；另一处在四川彭山的莲花坝。

白帝城：位于重庆奉节县瞿塘峡口的长江北岸，三峡的著名游览胜地。

诸葛亮集思广益

223年，蜀主刘备去世了。17岁的刘禅，在成都继承了皇位，改年号为建兴元年，加封诸葛亮为武乡侯。

为了把蜀汉治理好，诸葛亮不仅重视选拔人才，而且还不拘一格地任用人才。他曾经把一个国家比做房子，把人才比做支撑房梁的柱子，表示没有人才国家就会灭亡。

诸葛亮说：柱子如果细小脆弱，房子寿命就不会长，顶梁柱要选用好木材，政府官吏也要选拔正直的有才能的人。粗大结实的木材，要经过挑选才能得到，正直有用的人才，

也应该经过选拔才能够得到。诸葛亮自己就是这样做的。

联吴抗魏，本是诸葛亮的重要战略决策。可惜猇亭一战，蜀吴联盟遭到破坏。诸葛亮派邓芝到东吴重修旧好。

由于诸葛亮能够听取不同的意见，重视选拔人才，敢于不拘一格用人才，使得蜀汉政治呈现一派新的气象。

《出师表》是三国时期蜀汉丞相诸葛亮在北伐中原之前给后主刘禅上书的表文，阐述了北伐的必要性以及对后主刘禅治国寄予的期望，言辞恳切，写出了诸葛亮的一片忠诚之心。

诸葛亮斩马谡

228年，蜀汉发动北伐曹魏战争。当时秦岭之西有一条路，地名街亭，是汉中咽喉，兵家必争之地。

诸葛亮让马谡领25000名精兵前往，又叫大将王平去协助他，又派高翔和魏延领兵去接应他们，以防万一。

马谡到街亭看地形以后，不顾王平极力反对，决定扎营在山上。诸葛亮知道后不禁拍案大惊。正在诸葛亮着急时，有人来报紧急军情：“街亭失守！”

马谡与王平败回汉中，诸葛亮要斩马谡。参军蒋琬为他说情。诸葛亮为严明法度，只能泪水盈眶痛斩马谡。

马谡被斩首后，诸葛亮对街亭战役中有功的王平给以

封赏，但对自己却痛加责备。他上书后主刘禅，请求贬官三等。他还公开发出文告，承担了失败的责任。

马谡：字幼常，襄阳宜城人，官至越嶲太守。马谡少时素有才名，和兄长们并称为“马氏五常”。

街亭：相传街泉县名，是由陇城的一口年代久远的泉而得名的，因泉在龙山之下，泉水旺盛，冬夏不减，人们又称之为“龙泉”。

空城计：诸葛亮因错用马谡而失掉战略要地街亭，魏将司马懿乘势引大军15万向诸葛亮蜂拥而来。当时，诸葛亮身边没有大将，只剩2500名士兵在城里。诸葛亮巧用空城计成功退敌。

五丈原悲风

234年，蜀军经过三年的休整，各方面都已准备充分，诸葛亮与东吴联合开始第五次北伐。曹睿派司马懿率大军迎战诸葛亮，自己率兵对付东吴的进攻。

由于过度操劳，诸葛亮身体越来越差。得知东吴攻魏的三路大军，全都吃了败仗的消息。诸葛亮长叹一声，竟昏倒在地上，半晌诸葛亮才苏醒过来，对身边的人说：“我知道自己的病，恐怕活不了多久了。”

后主得知诸葛亮病危的消息后大惊，赶紧派李福前往五丈原慰问。诸葛亮见了李福，对他说：“我辜负先帝托孤重任，不久于人世了。我死之后，你们要尽心尽力地辅佐皇上，国家的法制不能更改，我所推荐的官员也不能轻易废掉，我已经写好了遗表，请转交给圣上。”

姜维护送丞相灵柩回到成都，后主刘禅为其挂孝，带领满朝文武出城20里迎接丞相灵柩。刘禅亲自把灵柩送到定军山安葬，又下诏封诸葛亮为忠武侯。

五丈原：位于岐山县城南，南靠秦岭，北临渭水，东西皆深沟。五丈原位于八百里秦川西端。

三台书案：即诸葛亮墓，在勉县定军山脚下。墓前上岗三层，自定军山向西叠浪而来，约三里许至此成眠弓形，古称“三台书案”。

曹丕的文才武略

曹丕，字子桓，是曹操的第二个儿子。曹操去世后，他袭位魏王，不久代汉称帝，建立魏国。曹丕在政治上和文学上都较有建树。

曹操外出征战，曹丕常代父留守邺城，他和他的同胞弟弟曹植这时都活跃在邺城的文人之中，成为建安文学的核心人物。在父亲有意无意地考验中，曹丕都基本上完成了父亲交付的重托，政治上逐渐成熟。

曹丕还会利用自己在兄弟间居长的地位，笼络一些德高望重、尊礼守旧的老臣，加上曹植浪漫气质和政治上的不在

曹丕《典论》中的《论文》篇，是中国最早的文学批评论文，他把文学提到了“经国之大业，不朽之盛事”的高度，对于后代文学的发展，起了积极的引导作用。

乎，曹操在去世的前两年，终于正式立曹丕为太子。

220年，曹操在洛阳病故，遵他的遗嘱，曹丕把丧事办得十分节俭。这年10月，曹丕自然而然地接受了汉献帝的禅让，建立了魏国，为魏文帝，并把国都从邺城迁到了洛阳。

曹丕即位后，即多次兴兵东伐南征，这些军事行动都是以振奋人心、炫耀武力为目的的，因此也没有取得什么实质性的进展。鉴于东汉外戚宦官干政所造成的政治混乱，曹丕下令后族不得辅政，并规定了宦官的官位极限。

在用人问题上，曹丕改变了父亲不拘一格、唯才是举的用人方针，接受陈群的建议，设“九品官人之法”，取仕开始制度化、有序化。他复兴儒学，放宽刑律，到民间访贫问苦，使百姓在一定程度上得到了休养生息。

226年，曹丕病故于洛阳，享年40岁。“葬首阳陵，自殡及葬，皆以终制从事”，国内服丧三天。

在文学上，史载曹丕创作了上百篇诗文，他的诗多反映宫廷生活，也有描写征夫离妇的思念之情和政治军事的作品。不拘格式，活泼自如，节奏起伏多变。他还把两汉民歌的七言诗运用于文人诗作，《燕歌行》是其杰出的代表。

曹魏灭掉蜀汉

263年，司马昭派将军邓艾、诸葛绪各带兵三万，钟会带兵十几万分三路进攻蜀汉。姜维看到魏军声势浩大，便把蜀兵集中到剑阁，守住关口要道。钟会带兵到剑阁，一时无法攻入。

邓艾带了精兵偷偷绕道到剑阁西面的一条羊肠小道上向南进军。驻守剑阁的蜀军突然见到魏兵出现在城下，来不及组织抵抗，只好投降了。邓艾继续向绵竹进攻。守绵竹的是诸葛亮的儿子诸葛瞻。

邓艾派人送信劝诸葛瞻投降，诸葛瞻把来劝降的使者杀了，决心和邓艾拼个死活。后来，诸葛瞻和他的儿子诸葛尚

都战死了。

邓艾拿下绵竹，直奔蜀汉都城成都。成都的百姓纷纷到山上树林里去避难。朝廷更是乱成一团，后主赶快召集大臣商量。

光禄大夫谯周力主降魏，后主竟采纳了降魏的建议，反缚自己的双手，出城投降，并根据邓艾的命令，令蜀军全部投降，蜀汉灭亡。

邓艾：字士载，义阳棘阳人。三国时期魏国杰出的军事家、将领。

诸葛瞻：字思远，琅琊阳都人；三国时期蜀汉大臣，蜀汉丞相诸葛亮之子。

刘禅乐不思蜀

邓艾灭了蜀汉以后，后主刘禅还留在成都。到了钟会、姜维发动兵变，司马昭觉得让后主留在成都总不大妥当，就派他的心腹贾充把刘禅接到洛阳。

随同刘禅一起到洛阳去的只有地位比较低的官员郤正和刘通两个人。平时，刘禅根本没把郤正放在眼里，到这时候，他才觉得郤正是个忠心耿耿的人。

263年，刘禅被押到洛阳，降封为安乐公。魏国还将他

的子孙和旧臣50多人封侯，以笼络人心，稳定蜀汉局势。刘禅却认为这是对他的很大恩典，感激不尽。

刘禅本来是一个昏庸无能的人。诸葛亮在世的时候，全靠诸葛亮掌管着军政大事，他也不敢自作主张。

诸葛亮死后，虽然还有蒋琬、费祎、姜维一些文武大臣辅佐他，可是他毕竟不像诸葛亮在世时候那么谨慎了。到蒋琬、费祎死去后，宦官黄皓得了势，蜀汉的政治就越来越糟了。

有一次，司马昭为了试探刘禅，于是大摆酒宴，请刘禅和原来蜀汉的大臣参加。宴会中间，还特地叫了一班歌女演出蜀地的歌舞。一些蜀汉的大臣看了这些歌舞，想起了亡国的痛苦，伤心得差点儿掉下眼泪。只有刘禅咧着嘴，傻笑着，观赏得津津有味。

司马昭虽然知道刘禅无能，但对他还是有点怀疑，怕他

表面上装成很顺从，暗地里存着东山再起的野心，有意要试一试他。司马昭问刘禅："你很想念蜀国吧？"

刘禅乐呵呵地回答说："这里很快活，我并不想念蜀国。"

司马昭观察了他的神情，宴会后，对大臣贾充说："刘禅这个人没有心肝到了这步田地，即使诸葛亮活到现在，恐怕也没法使蜀汉维持下去。"

当时在宴会上听到刘禅回答的旧臣郤正，在刘禅回府后就对他说："主公方才的答话不妥。如果以后再问你这类话，主公应该流着眼泪，难过地说：'祖先的坟墓都在蜀国，我怎能不想念呢？'"

后来，司马昭又问刘禅是否想念蜀国，刘禅按照郤正的指教，背出了那几句话，装出一副哭腔。司马昭一见，心中有数，突然说："你的话怎么像郤正说的一样。"

刘禅一惊，立即睁开眼，直视着司马昭，说："这正是郤正教我的。"

司马昭见刘禅实在是个愚蠢透顶的角色，留着不会有什么危害，就没有杀他，让他闲居于洛阳，直到271年病死。

郤正：三国时蜀国官吏、文学家。本名纂，字令先。河南偃师人。

刘禅：蜀汉后主，字公嗣，小名阿斗。刘备的长子，母亲是昭烈皇后甘氏。三国时蜀汉第二位皇帝。

两晋

265 — 420

晋朝，上承三国，下启南北朝，分为西晋与东晋两个时期，其中西晋为中国历史上大一统王朝之一，东晋则属于六朝之一，两晋共传十五帝，共155年。

司马炎登基称帝

265年，曹操的后代曹奂被迫让位于司马懿的孙子司马炎，司马炎当了皇帝，建立了晋朝，史称晋武帝。

杨皇后生了三个儿子，老大叫司马轨，两岁时就生病死了。老二司马衷，老三司马东。要立太子，只有在这两个孩子中选择。按常理，应该选立年龄大的司马衷为太子，可这个儿子智力非常差，七八岁了，连一个字都教不会。

司马炎不想让司马衷当太子，怕他长大后不会治国，可是杨皇后在司马炎面前说，立太子应该按年龄大小来排列。

司马炎宠爱的赵夫人又在司马炎跟前帮杨皇后说话，加

上杨皇后的哥哥杨骏等人也帮司马衷说话，267年正式立司马衷为太子。

一次，司马炎问司隶校尉刘毅："你说我能与汉朝的哪个皇帝相比？"

司马炎觉得他肯定会说刘邦、刘彻以及刘秀之类有名的皇帝，没想到刘毅却说他只能和桓帝、灵帝相比。

司马炎很不高兴，因为这两个皇帝统治时期是东汉政局最混乱的时候。司马炎不甘心地问："我怎么会和他们一样呢？"

刘毅直言不讳地说："当年桓帝时也有卖官的事，但桓帝让人把钱都归入了国库，陛下您现在卖官所得的钱却都进了自己的腰包。"

王濬用楼船破吴

279年，晋武帝司马炎决定发兵二十多万，分几路进攻东吴国都建业。280年，打中路的杜预和打东路的王浑两路人马都节节胜利。只有王濬的水军，到了秭归，因为楼船被铁链和铁锥阻拦，不能前进。

王濬吩咐晋兵造几十只大木筏，派几个水性好的兵士带领这一队木筏随流而下，在木筏上架着一个个很大的火炬。

他让这些装着大火炬的木筏驶在战船前面，遇到铁链，就烧起熊熊大火，时间一长，那些铁链铁锁都被烧断了。

王濬的水军很快就和杜预中路的大军会师。杜预竭力支持王濬带领水军直扑东吴国都建业。王濬的水军几乎没有遇到抵抗，一帆风顺地到了建业。

吴国末代皇帝孙皓让人反绑了双手，带领东吴大臣，到王濬的军营前投降。这样，魏、蜀、吴三国分立时期宣告结束，晋朝统一了全国。

建业：是历史上三国之一的吴都，南北朝时南朝宋，齐，梁，陈，五代十国几个朝代建立都城的地方，即今南京。

王濬：字士治，小字阿童，弘农湖县人。西晋时期著名将领。

晋朝的痴呆皇帝

太子司马衷按皇家规矩应该选择太子妃了，这又是一件大事，大臣们都很关心这件事。车骑将军贾充是晋朝的功臣，当年就是他帮助司马昭杀掉了曹髦的，在征讨蜀国时也立过大功，被司马炎封为鲁公。

鲁公有两个女儿在家等待出嫁，年龄与太子相仿，大女儿叫贾南风，小女儿叫贾午，两个女儿都不漂亮，而贾南风特别丑陋，如果公平地竞争，不可能入选为皇太子妃的，贾充和妻子郭槐一商量，决定走走后门试试。

贾充的妻子郭槐买通皇宫里的仆人，给杨皇后送去很多礼物，又在杨皇后面前吹嘘贾充的女儿怎样好品行，就是像

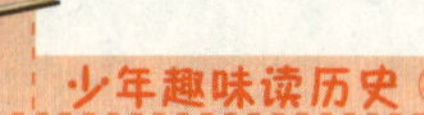

太阳陵：是惠帝之墓，位于河南洛阳，惠帝司马衷死于306年，时年48岁。

貌差一点。杨皇后被说动了心，又来劝武帝司马炎，说贾充是国家的功臣，他的女儿贾南风又有德行，又有才学，应该选作皇太子妃，至于相貌不好看那是小事一桩。武帝司马炎经不住皇后的劝说，便让贾充的女儿当太子妃。

又是几年过去了，太子司马衷依然没精明起来。司马炎暗暗担心，有些心直口快的大臣也就旁敲侧击地谈论这件事。有一次，大臣卫瓘借着酒兴壮着胆，用手摸着武帝的座椅说："好一个宝座啊！"司马炎也听出了卫瓘的话音。

经卫瓘这么一说，司马炎决定看一下太子的本事。他想出一个办法，将太子和太子宫中所有官员召集到一起，就治国治民的事出了几个题目，要太子写出答卷。太子根本没这个能耐，还是太子妃贾南风让张泓将答卷写好，让太子抄好，送给司马炎，司马炎一看，觉得还可以，也就放心了。

290年，司马炎病死，太子司马衷即位皇帝，他就是晋惠帝，惠帝封贾南风为皇后，将朝政大权交给舅舅杨骏掌管，内部事务全由贾南风负责。

司马衷当皇帝，完全是个傀儡，在中国古代的帝王中，他算是最愚蠢的一个。有一年发生了水灾，下级官员报告说老百姓没饭吃，要求政府开仓放粮，司马衷竟说："没饭吃为什么不吃肉粥呢？"弄得大臣们哭笑不得。

晋宫内乱爆发

在晋武帝病重期间，杨芷皇后的弟兄杨骏独揽大权。武帝一死，杨骏第二天便扶持司马衷继位登基。杨骏从此说一不二，这惹怒了皇后贾南风。

291年，楚王司马玮和东安公司马繇各带一队人马将杨府包围。这两队人马先后冲进杨府，放起大火，杨府内慌作一团，杨骏被武士杀死。

元老卫瓘发现楚王司马玮自恃讨杨有功，日渐骄横，留在京城恐有后患，建议司马亮对他要小心。司马亮当即决定，奏明惠帝，让楚王离京，到原来的襄阳为官。

两位大臣密谋之事，传到了楚王司马玮耳中，他怒发冲冠，借贾后之手除掉两位老臣。

大臣张华进言贾后，楚王杀人成性，如朝中大权落入他手，惠帝和皇后也难安宁。贾后一听言之有理，采用大臣张华计谋又除掉楚王司马玮。

杨芷：字季兰，小字男胤，晋武帝司马炎第二任皇后。其堂姐杨艳是司马炎第一任皇后。晋惠帝的姨母兼继母。

驺虞幡：一种绘有驺虞图形的旗帜，用以传旨解兵。

晋朝八王之乱

楚王玮被杀以后，朝廷上没有辅政的大臣，名义上是晋惠帝做皇帝，实际上是贾后专权。

赵王伦杀了贾后掌握政权，野心更大。他当了相国还不满足。过了一年，干脆把晋惠帝软禁起来，自己称起皇帝来。他一即位，就把他的同党，不论文官武将，或是侍从、兵士，都封了大大小小的官职。

各地的诸侯王听说赵王伦做了皇帝，谁都想夺这个宝座。这样，在他们之间就展开了一场又一场的厮杀。参加这场混战是赵王司马伦、齐王司马冏、成都王司马颖、河间王

司马颙、长沙王司马乂、东海王司马越。加上已经被杀的汝南王亮、楚王玮，一共有八个诸侯王，历史上称为“八王之乱”。

八王之乱前后延续了16年，到了306年，八王中的七个都死了。留下的最后一个东海王司马越，毒死了晋惠帝，另立了惠帝的弟弟司马炽，这就是晋怀帝。

趣味小链接

司马冏：西晋宗室。字景治，河内温县人。司马昭之孙，齐王司马攸子。袭封齐王。

司马炽：字丰度，西晋王朝的第三代皇帝，307 年至 313 年在位。为司马炎的第二十五子。

李特的“流民”军

298年，关中地区闹了一场大饥荒，略阳、天水等六郡十几万流民逃荒到蜀地。氐族人李特和他兄弟李庠、李流也跟着流民一起逃荒，一路上，李特兄弟常常接济他们。流民都很感激、敬重李特兄弟。

益州刺史罗尚知道流民逃到蜀地，却要把这批流民赶回关中去。流民们听到官府要逼他们离开蜀地，李特几次向官府请求放宽遣送流民的限期，官府不仅没有答应李特的请求，还要对流民们采取突袭。

李特听说了这个消息，立刻把流民组织起来，准备好

武器，布置阵势，准备抵抗晋兵的进攻，最后流民将晋军击败了。流民们请求李特替他们做主，大家推李特为镇北大将军，李流为镇东将军。李特在奋勇抵抗之后，战败牺牲。

304年，李特的儿子李雄自立为成都王。过了两年，又自称皇帝，国号“大成”。后来到李雄侄儿李寿在位时，改国号为“汉”。所以历史上又称“成汉”。

李寿：字武考，李特季弟骧之少子，雄僭号，十六国时成汉皇帝。

成汉国：是两晋之际的五胡十六国之一，盛时有今四川东部和云南、贵州的各一部分。

刘渊建立汉赵

当李特流民起义发生时，五部大都督刘渊已经在到处招兵买马，刘渊的祖上是匈奴人，从汉高祖刘邦开始，汉皇族和匈奴贵族通亲，一些匈奴贵族认为自己是汉皇室刘家的后代，逐渐改姓刘。

304年，正是“八王之乱”发生时，刘渊借口说回匈奴借兵帮助司马颖作战，跑回匈奴贵族的聚居地离石，召集匈奴五个部族，被拥为大单于，发兵攻打当时正在与晋军作战的鲜卑族军队。

308年，刘渊在平阳自称皇帝，国号汉，史称汉赵。派出大将王弥、刘曜领兵攻打洛阳，但两次进攻都没有成功。

刘渊去世以后，他的儿子刘聪继承了皇帝位，刘聪继续让王弥和刘曜领兵攻晋，当刘曜、王弥在各地打击晋王朝力量时，晋怀帝让东海王司马越率兵20万与汉军作战。

311年，东海王司马越却病死了，兵权交到了太尉王衍手中。晋军主力10万多人溃不成军，连王衍本人也被赵王石勒杀死。

石勒：十六国时期后赵建立者。从奴隶到皇帝整个世界历史上的唯一一人。字世龙，原名訇勒。

晋愍帝司马邺：又名司马业，字彦旗，西晋王朝第四位皇帝。

西晋王朝灭亡

消灭王衍所统领的晋主力部队以后，刘聪又派刘曜、王弥率军攻下了洛阳。汉军拥进皇城，晋怀帝被俘虏，由汉军大将呼延晏派人押送到汉国首都平阳。

一天，刘聪设宴，召晋怀帝出席宴会，喝了几杯酒以后，嘲笑地问司马炽："这么多年来，你们司马家族互相攻战，兄弟之间就像仇敌一样，这是什么道理啊？"

司马炽低着头说："这是上天要灭我们司马氏江山，所以叫我们弟兄之间互相攻战，而您的大汉天下，也就建立起来了。"

听得刘聪开怀大笑。

五胡乱华：

五胡乱华，是东晋时期塞北多个胡人的游牧部落联盟趁中原的西晋王朝衰弱空虚之际大规模南下建立胡人国家而造成与中华中统政权对峙的时期。

“五胡”指匈奴、鲜卑、羯、羌、氐五个胡人的游牧部落联盟。百余年间，北方各族及汉人在华北地区建立数十个强弱不等、大小各异的国家，开启了五胡十六国时期。

对五胡乱华的历史作用以及影响，历来有争议。

晋怀帝司马炽在平阳的俘虏生活过得很快，不知不觉一年时间就过去了。新年这一天，刘聪在光极殿大摆宴席，召集文武大臣出席，为了炫耀自己的威风，刘聪命令司马炽改穿一身青色衣服，打扮成奴仆的模样，站在酒席边为参加宴会的人倒酒。

随同晋怀帝一道被俘的几个旧臣都在偷偷地痛哭流泪，这些情景都被刘聪看见了，刘聪大为恼火，就把晋怀帝赶出了大殿。

几个月以后，刘聪派人用酒毒死了司马炽。当怀帝司马炽被杀的消息传到长安以后，秦王司马邺被大臣们立为皇帝，这就是晋愍帝，西晋的最后一个皇帝。

316年，刘聪攻下长安。晋愍帝也遭到了怀帝同样的命运，在受尽侮辱后被杀。西晋王朝维持了52年，终于灭亡。

司马睿登基称帝

司马睿是司马懿的曾孙，他父亲司马觐曾任琅邪王，死后由司马睿继任王位。从307年开始，司马睿做安东将军，一直坐镇建康城。司马睿当时非常年轻，在王公贵族中没有多少声望，拥戴他的文武将官不多，这使司马睿感到势单力孤。

司马睿有一个最亲信的人叫王导，王导出身于世家大族，在上层社会名气很大，而且王导非常有胆识，能判断天下大势。

司马睿非常尊重王导，当他从下邳到江南任职时，将王导带着一道同行，任王导为司马，军政大事都向王导请教。

西晋灭亡，愍帝投降后活了不足三年，便被杀害。

弘农太守宋哲带着愍帝的遗诏，来到建康见司马睿，遗诏说："朕被困长安，若有不测，你可继承帝位。"司马睿在王氏世家的支持下在建业称帝，改建业为建康。

司马睿成为东晋的第一位君主，改年号为建武元年，称晋元帝。

王导：字茂弘，琅琊临沂人，东晋初年的大臣，在东晋历仕晋元帝、晋明帝和晋成帝三代，是东晋政权的奠基者之一

晋愍帝：名司马邺，为了避讳，所以把都城"建业"改名成"建康"。

前秦统一北方

333年，后赵主石虎徙关中豪杰及氐、羌于关东，以氐族酋长苻洪为流民都督，率氐、汉各族百姓徙居枋头。石虎死，苻洪遣使降晋，接受东晋官爵。

350年，冉闵诛胡羯，关陇流民相率西归。此时苻洪拥众十余万，欲还关中，尚未成行，被人毒死。其子苻健继领其众，称征西大将军，自枋头西入潼关。关中氐人纷起响应，苻健遂攻占长安，据有关陇。

351年苻健自称大秦天王，国号大秦，史称前秦。352年改称皇帝，都长安。北方外族有柔然、库莫奚、契丹及高车。西有吐谷浑及白兰。

354年，东晋桓温率军攻秦，晋军攻入潼关后，因缺粮而退兵。355年苻健死，苻生继位，之后苻坚杀了苻生即位。382年，苻坚命吕光率军进驻西域。前秦统一整个北方，与东晋形成南北对峙局面。

前秦：十六国之一，疆域东至大海，西抵葱岭，南控江淮，北极大漠，东南以淮、汉与东晋为界。

桓温：东晋谯国龙亢人，桓温18岁步入仕途，并担任琅琊内史，历任徐州刺史、征西将军、都督天下诸军事、大司马等职。

苻坚出兵东晋

382年10月，苻坚召集大臣讨论进攻东晋之事。苻坚发现群臣意见不统一，只好暂且罢朝。

退朝后，苻坚留下他的弟弟阳平公苻融，继续商议。苻融也不赞成出兵。苻融哭泣着说：“不可伐晋，理由很充足。我不但忧虑伐晋劳而无功，更忧虑发生内乱。您对那些少数民族，优宠有加，如果倾国南下，一旦京畿风云变幻，就会追悔莫及。我的见识短浅，意见不值得您采纳，但王猛是一代奇士，他的临终之言不能不重视。”苻坚听从了弟弟的劝告。

苻融：字博休，洛阳临渭人，氐族。苻坚的弟弟。史称“少而岐嶷夙成，魁伟美姿度。”

谢玄：东晋名将。字幼度，陈郡阳夏人，谢奕之子，谢安之侄。

383年5月，东晋桓冲发兵10万进攻襄阳和蜀地。苻坚派儿子苻叡等领兵抵御。桓冲害怕秦兵，便退回上明。7月，苻坚颁下大举进攻东晋的诏令。诏令规定民户十丁抽一，富家子弟年20岁以下身强力壮者授予羽林郎，征用州郡公私马匹。8月，苻坚以苻融督张蚝、慕容垂等步骑25万为前锋，以姚苌督梁、益诸军事。苻坚随后从长安出发，当他到达项城，凉州兵才抵咸阳，蜀汉兵才从长江顺流东下，幽冀兵进至彭城，只有苻融等所领的30万军队进至颍口，全军有步兵60万、骑兵27万，旗鼓相望，前后千里，东西万里。

383年10月，苻融指挥秦军攻下寿阳，擒获晋将徐元喜等人。晋将胡彬听说寿阳陷落，退据硖石，即安徽寿县西北。苻坚一面进攻硖石，一面派将军梁成率领五万军队屯守洛涧，截断胡彬退路，也遏制东面的援军。

苻坚到达寿阳，没有立刻发动进攻，而是派东晋降将朱序到谢石军中劝降。朱序却悄悄地为晋军献策：“如果百万秦军都开到前线，势难抵挡。而他们现在全部军队尚未集结，应该快速出击。只要打败其前锋，就可以击溃秦军。”

谢石接受了朱序的建议。

秦晋淝水之战

383年11月，秦晋两军夹淝水布阵。晋军想速战速决，谢玄便派人向苻融提议说：“将军领兵远道而来，却在岸边列阵，这是作持久战之计，并非作速战打算。如果将军能够稍稍往后移动阵地，使我军渡过淝水，以决胜负，不更好吗？”

秦军诸将认为，我众敌寡，不如遏制住不让晋军过河，才是万全之策。苻坚却说：“只要引兵稍退，乘晋兵才到河中间，我则以铁骑突然出击，没有不获胜的道理。”苻融也认这个理。没料到，秦兵一退就止不住了。

谢玄、谢琰、桓伊等率领晋军渡河猛攻。苻融飞骑驰入溃退的队伍中，想阻止秦兵溃退，结果坐骑让乱兵冲倒，摔下马来，被赶到的晋兵杀死，苻坚在逃跑中身中流箭。

最终，东晋仅以8万军力大胜80余万前秦军，前秦王朝顷刻瓦解。

淝水之战是我国历史上著名的以弱胜强的战例。留有“风声鹤唳”“草木皆兵”“投鞭断流”等成语。

淝水之战发生在安徽寿县，古称寿州、寿阳，又作肥水。源出肥西、寿县之间的将军岭。

王羲之竹扇题字

东晋时期，出了一个我国历史上有名的书法家，他就是王羲之。

有个老婆婆拎了一篮子六角形的竹扇在集上叫卖，卖不出去，十分着急。王羲之就上前跟她说：“你这竹扇上没画没字，当然卖不出去。我给你题上字，怎么样？”

老婆婆见他这样热心，也就把竹扇交给他写了。他提起笔来，在每把扇面上龙飞凤舞地写了五个字。他对老婆婆说：“你只告诉买扇的人，说上面是王右军写的字就行了。”

集市上的人一看是王右军的书法，都抢着买。一篮子竹扇马上就卖完了。

王羲之的儿子王献之和王凝之都是当时很有名气的书法家。尤其是他最小的儿子王献之，在继承王羲之书法的基础上，还有了“破体”之称的创新，被人称为“小圣。”

王献之：字子敬，东晋琅琊临沂人，书法家、诗人，祖籍山东临沂，生于会稽，王羲之第七子。

张芝：中国东汉书法家，字伯英。敦煌酒泉人。出身官宦家庭，其父张奂曾任太常卿。

《兰亭集序》：《兰亭集序》又名《兰亭序》《兰亭宴集序》《临河序》《禊序》和《禊贴》行书法帖。

不为五斗米折腰

东晋末年，出现了一位在中国诗歌史上享有崇高地位的诗人。他以平淡、朴素而又富有情趣的笔墨，多方面地描写田园风光，抒发他在农村的真切感受。以前诗人忽视的田园景物第一次被他描绘得那样美妙动人，情味隽永，因此后人称他为“田园诗人”。他，就是陶渊明。

陶渊明，字元亮，一说名潜，字渊明，世称靖节先生，寻阳柴桑人。他的曾祖父陶侃因军功官至大司马。陶渊明的祖父、父亲虽然做过太守一类的官职，但到了陶渊明的时候，家境早已破败。少年时陶渊明就喜好六经，有大济苍生的宏愿；又厌恶世俗，热爱田园生活。

陶渊明29岁的时候走上仕途。起初做州祭酒。他还被人

举荐去做彭泽县令，即江西省湖口县的县令。

有一次，郡里派督邮来彭泽，手下人告诉他：那是上面派下来的人，你应当穿戴齐整，恭恭敬敬地去迎接。

陶渊明听后，叹了一口气，说："我不能为五斗米，折腰向乡里小人！"言下之意，不愿为了小小县令的五斗米薪俸，低声下气地向这些鄙俗之人献殷勤。当天就辞掉官职，回家去了。

陶渊明写了一篇赋《归去来兮辞》，表明了自己的生活态度和人生理想。在文章中，他以无限喜悦的心情，想象了归家后田园躬耕生活的无数乐趣。

回家之后，陶渊明在自己家门前种了五棵柳树，自称"五柳先生"。并作《五柳先生传》。《五柳先生传》寥寥百余字，一位贫苦而有操守、不拘礼法而自得其乐的知识分子典型形象便呼之欲出。

陶渊明自归居田园后的22年间，虽然生活窘困，但以耕读自娱，诗酒为伴，直至终老。享年63岁。

陶渊明是汉魏南北朝800年间最杰出的诗人，也是杰出的辞赋家与散文家。陶诗今存125首，文今存12篇，计有辞赋3篇、韵文5篇、散文4篇。

田园生活是陶渊明诗的主要题材，相关作品有《饮酒》《归园田居》《桃花源记》《五柳先生传》《归去来兮辞》《桃花源诗》等。

南北朝

420 — 589

南北朝是南朝和北朝的统称。南北朝时期是中国历史上的一段大分裂时期，也是中国历史上的一段民族大融合时期。北朝历时142年，其间历经了北魏、东魏、西魏、北齐、北周五个王朝；南朝历时170年，其间历经宋、齐、梁、陈四个王朝。

渔夫贩卒刘裕

刘裕，字德舆，小名寄奴，祖籍彭城。出身于破落的低级士族。东晋初年，举家避难，从彭城迁居京口。刘裕幼年家境贫寒，不得读书，只好以耕地为生，有时也兼做樵夫、渔夫及贩卖鞋子的小贩。

京口是从北方各地流亡来的士族和民众聚居的地方，居民风俗强悍，敢于从军，当谢安辅政，推举谢玄为大将，谢玄在京口招募士兵时，就征得勇士刘牢之等人。

淝水大战，苻坚军崩溃，晋军前锋5000人全是刘牢之统帅的北府兵。后来，北府兵又在京口招募军队，见前来应募

京口：地处长江下游，北临大江，南据峻岭，形势险要，为兵家所重。其地为江南运河的北口，过长江与江淮运河相连。

刘牢之：中国东晋名将。官至征西将军，都督兖、青、冀、幽、并、徐、扬州和晋陵诸军事。

的刘裕身材魁梧、相貌堂堂，就把他留在北府兵中当了一个小军官。

399年，东晋大将军刘牢之攻打农民起义军，刘裕勇敢善战，屡立大功。刘牢之的部下，大多抢掠财物，比盗贼更利害。只有刘裕严格约束部属，纪律严明，大得民心。从此，刘裕成为北府兵的著名将领。

400年左右，桓玄篡晋。这为刘裕灭晋、创建南朝提供了一个绝好的机会。对桓玄篡晋的行为，刘裕全看在眼里，他心里就在盘算着如何复兴晋室了。他背地里联合北府兵的中下级军官，密谋推翻桓玄。

当一切准备停当以后，他从京口起兵，向建康进军。桓玄赶紧派兵阻击，却被刘裕打得大败，被迫撤出建康并带走晋安帝。刘裕乘胜追击，桓玄在江陵聚集了大批人马，再次反扑。峥嵘洲一战，桓玄惨败。桓玄本人也在逃跑途中被杀。

刘裕大败桓玄以后，把晋安帝接回建康，使之重登皇帝宝座。此时，刘裕已经成为了重建东晋皇朝的大功臣。

刘裕灭诸国建宋

6年之后，刘裕亲自统帅五路晋军，讨伐后秦，晋军要经过北魏管辖的地区。北魏在黄河北岸集结了10万大军，又派出几千骑兵渡过黄河，骚扰西进的晋军。

魏兵正向晋军猛攻的时候，晋军兵士们就用大铁锤敲动大弓，那长矛往魏军飞去，每支长矛就能射杀魏兵三四个，三万名魏兵一下子就被射死了好几千。

刘裕打退魏军，打通了沿黄河西进的道路，顺利西进。那时候，王镇恶和檀道济带领的步兵，已经攻下洛阳，在潼关和刘裕水军会师。接着刘裕派王镇恶攻下长安，灭了后秦。刘裕回到建康，东晋朝廷拜他做相国，尊他为宋公。

420年，刘裕把晋朝的末代皇帝恭帝司马德文废掉，自己做皇帝，改国号为宋。我国南方地区进入南朝时期。

慕容超：字祖明，北海王慕容纳的儿子。在义熙元年即帝位。

桓玄：字敬道，东晋大司马桓温少子，东晋末期桓楚国建立者。

《世说新语》：是我国南朝宋时期产生的一部主要记述魏晋人物言谈轶事的笔记小说。是由南朝刘宋宗室临川王刘义庆组织一批文人编写的，梁代刘峻作注。《世说新语》反映了门阀世族的思想风貌，保存了社会、政治、思想、文学、语言等方面史料，价值很高。

傅亮废帝另立

刘裕死后，刘义符继承皇位。刘义符是个不务正业、喜怒无常的人。有一次，文武百官听到钟声，赶来上朝，看见皇帝坐在殿上，都很高兴，以为他要亲理朝政。不料刘义符却说：“朕登基已经几个月了，仍住在破烂不堪的紫云殿里，而你们却住在华丽的王公府第之中。限令你们在三个月内，拆掉紫云殿，重建一座比现在大四倍的紫云殿。”

他的弟弟庐陵王刘义真也指责三位大臣专权欺君。三位大臣聚集在傅亮家，总结出刘义符10条罪状，奏请张太后，废掉他的帝位，让刘裕的三儿子继任新君。最后决定干脆连刘义真一块儿废掉。

424年6月的一天，刘义符带领随从到外宫华林园打猎。傅亮得知这一消息，派人于次日清晨将刘义符抓获，带回紫云殿，宣读了废黜皇帝诏书，收回玉玺，驱逐出宫，押往吴郡。义符途径金昌亭时，被傅亮事先布置下的人用箭射死。

傅亮：南朝宋大臣，字季友，北地灵州人，晋司隶校尉傅咸玄孙。

刘义真：宋武帝刘裕的次子，母亲为孙修华。宋少帝之弟，宋文帝之兄，庐陵孝献王。

文帝施计杀重臣

刘义符死后，傅亮等人又拥立刘义符的弟弟刘义隆做皇帝，这就是宋文帝。

宋文帝刘义隆精明能干。他14岁被封为宜都王，住在江陵，封地内大小事情都管理得井井有条，因此很有声望。他做皇帝那年，只有18岁，已经懂得如何治理国家了。他下定决心，有朝一日，非除掉徐羡之、傅亮、谢晦三个大臣不可，为两个哥哥报仇。

三位大臣不但没能看出新皇帝对他们有半点加害之心，反而觉得皇帝信任他们，于是渐渐放了心。宋文帝暗中却积极地调兵遣将，做扫除他们三人的准备。

宋文帝给屯骑校尉郭泓下了死命令，傅亮束手就擒，第

二天便被砍头处死；帮助刘裕打天下的开国元勋徐羡之在一棵树上吊死了；在江陵握有兵权的谢晦，往建康进军，交战中谢晦乘船逃走，也被抓住处死。

宋文帝了却了三位重臣的性命，掌握了国家大权，并实施了一系列的改革，使得社会经济逐渐繁荣起来。宋文帝在位用“元嘉”做年号，历史上就把他在位时候的太平景象称为“元嘉治世”。

刘义隆：在位30年，谥为文帝，庙号太祖，小字车儿，原籍彭城，生于京口。

宋文帝认为《三国志》过于简略，令裴松之为此书作注，《三国志》注完成于元嘉六年。

“国史”风波

鲜卑贵族拓跋珪为摆脱前秦统治，于386年建立北魏，他就是魏道武帝。魏道武帝建立北魏王朝以后，任用了一批汉族士人当他的谋士，其中最有名望的要数崔浩。

到了魏太武帝即位后，魏太武帝派崔浩带几个文人编写魏国的历史。太武帝叮嘱他们，写国史一定要根据实录。崔浩和他的同事按照这个要求，采集了魏国上代的资料，编写了一本魏国的国史。

国史里记载的倒是史实，但是北魏的上代文化还十分落后，有些事情在当时看来，是不体面的。北魏的鲜卑贵族认为丢了皇族的面子，就向魏太武帝告发，说崔浩一批人是成心揭朝廷的丑事。魏太武帝非常生气，命令把写国史的人全都抓起来查办，并把崔浩和他的几家亲戚满门抄斩。452年，曾经统一北方的皇帝魏太武帝被宦官宗爱杀死。

崔浩：字伯渊，小名桃简，清河郡武城人，仕北魏道武、明元、太武帝三朝，参与军国大计，对促进北魏统一北方起了积极作用。

北魏道武帝：又名涉珪、什翼圭、翼圭、开，北魏开国皇帝，鲜卑族人。晚年则好酒色，刚愎自用，不团结兄弟，导致在公元409年的宫廷政变中遇刺身亡。

拓跋焘雄才大略

424年，拓跋珪的儿子拓跋嗣病故，拓跋珪的孙子拓跋焘继位登基，即魏太武帝，时年16岁。拓跋焘牢记爷爷和父亲的教诲，把统一南北方作为奋斗目标。

一天，拓跋焘正在同大臣商量进攻大夏国的计策，两名卫士押着一个蒙面人进来，说是在殿外抓到的刺客，想行刺皇帝。拓跋焘看了刺客写给母亲的信，知道他来行刺迫于无奈，而且很有孝心，于是决定放他回去。

刺客告诉拓跋焘，大夏暴君赫连勃勃已死，赫连昌刚继位不久。

拓跋焘听闻赫连勃勃已死，决定立即发兵攻夏。拓跋焘

拓跋焘灭佛：446年，拓跋焘在大臣崔浩的建议下，下诏灭佛。从拓跋珪开始，北魏统治者大都敬礼沙门。拓跋焘继位之初也是如此，每引高德沙门，与共谈论。但是，佛教的发展，也给北魏的统治带来一些不利因素和影响。

经过拓跋焘的灭佛，北方地区佛教势力一时陷于衰落，直到拓跋焘死后，继位的文成帝拓跋浚颁布了复佛法诏，才得以复苏并发展。

渡过黄河以后，将船全部烧掉，断绝了后路。这一天，拓跋焘只选2000骑兵来到统万城下。魏军擂鼓挑战，夏主赫连昌却闭门不出。一连几天，都是如此。

忽然有一天，魏军正在城下挑战时，一支夏军从身后赶来与拓跋焘交战。拓跋焘与夏军厮杀一阵，便拨马而走，夏军紧紧尾随其后，一名夏军对城上高喊："长安援军已到，请夏主火速派兵出城助战。"

夏军将领赫连昌听闻，也不多想，马上率领众兵出城，埋伏在四周的魏兵突然出现，把夏军包围，此系拓跋焘的诱敌出城之计。拓跋焘身先士卒，虽中了数箭，仍跃马挥枪，魏军士兵深受鼓舞，越战越勇，夏军大败。

赫连昌想逃回统万城，已经晚了，魏将豆代田率兵攻占城门，挡住去路。赫连昌无奈，向城外逃去。

魏国吞并夏国，南北朝对峙局面形成。

北魏孝文帝迁都

471年，拓跋宏即北魏帝位，为孝文帝，当时年仅4岁。由于孝文帝年纪太小，由祖母冯太后临朝执政。490年9月，太皇太后驾崩，24岁的孝文帝亲掌朝政。

孝文帝很聪明，对汉族文化有较深的了解。他知道，要使北魏富强，必须抛弃民族偏见，接受汉族的先进文化。当时，北魏的都城在平城。由于地处边塞，既不便于加强同黄河流域汉族的联系，又不便于进攻南朝，对控制中原和推行改革都是障碍，于是，孝文帝决定迁都洛阳。

迁都洛阳后，孝文帝就开始大力推行汉化政策，孝文帝还下令，鲜卑族一律改穿汉人服装，改说汉语。他先把皇族

三长制：

三长制规定：五家为邻，设一邻长；五邻为里，设一里长；五里为党，设一党长。三长制与均田制相辅而行，三长的职责是检查户口，征收租调，征发兵役与徭役。

三长制的建立，打破了豪强荫庇户口的合法性。在实行的过程中，三长还是从大族豪强中产生，他们不仅本人可以享受免于征戍的特权，而且亲属中也有一至三人可以得到同样待遇。

的姓氏拓跋氏改为元氏，所以孝文帝拓跋宏又称为元宏。

孝文帝还下决心实行俸禄制。他规定：每户征调三匹绢，二石九斗谷，作为百官的俸禄；同时，制定了严惩贪官污吏的法律。规定：官吏贪赃一匹以上的绢就要处以死刑。俸禄制遭到一部分惯于贪赃枉法的官吏们的反对。

孝文帝的改革意图非常坚决，对这些人进行了严厉打击，先后处死了地方刺史以下的贪官污吏共计四十多人，使北魏的吏治出现了崭新的局面。

北魏孝文帝在位期间，对北魏的政治、经济、军事和民族旧习，都进行了一系列的大胆改革。在他的带动下，北方各族人民在相互交往中渐渐融合，逐渐接受了汉族的先进生产方式以及与这种生产方式相联系的文化。促进了北方各民族的融合，为我国多民族国家的发展作出了贡献。

北方民族大起义

北魏孝文帝元宏执政30年，治国有方，国富民强。宣武帝元恪继位后，则每况愈下，到孝明帝元诩6岁登基后，朝廷争权，官吏腐败，民不聊生。许多农民、僧人起义造反，爆发了著名的六镇起义。

由于朝廷和柔然相互勾结，525年，柔然兵攻破武川、沃野，破六韩拔陵被迫南移，在渡黄河时遭北魏伏击，才把这次规模较大的起义镇压下去。

匈奴人破六韩拔陵领导的六镇农民起义失败后，朝廷把战俘押送到荒僻的地方，再就不管了，这些人中有一位中年人叫杜洛周，百姓们见杜洛周气度不凡，便让他为头领。

破六韩拔陵：北魏末六镇起义首领，匈奴单于之后裔。

秀容：是山西省忻州市的旧称，始建于东汉末年，史称卧牛城。

几天后，杜洛周率领众人冲进府衙，杀了县官，打开牢门，救出几百名被关押的六镇兵马，一举攻占上谷城。当天夜里，杜洛周被义民拥为真王。没想到最后被另一支势力越来越大的义军头领葛荣暗杀。

葛荣召集义军开会，杀了元洪业，义军拥立葛荣为王。这时，葛荣一下子成为拥有30万人的德王。

为了提高威望，葛荣准备打个胜仗，便用了一个声东击西之计，于526年9月在白牛罗歼灭魏军一万人马，杀死章武王元融。葛荣声望大增，其亲信独孤信建议他称帝，葛荣半推半就做了皇帝。

528年8月，葛荣指挥起义军包围相州，准备向洛阳进军。这时，秀容有个部落酋长尔朱荣，手下有8000强悍的骑兵，专门和农民军作对。北魏孝明帝就利用尔朱荣的兵力来对付葛荣。

尔朱荣把兵埋伏在山谷里，发动精兵突击，把葛荣的兵士冲散，再前后夹击。数十万兵众散尽，起义遭到失败，葛荣本人也被杀害了。

北魏末年各族人民大起义，延续8年，遍及北魏全境，为民族大融合创造了条件。

萧道成除暴君建齐

自宋文帝“元嘉治世”以来，社会经济得到发展，国力也有了提高。宋孝武帝刘骏去世后，宋明帝刘彧登上皇位，国家出现了衰退迹象。

472年刘彧突然驾崩，刚刚10岁的太子刘昱继位。江州刺史、桂阳王刘休范起兵，想逼刘昱下台，在这千钧一发之际，右卫将军萧道成率军平息了叛乱，使刘昱皇位转危为安。萧道成因功被封为中领军。

刘昱当了两年多皇帝，他便逐渐暴露出为所欲为、放荡不羁的性格。萧道成暗暗打定主意：这样荒唐的昏君应该除掉。

萧道成找来校尉王敬则，让他收买皇帝身边的卫士。半夜后，刘昱睡熟了，杨玉夫、杨万年潜入后宫，杨万年抓起刘昱枕边的一把短刀，仅一刀，便切断刘昱的喉咙，结束了他15岁的生命。

萧道成拥立11岁的安成王刘准嗣为新帝，刘准嗣在位二年，被萧道成逼迫退位。479年，萧道成登基称帝，改宋为齐。

宋明帝：即刘彧，庙号太宗，初封淮阳王，改封湘东王。

刘昱：字德融，小字慧震，南朝宋明帝长子。

“菩萨皇帝”梁武帝

公元479年，萧道成灭宋建立南齐政权。曾任齐雍州刺史，镇守襄阳的萧衍，乘齐内乱，起兵夺取帝位，于公元502年建立南朝梁。

梁武帝萧衍，是一个残暴、愚蠢、伪善而又善于玩弄政治手腕的人。他做了皇帝以后，一心盘算着建立万世基业，一方面用严刑峻法镇压老百姓，一方面又把自己打扮成信佛的善人。

梁武帝制订的法律规定：一人逃亡，全家判刑，罚做苦

工。结果，老百姓每年因犯法而被判刑的就有5000人之多。监狱里总是满满的，到处都可以见到穿着囚衣、被士兵押着做苦工的人。每年被判处死刑的罪犯为数也很多。但是，梁武帝每逢杀人的时候，又总是假惺惺地掉几滴眼泪，念几声“阿弥陀佛”。

梁武帝既然叫别人信仰佛教，自己也得做出十分虔诚的样子。他经常手里攥着一串念珠，嘴里诵经念佛，有时候，他还斋戒，不吃荤腥，光吃素食。其实，他吃的素食也是十分讲究的，一顿饭花费的钱，足够几个老百姓吃上一年。

梁武帝下令修建了一座同泰寺，他每天早晚都到寺里拜佛念经。在他提倡下，梁朝境内到处建起了佛寺，大批的人出家当和尚、尼姑，光是首都建康一地，就有七百所佛寺，十多万和尚尼姑。

这些和尚尼姑都是不参加生产劳动，光靠别人养活的寄生虫。寺院还拥有许多朝廷给的和自己霸占的土地，强迫农

民耕种，形成一种寺院地主。

萧衍不是一般地信仰佛教，他甚至还表示不愿意做皇帝，想出家去当和尚。他几次斋戒沐浴，到同泰寺去“舍身”。他每次“舍身”以后，大臣们还要拿一大笔钱把他赎回来。他“舍身”4次，大臣们便赎回4次，总共花钱4万万。但是，这些钱都是从老百姓身上榨取来的。

在他最后赎身回宫的那一天晚上，同泰寺突然发生火灾，把佛塔烧毁了，梁武帝胡说这是魔鬼干的坏事，应该做法事来镇压魔鬼。他下诏说：“道愈高，魔也愈盛，行善事一定会有障碍，应该重建佛塔，把新塔修得比旧塔高一倍，才能镇得住魔鬼。”

梁武帝召见了大批和尚尼姑做法事，给他们吃上等的素斋，消耗了上万斤香烛，念了好几天经，又叫大臣们跟他一起烧香磕头。还派出大批工匠，上山采石砍树，花了无数的钱财，用了好多天工夫，建造起一座12层的高塔。

梁武帝借用佛教来维持自己的政治统治，胡作非为，最终导致侯景之乱。在这场战乱中，梁武帝被软禁起来，被活活地饿死了。

梁武帝：南北朝时梁朝政权的建立者。在学术上曾撰有《周易讲疏》《春秋答问》《孔子正言》等。

侯景之乱：是我国历史的一个转折点，因为它对汉末魏晋以来的门阀制度产生了巨大冲击，对后来的政治格局也产生了很大影响。

宇文护建周

公元534年宇文泰杀害了孝武帝元修，立元宝炬为帝，设都长安，开创了西魏的历史。从此，宇文泰便伺机篡位，要亲自登上皇帝宝座，但总觉得时机不成熟。

公元551年文帝元宝炬病故，宇文泰想称帝易如反掌，可勇气不足，又让元钦继位。宇文泰对自己这个决定很后悔，但想到自己的女儿宇文氏是元钦的妃子，又觉得满意。

元钦对宇文泰独揽朝政心怀不满，想除掉他，结果，走漏了风声，宇文泰让元钦喝毒酒自杀，宇文氏也主动喝鸩

宇文护：字萨保，代郡武川（今内蒙古武川西）人，鲜卑族。北周文帝宇文泰之侄，邵惠公宇文颢第三子。南北朝时期北周权臣。宇文护早年跟随宇文泰与东魏多次交战，屡建战功，历任都督、征虏将军、骠骑大将军等职。

酒，和丈夫一块儿去了，令宇文泰夫妇十分悲痛。宇文泰想此时篡位，但找人算了，魏朝寿命未尽，还有35年。宇文泰只好立元钦的弟弟元廓为帝，自己再耐心等几年。

不久，宇文泰突然患病，意识到自己永远当不成皇帝了，自己两个儿子太小，不能指望，就把侄子宇文护找来，面授机宜，将手中大权交给了他，宇文泰就这样带着终生遗憾走了。

宇文泰死后，元氏宗亲想趁机灭除宇文氏势力。大冢宰宇文护听到风声，找到大司寇于谨密谋，决定先下手为强，决定篡位。

第二天早朝，宇文护、于谨率兵冲进皇宫，将参与密商除灭宇文氏的元氏朝臣全部抓获之后，逼迫魏帝元廓禅让皇位。元廓含泪交出玉玺。

宇文护也算没辜负宇文泰的期望，拥立他的侄子宇文觉即位，国号周，史称北周，时值公元557年。至此，魏朝从道武帝拓跋珪登基开始，历时149年，11个皇帝；东魏只一任皇帝元善见，在位17年；西魏共三个皇帝，历时共13年。

周武帝统一北方

543年，北魏分裂为东魏和西魏两个国家。以后东魏和西魏又为北齐与北周所取代。

561年，17岁的宇文邕即北周帝位，为北周第三位皇帝，也是一位很有作为的年轻皇帝。他是继北魏孝文帝之后，以一个少数民族出身的杰出的政治家和军事家，史称周武帝。他一生雄才大略，励精图治。

周武帝从565年开始，就下诏释放奴婢，推行均田制，减免赋役，让人民休养生息；还组织人民开河修渠，防止水患。北周武帝通过上述一系列的改革，使国家逐渐强盛起

来，为统一北方打下了基础。

577年元月，周武帝宇文邕灭亡了北齐，使中国北方重新得到统一。周武帝为结束全国长期的分裂局面，促进北方民族的联合，推动社会历史的发展，作出了积极的贡献。

宇文邕：汉化鲜卑人，小字弥罗突，代郡武川人，宇文泰第四子。

北齐：中国南北朝时的北方王朝之一，由文宣帝高洋取代东魏建立，国号齐，建都邺，史称北齐。

陈霸先灭梁建陈

陈霸先，字兴国，吴兴郡长城县下若里人，生于503年。陈霸先与王僧辨平定侯景之乱后，梁元帝萧绎任命王僧辨为太尉，镇守都城建康。任命陈霸先为司空领扬州牧，屯兵京口。萧绎被西魏于谨处死后，陈霸先与王僧辨让晋安王萧方智继位。

萧方智只有13岁，一切全听王僧辨的，引起陈霸先不满。不久，北齐皇帝高洋想在南梁安排一个傀儡皇帝，便让王僧辨重立萧渊明当皇帝。王僧辨被迫答应，陈霸先却不同意，发兵攻进都城，并一剑刺死了王僧辨。陈霸先掌握了朝廷大权。

北齐皇帝高洋，派兵进攻梁朝；王僧辨被杀，他的女婿吴兴太守杜龛、弟弟吴郡太守王僧智等人，统帅三吴之兵讨伐陈霸先。

陈霸先内外交困，在这危急时刻，得到百姓的支持，提高了士气，打退了北齐的进攻。又派侄儿陈蒨平定三吴，南梁方才转危为安。后来，陈霸先闻听宇文氏篡位灭魏的消息，便加快了他的篡权步伐。

557年，陈霸先终于灭梁建立陈朝，登上了皇位。陈霸先即皇帝位后，改年号为永定元年。559年，陈霸先逝世，年57岁。

陈霸先死后葬万安陵，隋灭陈后，被陈霸先杀掉的王僧辩之子王颁掘墓焚骨替父报仇。

少年趣味读历史

刘建华◎主编

秦朝—东汉

九州出版社
JIUZHOUPRESS

前言

浩浩中华，泱泱大国，五千年风云变幻，八千里山河如故，江山代有才人出，各领风骚数百年。滚滚东逝水，浪花淘尽英雄，留下多少可歌可泣的不朽人物与真实故事，在历史的长河中如群星闪耀，演绎着我们绵延不绝的悠悠岁月，蕴含着丰富哲理与深邃智慧。

我们领略这些历史人物的风采，阅读这些历史故事的内涵，能使我们得到智慧的力量和开阔的视野，更能使我们正确地审视过去和展望未来。

历史是一面镜子，是客观存在的事实，真相只有一个，我们尊重历史就是尊重自己。然而，在记载历史或研究历史过程中，却往往随着人们的主观意识而变化和完善，甚至也有歪曲和捏造成分。

特别是近年来受影视、游戏等娱乐媒体的影响，历史被严重地戏说和娱乐化了，失去了历史本来的面貌。因此，我们必须还原历史真相，让我们广大少年儿童正确吸收历史精华，指导他们很好学习知识和健康成长。

英国诗人雪莱曾说：“历史，是刻在时间记忆上的一首回旋诗。”是的，历史往往会以惊人的相似度再次出现。如何从过往相似的历史事件中吸取经验教训？如何利用古人智慧处理现实生活？那就只有学习历史了。

正如唐太宗所说：“以史为镜，可以知兴衰。”历史可以提供今人理解过去，并作为未来行事的参考依据。“以史为鉴”“读史明智”都是强调历史的现实指导作用，对于个人、民族、人类都是非常有益的启示和帮助。

所以，历史是一个民族宝贵的精神财富，任何一个国家或民族都注重用自己历史教育和鼓励广大人民，特别是广大少年儿童。我们中华民族有着五千年悠久历史，是人类四大文明古国之一，具有无穷智慧与魅力，这是我们民族自立于世界民族之林的资本，也是我们民族得以凝聚并生生不息的命脉，我们更应该用灿烂的历史文化教育我们广大少年儿童，使他们更加珍惜历史，并不断创造辉煌的未来。

中国历史源远流长，千秋文化博大精深，是我们中华各族人民五千年来创造、传承下来的物质文明和精神文明的总和，其内容包罗万象，浩若星汉，具有很强文化纵深，蕴含丰富的历史宝藏。

为此，我们参考了大量历史资料，编撰了这套《少年趣味读历史》。本套作品按历史朝代划分，分为远古时期—东周、秦朝—东汉、三国魏蜀吴—两晋南北朝、隋唐—五代十国、北宋—元朝、明朝—清朝共六册，点面结合，非常系统全面。

本套作品站在历史高度，甄别史实，去伪存真，去粗存精，在保留历史真实情况下，采用富于启发性小故事来传达历史智慧和哲理，同时配有丰富的知识小版块和图文互动的精美图片等，尽量达到丰富、有趣，并十分注意故事性、可读性和知识性，所以易于广大少年儿童阅读和接受，以便产生共鸣和启迪。

目录

目录

秦

前221 — 前206

公元前221年，秦王嬴政先后翦灭六国，建立了秦朝。秦朝结束了自春秋战国以来五百年来诸侯分裂割据的局面，成为中国历史上第一个多民族共融的中央集权制国家。

秦王政称始皇帝

秦王政灭六国后将咸阳定为国都。他自以为“德兼三皇，功过五帝”，如果再沿用“王”的称号就不能显示出丰功伟绩，无法传于后世。于是便与群臣商议，更换名号。

李斯等人说：“过去五帝管理的地方，也不过一千里。如今海内为郡县，法令一统，大王比五帝强多了！古时有天皇、地皇、人皇，人皇最高贵。大王就称作人皇吧！”

但是，秦王政对人皇的称呼依然不满足，就将三皇中的“皇”字和五帝中的“帝”字结合起来，称为“皇帝”。他认为秦朝从自己开始称帝，会二世、三世，乃至于万世，永

远传下去。于是，他自称“始皇帝”，后来人们就称他为秦始皇。

秦统一以后，秦始皇听从李斯意见，废弃封侯，设郡县制。统一货币、度量衡，修四通八达的弛道，车同轨、书同文等。

小篆又称秦篆，是由大篆省略改变而来的一种字体，产生于战国后期的秦国，通行于秦代和西汉前期。秦始皇施行“书同文”后，废除六国文字中各种和秦国文字不同的形体，并将秦国固有的篆文形体进行省略删改，同时吸收民间文字中一些简体、俗字体，加以规范，就成为一种新的字体，称为小篆。

始皇帝修筑长城

自从秦国兼并六国以后，中原地区比较安定。可是，匈奴人的骑兵却经常侵扰北部边境地区，严重地威胁着秦王朝的安全。秦始皇委派大将蒙恬，率领30万大军打败了匈奴，收复了河套地区。

秦始皇决定采用修筑长城的办法，把匈奴骑兵永远隔离在边界的北面。秦始皇下令从各地征调了几十万民夫，让蒙恬担任总指挥。这次修筑长城，除了要把原来燕、赵、秦三

国北方的城墙连接起来，还要新造不少城墙。这样从西面的临洮到东面的辽东，连成一条万里长城。

修筑万里长城，虽然耗费了大量财物，加重了劳动人民的负担，但在当时确实起到了阻止匈奴南侵的积极作用。这座举世闻名的长城，成为中华民族古老悠久历史的象征。

相传秦始皇时，劳役繁重，青年男女范喜良和孟姜女新婚三天，新郎就被迫出发修筑长城，不久因饥寒劳累而死，尸骨被埋在长城墙下。

孟姜女身背寒衣，历尽艰辛，万里寻夫来到长城边，得到的却是丈夫的噩耗。她痛哭城下，三日三夜不止，城为之崩裂，露出范喜良尸骸，孟姜女于绝望之中投海而死。

秦始皇焚书坑儒

公元前213年，丞相李斯借一些学者政见纷争之际，向秦始皇提出焚百家书、杜绝混乱思想的建议。

秦始皇决定接受李斯的建议。焚书的具体办法是：焚烧《秦记》以外的列国史记，不是官家收藏而是民间所藏的《诗经》《尚书》和诸子百家的书籍，在命令下达的30日内，都要缴到地方官那里去焚毁。

秦始皇听说读书人在背后说他的坏话，叫御史大夫去查办那些在背后诽谤他的读书人。该案前后牵涉有四百六十多个方士和儒生。秦始皇叫人在咸阳城外挖个大坑，把他们全都给活埋了。

秦始皇焚书坑儒，目的是统一思想，压制那些反对中央集权制的思想和言论，但是他的“焚书”毁灭了秦以前长期积累起来的文化财富，“坑儒”又杀害了许多精神财富的创造者。此后，秦宫里真正有学问的人大大减少，而那些欺上瞒下的奸贼逐渐成了秦始皇身边的重要人物，秦朝开始走下坡路。

《秦记》：是由历代秦国史官通过不断记录而积累成书的。记事当起于非子受封为周王朝附庸，终于子婴车裂赵高或稍后。

博士：是古代学官名，六国的时候就有博士。唐朝时期有太学博士、算学博士等。

修建陵墓宫殿

秦王嬴政即位之初，就开始在骊山北麓营造自己的陵墓。统一六国以后，他又征发七十多万人继续修建骊山陵。由丞相李斯主持规划设计，大将章邯监工，修筑时间长达38年，工程之浩大、气魄之宏伟，创历代封建统治者奢侈厚葬之先例。

骊山陵规模宏大，坟高五十余丈，墓中用了大量的铜、水银和黄金等贵重物品装饰。东侧随葬的兵马俑坑总面积为

二十多万平方米，有各种陶俑和陶马八千余件。

秦始皇还为自己修建豪华的宫殿。在兼并六国的过程中，他便下令仿照各国宫殿的样式，在咸阳城依样建造。灭掉六国以后，他又在渭河南岸上林苑修建朝宫。仅前殿阿房宫，其规模“东西500步，南北50丈，上可坐万人，下可以建五丈旗”，周围还有四通八达的阁道通向离宫别馆。

这些浩大的工程，消耗了大量的人力物力，激起了人民的反抗，加速了秦的灭亡。

骊山，位于陕西省西安市临潼区城南，是秦岭山脉的一个支脉，海拔1302米，由东西绣岭组成，是秦岭晚期上升形成的突兀在渭河裂陷带内的一个孤立的地垒式断块山，山势逶迤，树木葱茏，远望宛如一匹苍黛色的骏马而得名。

忠信大臣蒙恬

蒙恬的祖先是齐国人。蒙恬祖父蒙骜，从齐国来到秦国服侍秦昭王，官做到上卿。秦庄襄王元年，蒙骜担任秦国的将领，攻打韩国，夺取了成皋、荥阳等地，设置了三川郡。公元前240年，蒙骜去世。

蒙骜的儿子叫蒙武。公元前224年，蒙武担任秦国的列将，和王翦一同攻打楚国，大败楚军，杀死了项燕。公元前223年，蒙武又攻打楚国，俘虏了楚王。蒙武有两个儿子，分别是蒙恬和蒙毅。

公元前221年，蒙恬凭其家世出身，得以担任秦国的将领，进攻齐国，大败齐军，被拜任为内史。当时秦朝已吞并

有一天，蒙恬突发奇想，剪下兔尾毛，插在竹管上，试着用它来写字。可是效果还是不行，就随手把那支笔扔进了门前的石坑里。后来，他无意中看见了那支被自己扔掉的毛笔。于是捡起来后，他发现兔毛变得更白了。他将兔毛笔往墨盘里一蘸，兔尾竟然变得非常“听话”了，写起字来也非常流畅。原来，石坑里的水含有石灰质。经碱性水的浸泡，兔毛的油脂去掉了，变得柔顺起来，传说这就是毛笔的来历。

天下，便派遣蒙恬率领30万大军，到北部边境去驱逐戎族和狄族，收复河南地区。

秦始皇非常尊重宠信蒙氏兄弟，因而亲近蒙毅，让他官居上卿，蒙恬在外担任军务而蒙毅在朝内出谋献策，当时号称忠信大臣。因此，即使是其他将相，也没有人敢与他们争宠。

公元前210年，秦始皇游会稽途中患病，便派遣身边的蒙毅去祭祀山川祈福。不久之后，秦始皇在沙丘病死，死讯被封锁。宦官赵高担心公子扶苏继位，蒙恬得到重用，对自己不利，就扣住遗诏不发。

赵高与秦始皇的儿子胡亥密谋篡夺帝位，还威逼利诱，迫使丞相李斯和他们合谋，假造遗诏。“遗诏”指责公子扶苏在外不能立功，反而怨恨父皇，便遣使者以捏造的罪名赐扶苏、蒙恬死刑。

始皇帝泰山封禅

秦始皇一统天下以后，民间积怨众多，他觉得只有得到天帝的认可，才能使百姓由心底里顺从于自己的统治。于是，他开始计划泰山封禅。

秦始皇称帝的第三年，率领文武大臣开始了千里东封泰山。去泰山之前，始皇等人先到了峄山，在山上立石，记录下秦国多年以来所建立的功业，向齐鲁士人明确展示秦朝的千古功勋，表示秦国绝对有能力一统天下，而自己在功业上也已具备封禅资格。

后来，秦始皇来到了泰山脚下。由于长期不举行封禅活动，大臣们都不知道封禅仪式应该怎样进行。于是，秦始皇

“封禅”是古代统治者祭告天地的一种仪式。所谓“封”是指筑土坛祭天。所谓“禅”是指祭地，即在泰山下，小山的平地上祭地。从炎帝时代起，就有七十二王封泰山的事迹，这是远古时代活动在泰山周围的部落或氏族自然崇拜的表达。到了春秋时期，封禅泰山被视作天下霸主得到天帝承认的表现，届时便能人人信服，是帝王收服人心的手段之一。

召来齐鲁儒生博士共70多人，询问他们封禅泰山仪式的具体步骤。

这些儒生各说纷纭，给不出一个明确的仪式步骤。有的儒生告诉秦始皇，要用蒲草将车轮子包起来，以免损伤山上的一草一木，然后还要扫地而祭，总之整个仪式极为简易。这显然只是上古时代祭祀山神或祭天仪式的缩影，与秦始皇利用封禅展示其“席卷天下，包举宇内”的期望相差很远。

秦始皇听完之后大失所望，命人将这些位儒生赶走，他决定亲自策划封禅泰山之礼。

秦始皇的封禅大典分两步进行，先是按照自己的想法开辟车道，直接从泰山之阳修到山顶，到达泰山顶上立了丰碑，然后就带着文武大臣上山举行封典。之后又到附近的梁父山行了禅礼。

秦始皇担心儒生知道自己封禅的具体过程，会嘲笑自己，索性封锁了一切消息。没人知道他是怎么封禅的，只知道有这件事而已。

张良拾鞋得兵书

年轻的张良为报国恨家仇，寻机刺杀秦始皇。张良刺杀秦始皇失败后隐姓埋名，一直逃到了下邳，并在下邳住了下来。

有一天，张良一个人出去散步，走到一座大桥上，看见一个老人，身穿一件土黄色大衫，坐在桥头上。他一见张良过来，有意无意地把脚往回一缩，他的一只鞋子却掉到桥下去了。老人让张良捡起那只鞋子给他穿上。

张良知道老人是个有学问的人，欲拜老人为师。连续赴约两次不得，最后一次半夜，就赶到桥上，静静地等到天

亮。老人走过来，从袖里掏出一部书交给张良，说："回去好好地读，将来可以给国家出点力。"

张良回到家拿出书细读，发现这部书原来是周朝初年太公望编的《兵法》。从那时起，他就刻苦钻研，等待机会报仇。后来，张良在萧何的引荐下投奔刘邦建功立业。

下邳：名称还得从我国古代夏商时的下邳国去溯源认证。相传夏代薛人的祖先奚仲，曾任车正，为车的创造者，他被封在邳。

太公望：是我国历史上最享盛名的政治家、军事家和谋略家，后人多称其为姜子牙、姜太公。

秦二世登基为帝

公元前210年10月，始皇率宫室一行人马出游，丞相李斯与监管皇帝印玺的宦官赵高随同前往。长子扶苏最得信任，但被派往外地监督军队，只有最得始皇欢心的小儿子胡亥要求随同出游被准许。

始皇途中病得很厉害，他命令赵高写诏书给公子扶苏说："将军队交付蒙恬，与灵柩到咸阳会合举行葬礼，然后安葬。"诏书封好还未交给使者，始皇就驾崩了。

始皇遗诏和御印都在赵高手中。赵高便扣留了始皇赐给

扶苏的盖过印玺的遗诏。赵高对丞相李斯说："皇上驾崩，给长子一封诏书，要他到咸阳参加葬礼，并继立为王。他若即位，必定让蒙恬做丞相。"

于是李斯听从了赵高的计谋，并参与策划伪造诏书，立胡亥为太子。同时将始皇给长子扶苏的遗诏篡改，公子扶苏和大将军蒙恬被赐死。二世胡亥登基。

胡亥：即秦二世，嬴姓，名胡亥，在位时间前 210 年～前 207 年，也称二世皇帝，是秦始皇第十八子，公子扶苏的弟弟。

在陕西咸阳、西安等地区皆有奉祀扶苏的庙宇，一般以蒙恬、秦三世配祀，称"秦王庙"。

残暴的庸君秦二世

公元前210年，胡亥来不及埋葬他的父亲，就登上了皇帝的宝座。这就是秦二世。同年九月，葬秦始皇于骊山。

秦二世即位时，年仅21岁，他掌握大权后，立刻就暴露出凶残的面目。他与赵高合谋杀害扶苏，篡夺秦朝最高的权力，不仅宗室大臣不服，也怕诸公子与他争夺皇位。

赵高怂恿胡亥尽除老臣，提拔亲信，收举六国旧贵族，以培植自己的势力，胡亥言听计从。于是，一场为巩固皇位的大屠杀开始了。

秦二世为了防止诸公子与他争皇位，公然采取各种手段，对诸公子大开杀戒。如公子将闾兄弟三人，先被囚禁于

据载公元前207年，权臣赵高胁近秦二世自杀，以庶人仪葬于周杜国属地，即秦时的洲地，俗称“胡亥墓”。秦二世胡亥墓坐落在原坡地带，环境幽僻，迥异于秦汉以来高峻宏伟的帝王陵墓，同附近的杜陵、少陵相比，殊感逊色。

后宫，最后被迫自杀。此外，还有12名公子被杀于咸阳市，10名公主在杜邮被处以磔刑。他们的财物通通没收充公，受到株连的人更是数不清。

秦二世对于人民的残杀，规模更大。他在埋葬秦始皇时，担心修陵工匠泄露机密，竟然下令将工匠全部闭死墓中。不仅如此，他还大兴徭戍，加重赋敛。

秦二世上台伊始，徭役、屯戍相继不断。他调集大量的劳力，加紧修建骊山墓。当骊山墓竣工后，又下令继续修建阿房宫，以及直道和驰道。

为了加强关中的统治力量，又征调材士五万人屯卫咸阳。而且还豢养大批狗马禽兽，以供游猎享乐之用。咸阳用度不足，他就下令向各郡县征调粮草，要求自备转输所需食粮。还规定咸阳三百里内的谷物不准食用，以便搜刮供应军需。

秦二世还终日沉湎于享乐，不问朝政。他的昏庸无能，导致秦统治集团内部分崩离析，促使赵高进一步篡夺朝中大权。

李斯助纣为虐

胡亥不谙朝政，沉湎于声色犬马，为达到享乐目的，又怕群臣不满，听信赵高，严格法律加重刑罚。一人犯罪，株连九族，直到剿灭全族。胡亥又下令修建阿房宫，兵役徭役无休无止。

李斯多次想找机会劝谏二世，二世都不答应，反而遭到责问。李斯又怕又贪恋爵位俸禄，便逢迎二世的想法，上书称赞二世的做法，二世看了很高兴。

胡亥听信赵高的建议只顾尊贵享乐，不再坐朝接见大臣，而是身居宫中。赵高侍奉左右，一切决断都取决于赵高。李斯上书揭发赵高的短处。

二世却把李斯的话私下里告诉了赵高，赵高倒打一耙告李斯与其子李由试图谋反。于是二世说："你将李斯查办吧！"

李斯受五种刑法，以腰斩咸阳结局。

琅琊刻石是我国最早的刻石之一，秦始皇统一全国后，于公元前219年巡游到东地，登琅琊台时所立，刻石内容是对统一事业的赞颂，具有开国纪功的意义。

秦二世东行郡县时又在石后增刻诏书。因历年久远现仅存13行，八十六字。刻文据传为李斯所书，用笔劲秀圆健，结体严谨工稳，是秦代小篆的代表作，在书法史上占有重要地位。

赵高指鹿为马

李斯死后，二世便任命赵高为丞相，赵高的权势更大了。为了进一步验证自己的威信，一天，赵高牵了一头鹿上殿，对二世胡亥说，送他一匹宝马，二世一看，原来是一头鹿，便笑着说："明明是一头鹿，怎么说是马呢？"

赵高坚持说是马，二世问左右的人，要大家讲到底是鹿还是马，有的人怕赵高，默不作声，有的人附和着说是马，也有几个人说是鹿，赵高记下了这几个说是鹿的人，几天

后，把这些人都杀掉了。从此后，朝廷中谁也不敢和赵高对着干了。

子婴即位，惧怕赵高，假托有病不能上朝。随后，暗暗招揽亲信，密谋诛杀了赵高和其同族的人。

子婴杀了赵高，当下召集群臣入宫，历数了赵高的罪孽，夷灭了他的三族，并处死了杀害胡亥的凶手阎乐等人。子婴告祭祖庙，正式登上皇位。

赵高还是秦汉时期的书法大家，并著有《爰历篇》六章。

胡亥死时只有24岁，后来以黔首的礼节埋葬了他，墓地在现在西安西南。

陈胜、吴广起义

公元前209年，陈胜、吴广等九百余名戍卒被征发前往渔阳戍边，途中在蕲县大泽乡为大雨所阻，不能如期到达目的地。

按照秦朝的法律，戍卒不按期报到，必被斩首。早有起义之心的陈胜在这事关生死的时候毅然说："我们已不能如期赶至渔阳，只有死路一条。不如造反，最多也就是死罢了。与其等死，还不如拼一回命去争夺天下呢！"

陈胜起义军在陈县设立政权后，兵分三路向秦都咸阳进攻。一路攻打荥阳，由吴广率领；一路正面攻打咸阳，由周文统率，一度攻到了距咸阳只有百里的地方。

然而，起义军却在这种形势下，从胜利走向了失败。陈胜、吴广起义失败的原因是多方面的，它既有领袖人物自身的原因，也有农民起义缺乏经验的弱点，更有六国贵族从内部对起义军力量的耗损和分裂等多方面因素。

陈胜墓：位于东北芒砀山，墓碑正中镌刻着“秦末农民起义领袖陈胜之墓”。

大泽乡：秦朝的大泽乡归属蕲县。蕲县建制保存了1500年左右，至元代废止，并入宿州。大泽乡已成为历史地名。

项氏率子弟兵抗秦

项羽，名籍，字羽，下相人，即今江苏宿迁市人。项氏世世代代为楚将，被楚国封在项地，因而姓了项。项羽从小死了父亲，跟着叔父项梁生活。

公元前209年，陈胜、吴广大泽乡举义的消息，很快地传遍了吴中六国的旧地。项梁叔侄听到这个消息，万分激动，便加紧了起兵的准备工作。

项梁设计让项羽带着佩剑，随他去见郡守殷通。项氏叔侄来到殷通跟前时，项羽飞跨一步，抽出佩剑，殷通便人头落地。

这年冬天，陈胜手下的将领召平听到起义军失利的消息，决定说服江东项梁这支义军西进抗秦，援救张楚政权。

项梁早就有此打算，便很高兴地同意了召平的建议，立刻率领江东8000子弟兵，渡过长江，向西方前线挺进。各路义军纷纷前来投靠，使这支部队迅速扩大到六七万人。项氏子弟加入反秦的斗争中。楚霸王时代开始了。

趣味小链接

项梁：秦末著名起义军首领之一，楚国贵族的后代，西楚霸王项羽的叔父。

郡守：是官名，郡的行政长官，始置于战国。战国各国在边地设郡，派官防守，官名为“守”。

刘邦斩蛇举义

刘邦，字季，秦朝泗水郡沛县（今江苏沛县）人。刘邦与沛县城郊吕公的女儿吕雉成亲后，刘邦再次接到上方指令，命他押送一批刑徒往骊山服役。

刘邦和十几位壮士高一脚低一脚地在黑暗中行进。进入一片沼泽地时，走在前面的一位壮士突然高声惊叫着退了回来，惊慌失措地说："前边有一条大蛇挡住了去路，我们退回去吧！"

刘邦此时酒意正浓，道："壮士行路，何惧虫蛇！"说罢，抽出长剑，趁着酒性冲上前去，果然见到一条巨大的白蛇昂头吐舌横卧在路中，刘邦大喝一声，奋力挥剑斩去，顿

时血花飞溅，白蛇分为两段。

公元前209年9月，刘邦在萧何、曹参等人拥戴下聚众起义，杀死秦沛县县令，占领县城，刘邦被起义民众拥立为县令，尊称为“沛公”。

刘邦出生于丰县中阳里金刘寨村，和卢绾同年同月同日生，因此两家非常要好。幼时和卢绾一起拜马维先生为老师，在马公书院读书。

年龄稍长后，经常逃学，常被老师训斥，但他性格豪爽对人很宽容。他也不喜欢下地劳动，所以常被父亲训斥，说他不如自己的哥哥会经营，日后在统一天下之后，刘邦还拿此事和刘太公开玩笑：“您看我和刘仲（刘邦的哥哥）到底谁创下的基业大？”

项羽率军交战巨鹿

公元前207年，项羽率楚军到达巨鹿县南漳水，派遣英布和蒲将军率2万义军渡过漳水，援救巨鹿，初战告捷。接着，项羽率领全军渡过漳水，命令全军破釜沉舟，只带三日口粮，以示不胜则死的决心，以迅雷不及掩耳之势直奔巨鹿，断绝秦军粮道，包围了王离军队。

项羽的决心和勇气，对将士起了很大的鼓舞作用。楚军

把王离的军队包围起来，越战越勇。经过九次激烈战斗，活捉王离，杀死了秦将苏角，包围巨鹿的秦军就这样瓦解了。

来救援的有十几路人马，可是他们害怕秦军强大，都扎下营寨，不敢跟秦军交锋。项羽打垮了秦军，请他们到军营来相见的时候，他们都跪在地下爬着进去。

大家颂扬项羽说：“上将军的神威真了不起，自古到今没有第二个。我们情愿听从您的指挥。”从那时起，项羽就成了各路反秦军的首领。

王离：秦朝名将王翦孙子，王贲之子，继其父为秦将，率兵戍边备胡。

漳水：位于京山县境内，是京山四条主要河流之一。

刘邦约法三章

巨鹿大战后，项羽率各诸侯大军浩浩荡荡向关中地区挺进。行至新安城附近，恐秦军降卒不服，就将20余万降卒全部坑杀，随后进军函谷关。

而刘邦军纪严明，“所过勿得掠虏”，又采取了收买秦将的方针，很快瓦解了秦军，没有遇到大的抵抗，就攻下咸阳。秦王子婴投降，秦朝灭亡。

刘邦把咸阳附近各县的父老和有名望的人们召集在一起，对他们说：“我来这里是为了解除你们痛苦的。现在我只和大家约法三章：杀人的偿命、伤人的办罪、偷盗的严

惩。除此以外，秦国的一切法律禁令一概废除。”

刘邦的“约法三章”得到了关中百姓的称赞和拥护，也为自己今后的大业铺平了道路。

樊哙：沛县人。西汉开国元勋，大将军，左丞相，著名军事统帅。

霸上：即灞上，在今西安市东，因在霸水西边的高原上而得名。

刘邦赴鸿门宴

项羽进关后，一直向西挺进。当他的军队开到鸿门的时候，天色已晚，只好暂时住下。

第二天，刘邦带着张良、樊哙和一百多个随从，到了鸿门见项羽。守卫的将士只准刘邦带张良一人进入营帐，其他人都被挡在外边。刘邦见了项羽，恭恭敬敬地行了拜见之礼，项羽设宴招待刘邦。

宴会上，项羽和项伯坐在主位，亚父范增坐在旁边作陪。范增找个借口，到外面找到了项羽的堂弟项庄，要他进入帐内佯装舞剑，伺机杀死刘邦。张良见这情形，急用眼色示意项伯，项伯马上站起来，对项羽说了一声，便拔剑与项庄对舞起来。

张良一看形势十分紧张，悄悄溜到营门外，找到樊哙，说明帐里危急情况。樊哙听了，右手提着剑，左手抱着盾牌，闯了进去，气呼呼地站在刘邦身边。过了一会儿，刘邦借口上厕所，带领随从抄小道跑回霸上。历史从此拉开楚汉相争的帷幕。

趣味小链接

范增：居鄛人。秦朝末期农民战争中霸王项羽的主要谋士。范增招项庄舞剑为酒宴助兴，趁机杀掉刘邦。这就是成语“项庄舞剑，意在沛公”的由来。

萧何月下追韩信

楚汉相争之际，韩信在项羽帐下不得重用，只是一个普通的士兵。正巧赶上汉营的谋士张良出外寻访帅才。张良经过多番探访终于确认韩信是一个满腹经纶可以委以重任的大将之才，便交与韩信一封举荐书，要他去见刘邦，共同为汉室出谋划策。

韩信到达褒中的时候，被将军夏侯婴引见给相国萧何，萧何见到韩信的才学十分钦佩，并且极为器重。

韩信（约前231—前196），西汉开国功臣、军事家。秦末大乱之际，经萧何推荐被刘邦为大将，刘邦兵败于彭城后，韩信先破楚军于京、索之间，后又分别平定魏国、代国、赵国、燕国、齐国，最终打败楚国。著有《韩信兵法》三篇。

不久之后，萧何向刘邦举荐韩信，但是刘邦得知韩信出身微贱，不肯重用。萧何多次向刘邦奏本，极力推荐韩信为大将军。但是刘邦依旧没有同意，他决心要等待张良推荐的人才，来匡扶自己的雄才伟业。

韩信见到萧何相国再三保荐，但是汉王仍然不肯重用自己，便留诗一首，乘夜色弃官而走。

萧何听说韩信弃官离去，担心会失去一个难得的人才，便不顾及道路艰难，连夜去追赶韩信。当见到韩信时，萧何在焦急与劳累的交加中，竟然从马上摔了下来。他不顾身上的伤痛，连忙起身苦劝韩信返回褒中，耐心等待。他还对韩信说："如果汉王不重用你，那我也辞官不做了。"

韩信深受感动，于是把张良写的举荐书拿了出来。萧何见到举荐书喜出望外，便与韩信一同回营了。刘邦见到张良的举荐书，终于不再心存偏见，还立即封韩信为大将军，并在萧何的建议下，为韩信高筑将坛，登台拜将。

从此，刘邦文依萧何，武靠韩信，举兵东向，争夺天下。而萧何月下追韩信的经历也被传为一段佳话。

刘邦重用韩信

刘邦受封汉王入汉中之际，韩信离开项羽来到刘邦军中。刘邦依从萧何的建议，以大礼拜封韩信为大将军，总领三军，汉军上下十分震惊。

韩信向汉王献策说："如今，能与大王一争天下的仅有项羽一人。项羽是一个猛士，他怒吼一声，就能威震天下。但是不能任用贤人，他的勇猛便只是匹夫之勇；项羽称霸天下，不占据关中的天时地利，却在千里之外的彭城建都，已经丧失先机，是在做无用功啊！"

刘邦连连点头称是，心中暗赞韩信果然为天下奇才。韩信继续说道："您与项羽正好相反。您入关后军纪严明，

与关中百姓约法三章，深得关中百姓爱戴，所以您被分封到汉中，天下百姓都很同情。假若利用军队士卒企望东归的心情，举兵东进，夺取关中，推翻三王统治易如反掌。”

刘邦向天感叹：“天赐韩信给我啊！”

秦朝末年，刘邦驻守陈留县，才学过人的郦食其去投奔刘邦，士兵报，说是读书人。刘邦回答说：“军事时期，不见儒生。”郦食其一听就发了火，他向通报的士兵说，你进去报告，我是高阳酒徒，不是儒生。士兵把郦食其请了进去，刘邦正在洗脚，郦食其不拜并指责不尊重长者。刘邦一听赶忙起立道歉，请郦食其上坐。后来郦食其成为刘邦的得力谋士，为刘邦一统天下而出谋划策。

韩信背水一战

公元前204年，楚汉两军在荥阳相持不下。魏、赵、燕、齐等依附项羽。韩信率数万大军，准备东出井陉攻赵。赵国的国君赵歇和他的大将陈余，听说韩信就要来进攻，便集结兵力，号称20万人马，准备迎战汉军。

韩信率主力部队趁月色越过井陉隘口，渡过大河，在东岸面对赵军、背靠大河扎下大营，摆开阵势。背水摆阵，

是兵家大忌，等于断绝自己退路，使自己陷于绝境，自取灭亡。陈余见韩信中了圈套，心中暗喜。

韩信令“全军假意溃逃”，在水边阵地上，韩信指挥汉军拼命厮杀。汉军埋伏的2000骑兵冲入赵营，配合背水阵地，两面夹击，斩杀陈余，活捉赵王歇，把赵军打得大败。韩信大败楚军，项羽陷入进退两难之地。“楚河汉界”形成。

夏说：秦汉时期人，打败张耳后任代国国相。在韩信攻赵时被擒杀。

彭越：昌邑人，字仲，曾在钜野湖泽中打鱼，伙同一帮人做强盗，楚汉战争时汉军著名将领，西汉开国功臣，封梁王。

韩信暗渡陈仓

秦末农民起义后，项羽与刘邦为争夺天下，进行了为期四年的“楚汉战争”。刘邦首先攻入咸阳，自立为关中王。项羽军事力量强大，刘邦把咸阳和关中让给了项羽，自己转移到了汉中。

与刘邦的守地汉中相邻的是章邯。刘邦采纳了韩信的策略，立即着手部署东进关中。当时，从汉中通往关中的道路有两条，一条是经由栈道进入关中；另一条是走陈仓小路，那里山高路险、悬崖峭壁、野兽虫蛇出没，路途险恶，已多年无人行走。

陈仓：古称西虢，是周秦文化的发祥地。位于关中秦川西端。陈仓县的名字由来已久。春秋时期，小国林立，当时的陈仓属于陈国。在这座城市的东南方有一座山，叫作陈仓山，所以这个城市就命名为陈仓县。后来改名为鸡峰山。

明修栈道，暗渡陈仓：这个成语在军事上是声东击西、出奇制胜的谋略。

正因如此，被项羽封到关中西部地区的雍王章邯不曾派兵驻守。韩信决定采用声东击西的战术，“明修栈道、暗渡陈仓”。

韩信调动大批士卒和民众，大兴土木，日夜抢修栈道。汉王兴师动众修复栈道的消息传到关中，章邯仍是一个有经验的军事将领，他立即加派重兵守卫栈道出口，防止刘邦大军进攻。

韩信见章邯果然中计，便于公元前206年秋天的一天深夜，与汉王刘邦率大军离开南郑，偃旗息鼓，无声无息地扑向陈仓。

这天，章邯正在都城废丘王宫中饮酒作乐，突然传来紧急战报：“汉军已攻战陈仓。”

章邯闻讯将信将疑，慌忙调动兵马，亲自赶往陈仓抵挡汉军。但是章邯大败，逃回废丘，闭门不出。汉军很快包围废丘，四面攻打。章邯无力支撑，不久便兵败自杀。

楚汉对峙之势

汉王刘邦挥师南下，来到洛阳新城的时候，传来了九江王奉项羽之命杀了楚怀王熊心的消息。然后，他采取了董公的计策。

第二天，刘邦举行隆重仪式，为楚怀王熊心大办了丧事。接着，他又派出使者，去游说众王，伸张正义，除奸保国。

各诸侯果然立即响应，纷纷派兵支援刘邦。刘邦的队伍一下子就增加到56万人，刘邦领兵长驱直入，不费吹灰之力就攻下了楚都彭城。

项羽听到彭城失守的消息之后，焦急万分，再也顾不得

熊心：熊心本是楚国贵族，在楚国灭亡后，隐匿民间为人牧羊。项梁起事后，采纳范增的建议，自称武信君，立熊心为楚怀王，以从民望。与诸将约，先入关中者为王。项羽矫杀宋义，在巨鹿之战中大败章邯，熊心被迫以项羽为上将军。刘邦先入关中，项羽使人还报熊心。熊心答复：照原约办，项羽因此怨恨熊心，于是佯尊熊心为义帝，徙于长沙郴县，在暗中令英布等人将其弑杀。

与齐国对峙的局面，亲自率领3万精兵强将，去夺取彭城。

一天早晨，楚军向彭城发起了猛烈的进攻。汉王和他的将士们被打了个措手不及。中午时分，楚军攻入彭城，汉军被彻底打垮，刘邦在众将的掩护下急促奔逃。

汉军见主将奔逃，立时慌乱起来，四处溃散，逃至彭城东北的谷水和泗水时，因船少人多，抢渡不及，十几万汉军在这里被消灭了。

这一仗，汉王刘邦伤亡惨重，他的父亲刘太公和老婆吕雉也都被项羽俘虏了。

刘邦好不容易逃到荥阳、成皋一带，收集了散兵。正巧，萧何从关中发来一支兵马，韩信也带着队伍赶到荥阳。经过休整，士气又振作起来，刘邦见楚军阵容强大，先是坚守不出，然后挑选精兵，突然袭击，大败楚军。结果两军在荥阳一带，形成对峙之势。

楚霸王乌江自刎

公元前202年岁末，汉王刘邦和大将军韩信、英布、彭越等会师追击项羽。韩信布置十面埋伏，把项羽围困在垓下。

这一天夜里，项羽进了营帐，愁眉不展。项羽的爱妾虞姬，看见他闷闷不乐，便开始陪伴他喝酒解闷。

到了定更的时候，只听得一阵阵西风吹得呼呼直响，风声里还夹着唱歌的声音。项羽仔细一听，歌声是由汉营里传出来的，唱的都是楚人的歌子，唱的人很多。

项羽一连唱了几遍，唱着唱着，禁不住流下了眼泪。旁边的侍从也都伤心得抬不起头来。为了让霸王率众顺利突围，虞姬趁霸王一转身之际，突然拔剑自刎，霎时间香消魂散。

当夜，项羽跨上乌骓马，带了800个子弟兵冲过汉营，马不停蹄地往前跑去。到了天蒙蒙亮，汉军才发现项羽已经突围，连忙派了5000骑兵紧紧追赶。项羽一路奔跑，赶到他渡过淮河，跟着他的只剩下100多人了。

项羽和100多个人往左跑下去，越跑越不对头，跑到后来，只见前面是一片沼泽地带，连道儿都没有了。项羽这才知道是受了骗，赶快拉转马头，再绕出这个沼泽地，汉兵已经追上了。

项羽再点人数，发现跟随他突围的800将士，现在就只

剩下28个骑兵。但是汉军的几千名追兵围了上来。

项羽料想没法脱身，便把仅有的28人分为四队，对他们说："看我先斩他们一员大将，你们可以分四路跑开去，大家在东山下集合。"

项羽到了东山下，那四队人马也到齐了。项羽又把他们分成三队，分三处把守。汉军也分兵三路，把楚军围住。

最后，项羽带着26个人杀出汉兵的包围，一直往南跑去，到了乌江。恰巧乌江的亭长有一条小船停在岸边。

亭长劝项羽渡江，说："江东虽然小，可还有一千多里土地，几十万人口。大王过了江，还可以在那边称王。"

项羽苦笑一下说："我在会稽郡起兵，带了8000子弟渡江。到今天他们没有一个能回去。我一个人回到江东，即使江东父老同情我，立我为王，我还有什么脸再见他们呢？"

他把乌骓马送给了亭长，也叫兵士们都跳下马。他和26个兵士都拿着短刀，跟追上来的汉兵肉搏起来。他们杀了几百名汉兵，楚兵也一个个倒下。

楚霸王一人杀死了汉军几百人后，自己也受伤10多处，突然看见汉军中的司马将军吕马童。他喊道："这不是我的老乡吕马童吗?"

吕马童不敢正视项羽，只用手指着项羽对汉将王翳说："这位就是霸王。"

项羽见状仰天长笑，说："我知道汉王用千金和万户侯的封赏来购我的头，今天我就送个人情给我的故人吧!"

说完将宝剑往颈中一挥，一代雄主就此消亡。

趣味小链接

项羽和叔父项梁在江南起兵的时候，项梁曾经派项羽去联络桓楚，劝服他一起反抗暴秦。

桓楚趾高气扬地说："你能敌万人，我们就服你，院中有一大鼎，足千斤，你能举得起吗？"项羽先让桓楚手下4名健壮的大汉一起举鼎，然而大鼎却像生了根似的丝毫未动。

项羽大步走到鼎前，握住鼎足，运起力气大喝一声"起"！生根似的大鼎被高高举起，而且三起三落。于是，桓楚满口答应，合兵从羽起义。

西汉

前206 — 25

西汉是中国历史上的大一统王朝，共历十二帝，享国210年，又称为前汉。秦末天下揭竿而起，经过楚汉之争，刘邦击败项羽。公元前202年，刘邦在山东定陶称帝，国号汉，暂都洛阳，三个月后定都长安。西汉诸多制度上承袭秦制，汉初实行轻徭薄赋、休养生息的国策，社会经济迅速恢复。

刘邦称帝建立汉朝

公元前202年，由楚王韩信牵头，群臣共同上书，推尊刘邦称帝。刘邦看了诸侯王的上书，心里美滋滋的，表面上却故意推辞，内外臣僚再三恳请，他才答应。于是刘邦正式做了皇帝，后世称他为汉高祖。这就是历史上的汉朝。

叔孙通为汉高祖制订的礼仪，由混合夏、商、周、秦四代的礼乐而成。设三公和九卿，任用萧何为丞相，采取清静无为、休养生息、鼓励生产、轻徭薄赋的黄老思想为指导。

汉高祖刘邦建立的我国第二个大一统的封建王朝。前

期定都长安，又称西汉、前汉；中期定都洛阳，又称东汉、后汉。

刘邦定都长安是因为一个叫娄敬（因被赐姓刘，又称刘敬）的士卒的提醒，娄敬从山东赶来见刘邦。

娄敬对刘邦说：“您得天下和先前的周朝不一样，所以不应该像周朝那样以洛阳为都城，应该到关中定都，这样便可以在秦地固守险地，国家才能长治久安。”

张良同意娄敬的建议，他说关中是“金城千里，天府之国”，退可守，攻可出。刘邦听了表示同意，于是很快将都城迁到了长安。

汉高祖封萧何

汉高祖正式登上皇位，一大帮臣子互相争功劳，争执了很久也没争清楚。汉高祖认为萧何功劳最大，率先封他为酂侯，他的封地内有8000户人家。

功臣们说：“我们都曾上阵杀敌，立下赫赫战功，为什么萧何没有征战的功劳，反而居于我们之上？”

汉高祖说：“各位知道狩猎的猎狗吗？”

群臣回答说：“知道。”

皇上说："狩猎时，追击杀死禽兽的是猎狗，发现并指示野禽在什么地方的是人。现今各位只能跑去抓住野兽，功劳相当于猎狗；而萧何，发现目标指示出击，功劳相当于猎人。而且各位只以自身跟从我，多的也不过带来三两个人，萧何带领发动宗族里几十个人都跟从我，功劳不能忘记啊！"

众臣子从此不敢再说闲话了。

萧何：后世为萧何建酂侯祠，主要建筑有萧何庙、献亭、风雅台。

宗族：通常表现为一个姓氏，并构成的居住聚落；一个宗族可以包括很多家族。

请君入瓮擒韩信

刘邦登上皇位之后，便封韩信为楚王。不久，就有人上书告发楚王韩信谋反。刘邦向陈平请教，陈平在刘邦再三追问下说："军队实力不如韩信，将领又不是韩信的对手，现在您反而要出兵去打韩信；一旦引起战争的话，胜负就难以预料了，这样做我真是很为陛下担心啊！"

刘邦一听，十分着急。陈平说："陛下装作出游云梦泽，要在陈州会见各路诸侯。韩信听到天子出游，又到了他的地盘上，他当然会来谒见。当他谒见陛下的时候，您便可以把他抓起来。这样就不用派兵，只需一个武士就足

够了。”

刘邦依计行事。韩信果然迎在路中央。刘邦便让埋伏下来的武士将韩信捆得结结实实，投入囚车中。后来刘邦把韩信贬为淮阴侯，留居京城，不让他到外地任职，韩信也就不能再有所作为了。

后来，吕后采用了萧何的计谋，把韩信骗到未央宫杀害了，并诛灭了韩信的三族。

云梦泽：又称云梦大泽，江汉平原上的古湖泊群的总称。

未央宫：当年位于西汉都城长安城的西南部。因在长乐宫之西，汉时称西宫。

汉高祖白登被围

公元前200年冬天，天空下着大雪，天气特别冷。汉高祖亲率汉军赶到晋阳，和匈奴对敌。汉高祖派兵士去侦察，回来的人说冒顿的部下全是老弱残兵，连他们的马都是挺瘦的。如果趁势打过去，准能打胜仗。

汉高祖率领人马刚到平城，突然四周涌出无数匈奴兵。汉高祖拼命杀出一条血路，退到平城东面的白登山。

冒顿单于派出40万精兵，把汉高祖围困在白登山。周围

的汉军没法救援，汉高祖和一部分人马在白登，整整被围了七天，没法脱身。

陈平派使者带着黄金、珠宝去见冒顿的阏氏，请她在单于面前说些好话。冒顿听了阏氏的话，第二天清早下令将包围网撤开一角，放汉兵出去。汉高祖悄悄地撤离了白登山。

单于：匈奴人对他们部落联盟的首领的专称，意为广大之貌。单于始创于匈奴著名的冒顿单于的父亲头曼单于。

和亲：是指两个不同民族或同一种族为了避战言和进行的联姻，目的是保持长久的和好。

吕后为执政铺路

汉高祖刘邦杀马立誓以后，病情一天比一天重，吕后找了一位当时很有名气的医生来给他治病。汉高祖却不想医治，他认为自己已经不行了。他赶紧忙着安排后事。

吕后早有野心，现在见高祖就要命归西天，就问："陛下百年之后，如果丞相萧何也死了，谁能接替他！"刘邦说："曹参可以。"吕后又接着问："曹参以后呢？"

刘邦说："王陵能接替，不过他这个人忠厚正直却有些愚笨，可以让陈平来协助他。陈平很有智谋，但他不能够独当一面。周勃他办事稳重，为人厚道，将来安定刘家天下的必定是他，可以让他做太尉。"不久，刘邦去世了。

吕后把太子刘盈立为皇帝，这就是汉惠帝，汉惠帝17岁，天生软弱，身体又不好，这样吕后就掌握了朝中大权。

由于吕后的专权，汉惠帝根本不能办理国家大事，到他即位的第七年就在忧伤里死去了。汉惠帝的张皇后一直没有生儿子，吕后让人从宫中抱来一个婴儿，并把他立为皇帝，历史上称为“少帝”。

曹参：西汉开国功臣、军事家、政治家，是继萧何后的汉代第二位相国，史称“曹相国”。

汉高皇后：姓吕名雉，高祖死后，被尊为皇太后，是中国历史上有记载的第一位皇后和皇太后。

篡位执政

吕后夺了朝中大权以后，想封吕家的人为王，但她又怕大臣们反对，于是就征求右丞相王陵的意见，王陵是个直心肠，他当时就表示反对。吕后脸上立即挂了一层霜，冷冷地看着王陵。陈平和周勃见她神色有变，齐声说道：“高祖皇帝平定天下，曾封子弟为王，今太后掌管朝政，分封吕氏子弟又有什么不可呢？”

不久，吕后就免掉了王陵右丞相的职务，把左丞相陈平升为右丞相，把自己的亲信审食其提升为左丞相。吕氏子侄

一个个被破格提拔。

吕后把少帝偷偷杀害后，找来名叫刘弘的小孩做皇帝，称“少帝”。刘弘只不过是吕后手中的玩具，朝中大权完全由吕后执掌。此时，吕太后已经篡夺了刘姓的天下。吕后的篡权，不仅误国害民，也为吕氏家族惹来灾祸。

吕后有政治家的风度，匈奴冒顿单于乘刘邦之死，下书羞辱吕后，说：“你死了丈夫，我死了妻子，两主不乐，无以自虞，愿以所有，易其所无。”

吕后采纳季布的主张，压住怒火，平心静气复书说：“我已年老体衰，发齿也堕落了，步行也不方便。”然后赠予车马，婉言谢绝，终于化干戈为玉帛，匈奴自愧失礼，遣使向汉朝认错。

吕氏诸侯的末路

吕后执政以来，大权牢牢地掌握在吕氏集团手中。多年钩心斗角的朝廷纷争，让吕后的身体愈来愈虚弱，她已无力操劳更多的事情了。

公元前180年3月，吕后为了求福去灾，要到长安城外斋戒沐浴，那时候把这种事叫作祓祭。这样的迷信活动，当然不会为吕后求福去灾。她在回宫的路上，就觉得十分疲倦，昏昏欲睡。从此便卧病不起。

到了夏末秋初，病情一天比一天沉重，自感不久于人世。于是她便发出诏令，封吕产为相国，吕平为未央宫卫尉，吕更始为长乐宫卫尉，又封赵王吕禄为上将军，吕种为中将。

她又告诫吕产、吕禄说：“你们千万要抓住兵权，守住皇宫。你们不必为我送丧，以防被人暗算。”

吕后一死，吕产在内护丧，吕禄在外巡防，防备得非常严密，到出葬那天，两人遵照遗嘱谁也没去送葬，带着南北两军，护卫宫廷。准备劫持少帝，发起叛乱，篡夺刘氏江山。

陈平、周勃等人，想要乘此机会除灭诸吕，但是无处下手，只好耐心等待时机。

齐哀王刘襄一边出兵，一边写信给诸侯王，控诉吕后一家的篡权罪行，提议联兵讨伐诸吕。

吕产等人听说齐哀王出兵打来，便派大将军灌婴带兵阻击。灌婴暗想吕家控制住了关中地区，想要篡夺刘家的天下，我如果去打齐王，这不是违背高祖杀马宣誓的行为吗？于是他把兵带到荥阳，便屯兵不动，并同齐王订了一同除掉诸吕的密约。

祓祭：我国一种古老的祭祀仪式，属于一种感生巫术，含有祓除的用意。女巫职掌每年的祓除仪式，并为人们衅浴除灾。

周勃安刘除诸吕

周勃和丞相陈平商量除掉诸吕的办法。他们知道曲周侯郦商的儿子郦寄和吕禄是好朋友，便把在家养病的郦商软禁起来，叫郦寄去劝说吕禄交出兵权，吕产交出相印，各自回到自己的封地去。并告诉他们只有这样，大家才能过太平日子。

吕禄被迫交出大印，到自己封地去了。周勃命令刘章：“迅速进宫保卫皇帝，逮捕吕产！”

刘章遵照周勃的安排，采取分割包围的办法，很快地便将吕产的军队消灭。吕产匆匆忙忙地逃到郎中府的厕所里躲藏，结果还是被搜出来杀了。

汉朝的大权又回到刘氏集团手中，经过大臣们的商讨，迎立了代王刘恒为帝，这就是历史上有名的汉文帝。

吕氏篡权的阴谋全部破产了。后人把这一历史事件，叫“周勃安刘”。

符节：朝廷传达命令、征调兵将以及用于各项事务的一种凭证。

周勃：沛人，秦末汉初的军事家和政治家、西汉开国功臣，汉高祖封为绛侯。吕后死后，一举谋灭吕氏诸王，拥立文帝，后官至右丞相。

汉文帝废除肉刑

汉文帝实行的各项政策中，最受人欢迎的是减轻刑罚，并且还废除了肉刑。

公元前167年，齐国太仓县的县令淳于意，因治病死了人，犯了法，被判处肉刑。淳于意的小女儿缇萦跟随父亲去长安，托人写了一封奏章，到宫门口递给了守门人。

奏章上写道：“我叫缇萦，是太仓县令淳于意的女儿。肉刑是可怕的刑罚，刺了字，就终生难以抹掉；割掉鼻子，就不能再安上；以后就是想改过自新，也没有办法了。”

汉文帝觉得小姑娘说得也很有道理，便废除了肉刑，顺

应了民心。又发展了农业生产保全了更多的劳动力，有利于自身的统治，合乎历史发展的潮流。

趣味小链接

一天，汉文帝的母亲病倒了，文帝请来最好的医生给太后诊治，看到母亲憔悴的面容，文帝食不甘味，夜不能眠，他亲自为母亲端水送药。就这样，汉文帝将母亲侍奉了整整三年，在三年时间里，他几乎没有睡过一个安稳觉。

母亲每次服药前，文帝必会亲自先尝，品一品熬煮的浓度是否适当，温度是否合适，直到适宜母亲服用之后，才放心地端给母亲。后来，人们为了纪念汉文帝的治国之道，宣扬他的仁义和孝道，将其列为二十四孝当中的第二孝。

汉文帝体恤民情

有一天，汉文帝出行。浩浩荡荡的车驾队伍刚走到中渭桥，忽然从桥下蹿出一个人来。这人一见是皇帝的车驾，吓得晕头转向，向皇帝的乘舆跑去，差一点撞到驾辕的马身上。卫士们治服了那受惊的辕马。汉文帝命令将惊驾的人交廷尉去治罪。

廷尉张释之经认真审理，便到皇宫向汉文帝奏报："臣已经审过了，那人是一时恐慌，犯了惊动皇上车驾的罪，按照条律，应处以罚金四两。"

汉文帝一听，大声说："这个人使我的马受了惊，幸亏

这马性子柔和。否则，我不死也得受伤。你这个廷尉却只处罚他金四两。”

张释之连忙磕头，连声说：“圣上息怒。臣以为，法律是天下通用的，百姓共守的，处以四两罚金是法律规定的。圣上交给廷尉处理，就应按法处理。陛下圣明，请您体察是不是这么个道理？”

文帝思忖半天：“看来你是对的。”

张释之：字季，南阳堵阳，即今河南方城县东人。西汉法律家。

乘舆：古代特指天子和诸侯所乘坐的车子，泛指皇帝用的器物。

周亚夫平七国之乱

吴王刘濞联合楚王、胶西王、赵王、济南王、淄川王、胶东王，于景帝三年发动叛乱，这就是历史上有名的七国之乱。

汉景帝派善于治军的周亚夫为太尉，统帅16个将军去讨伐叛军。

周亚夫率领大军截断吴楚联军的粮道，在昌邑城南深挖沟、高筑墙，扼制吴兵北进。吴兵只好向西进攻睢阳。可是

打了两个多月消耗战，毫无战果，军心逐渐低落。

周亚夫看准时机，立即命令全部精锐部队四路出击。只一仗，就把吴楚联军打得大败。吴王刘濞带着自己的儿子，趁夜逃往江南，投奔越国，被越国人杀死献给周亚夫。

汉景帝灭了叛乱的七国诸侯王，仍旧封了七国后代继承王位。但是从那以后，诸侯王只能在自己的封国征收租税，不许干预地方的行政，权力大大削弱了。

趣味小链接

东越：古族名，古代越人的一支，相传为越王勾践的后裔。秦汉时分布在浙江东南部、福建北部一带。

汉景帝：刘启，汉惠帝七年生于代地中都，西汉第六位皇帝。在位期间与民休息，轻赋减税，勤俭治国。

汉武帝“尊儒”

董仲舒是个精通儒家学说的大学问家，在景帝时做过博士官。他根据自己的理解和当时政治上的需要，改造了由孔子创立、经孟子发展的儒家学说，并且把各家学说和阴阳五行等思想融合在一起，使儒家学说变成了一种为封建政治制度服务的理论。

董仲舒向汉武帝提出了“天人三策”的建议。意思是说：“天是有意志的，人世间的事物，是按天意存在和变化的。皇帝是天皇的代表，皇帝的权力是天皇授予的，人服从皇帝，就是服从天道。”他还说：“诸子百家的学说妨碍皇帝的绝对权威，只有儒家学说才能保持思想上的统一。”

汉武帝在董仲舒的建议下，实行了“罢黜百家，独尊儒术”，后来，各个王朝的统治者又不断对儒家学说作了补充和发展，使它更适合维护封建统治的需要。

“三纲”要求为臣、为子、为妻的必须绝对服从于君、父、夫，同时也要求君、父、夫为臣、子、妻作出表率。

“五常”即仁、义、礼、智、信，是用以调整、规范君臣、父子、兄弟、夫妇、朋友等人伦关系的行为准则。

董仲舒在先秦儒家“五伦”观念的基础上提出了一套维护封建等级制度的三纲五常论。

汉武帝修缮长城

西汉初，北方匈奴多次南犯。武帝为消除北方边患，在主动出击匈奴的同时，大规模重筑长城、复缮秦长城、增筑河西长城和塞外列城。

汉长城的总长度约1万公里，是中国古代最长的长城。烽火台，遇险报警，平时传信，紧急时烽烟传千里，为汉朝统治“西域三十六国”起到了不可忽视的作用。

汉武帝修缮的长城工程规模宏大，更远出秦长城之上。

武帝主要建筑河西走廊的长城。武帝时期所筑河西长城、亭障、列城、烽燧，有力地阻止了匈奴的进犯，对发展西域诸属国的农牧业生产，促进社会的进步，特别是对打通与西方国家的交通，发展同欧亚各国的经济贸易、文化交流起了重大的作用。

烽燧也称烽火台、烽台、烟墩、烟火台。如有敌情，白天燃烟，夜晚放火，是古代传递军事信息最快最有效的方法。

亭障：也称作“亭鄣”，是古代边塞要地设置的堡垒。

李广抗击匈奴

汉武帝时期，匈奴进攻辽西郡，杀了太守，打败了汉将韩安国。汉武帝重新起用李广，派他做了右北平太守。匈奴人听说李广来到右北平，都惊呼：“汉朝飞将军来了！”纷纷躲避，好几年都不敢来骚扰。

后来，汉武帝又点将李广作为郎中令率领4000汉兵进击匈奴，被40000匈奴精锐骑兵团团围住。匈奴急于消灭李广，箭如雨下。汉军一面英勇抗敌，一面组织突围。

李广张开叫“大黄”的硬弓，直射匈奴将领，一连射倒好几个，射得匈奴兵放下弓箭不敢再动。汉兵在李广的勇气

感召下，齐力向外猛冲，将匈奴打得大败而逃。

李广一生参战七十多次，为保卫汉朝江山，立下汗马功劳。

李广英勇善战，历经汉景帝、武帝，立下赫赫战功，对部下也很谦虚和蔼。文帝、匈奴单于都很敬佩他，但年纪不大被迫自杀，许多部下及不相识的人都自动为他痛哭，司马迁称赞他是“桃李不言，下自成蹊”。

桃李有芬芳的花朵、甜美的果实，虽然不会说话，但仍然能吸引许多人到树下赏花尝果，以至于树下走出一条小路出来。一个人做了好事，不用张扬，人们就会记住他。只要能做到身教重于言教，为人诚恳，真挚，就会深得人心。

卫青威震匈奴

公元前124年，卫青率领3万骑兵追到长城外。卫青在夜色的掩护下，急行军六七百里，包围了右贤王。汉兵从四面八方冲进匈奴营地，打得匈奴部队四面逃窜，乱成一团。

这一仗，卫青的人马一共俘获了约15000个俘虏，其中匈奴的小王十多人。这次战争，右贤王全军覆没，对匈奴单于是一个很大的打击。

汉武帝得到捷报，立刻派使者拿着大将军印，送到军营，宣布卫青为大将军，卫青却推辞说：“我几次打胜仗，都是部下将士的功劳。我那三个孩子还都是娃娃，要是皇上封他们为侯，怎么能够勉励战士立功呢！”

汉武帝经他一提醒，非常赞赏卫青的气度，于是加封了卫青部下的七名将军为侯。

卫青：汉武帝时期抗击匈奴的主要将领，霍去病的舅舅，二者并称“帝国双璧”。

右贤王：匈奴贵族封号，地位仅次于单于，在各部诸王侯中地位最高。

张骞出使西域

当汉武帝下达诏令后，满怀抱负的年轻的张骞，挺身应募，毅然挑起国家和民族的重任，勇敢地走上了征途。

公元前138年，张骞奉命率领100多人，从陇西出发。同行的还有一个跟了张骞多年的蛮族奴隶堂邑父，自愿充当张骞的向导和翻译。他们西行进入河西走廊。这一地区自月氏人西迁后，已完全为匈奴人所控制。

军臣单于得知张骞欲出使月氏后就把张骞一行扣留和软禁起来。匈奴单于为软化、拉拢张骞，打消其出使月氏的念头，进行了种种威逼利诱，还给张骞娶了匈奴的女子为妻，生了孩子，但均未达到目的。

张骞：张骞先后两次出使西域，打开了中国与中亚、西亚、南亚以至通往欧洲的陆路交通，从此中国人通过这条通道向西域和中亚等国出售丝绸、茶叶、漆器和其他产品，同时从欧洲、西亚和中亚引进宝石、玻璃器等产品。

张骞被誉为“丝绸之路的开拓者”“第一个睁开眼睛看世界的中国人”。

10年后，敌人的监视渐渐有所松弛。一天，张骞趁匈奴人的不备，果断地离开妻儿，带领其随从一起逃脱了。

张骞一行，风餐露宿，备尝艰辛。干粮吃尽了，就靠善射的堂邑父射杀禽兽聊以充饥。不少随从或因饥渴倒毙途中，或葬身黄沙、冰窟，献出了生命。

张骞到大宛后，向大宛国王说明了自己出使月氏的使命和沿途种种遭遇，希望大宛能派人相送，并表示今后如能返回汉朝，一定奏明汉皇，送他很多财物，重重酬谢。

大宛王答应了张骞的要求，热情款待后，派向导和译员，将张骞等人送到康居。康居王又遣人将他们送至大月氏。

不料，这时大月氏人，由于新的国土十分肥沃，物产丰富，距匈奴和乌孙很远，外敌寇侵扰的危险已大大减少，因此改变了态度。当张骞向他们提出建议时，他们已无意向匈奴复仇了。

霍去病强击匈奴

霍去病是汉武帝“飞将军”卫青的外甥，那时候才18岁。霍去病第一次参加作战，就逮住了匈奴的两个将官，被封为冠军侯。

公元前121年，汉武帝又封霍去病为骠骑将军，率领1万骑兵，从陇西出发，进攻匈奴。霍去病的兵马跟匈奴接连打了6天，匈奴兵抵挡不住，向后败退。霍去病和他的骑兵越过了燕支山，追击了一千多里地。那边还有不少是匈奴的属国，像浑邪、休屠。汉兵到了那里，俘虏了浑邪王的王子和相国，把休屠王祭天的金人也拿来了。

汉武帝为了慰劳霍去病，要替他盖一座住宅。霍去病推

辞了，他说："匈奴未灭，何以家为！"

匈奴撤退到大沙漠以北，不敢来犯了。

传说，霍去病追击匈奴，追了很远仍不肯罢休，将士们问霍去病何时班师回长安，霍去病气势昂然地说："倒看北斗星。"

一天傍晚，霍去病的军队驻扎在一座荒凉的山上。两个卫兵趁着夜里巡逻，偷偷把霍去病睡的床轻轻地抬起转了个方向，然后大声喊道："北斗星倒转了！"

霍去病正在梦中，突然听士兵纷纷乱喊"北斗星倒转了"，慌忙坐起，他睡意朦胧中睁眼一看，北斗星的方向确实和睡前的相反，就下令班师回长安。

苏武出使匈奴

公元前100年，汉武帝派中郎将苏武为正使、副中郎将张胜为副使，带着助手常惠和一百多名士兵以及许多金银绸缎等礼物，护送以前扣留下来的全部匈奴使者，出使匈奴。

苏武到了匈奴，把匈奴使者还给单于，并且送上礼物。匈奴单于见到汉朝送来那么多礼物，反而骄横起来。苏武为了维护双方的友好，尽量耐着性子跟单于打交道，准备完成

任务后，好快点返回汉朝。

汉朝使者卫律投降了匈奴。卫律的部下有个叫虞常的人，是个忠于汉朝的血性汉子。虞常和苏武的副使张胜，商量除掉卫律，事情败露后被杀。

苏武说："我是汉朝使者，如果上公堂受审，等于我们汉朝受了侮辱，还不如趁早自杀为好。"说着，拔刀要自杀。张胜和随员常惠眼快，夺去他手里的刀，把他劝住了。

苏武：西汉大臣，字子卿，杜陵人，汉武帝时期伟大的政治家、外交家和爱国英雄。

汉朝武官级别为：将军、中郎将、校尉三级。由于将军并不常设，有战事时才冠以统兵者将军之称。

苏武边关牧羊

卫律劝苏武投降，结果碰了一鼻子灰。单于便把苏武下了地窖，想用折磨的办法逼他屈服；单于见折磨也没用，把他放出来，说要封王，苏武也不答应；单于只好把他送到北海边去放羊，说：“等公羊生了小羊，就放你回去。”

苏武到了北海边，身旁什么人都没有，和他为伴的只有那一群公羊和那根代表汉朝的旌节。苏武拿着那根旌节从不离手，连晚上睡觉也搂在怀里，他想着总有一天，拿着旌节回到自己的国家。

北海终年白雪皑皑，荒原千里，人迹罕见。为了生存下去，回汉复命，苏武经常取野鼠洞里的草籽来充饥。岁月

悠悠，北海的风雪染白了他的须发，冻饿练就了他的铮铮硬骨，苏武在北海一待就是19年。

公元前81年春天，苏武才回到久别的都城长安。苏武出使的时候，是个40岁左右的壮年，他在匈奴度过了19年异常艰苦的岁月，回来已经是个须发全白的老年人了。

苏武留胡节不辱的爱国精神，也受到后人们的敬仰，他的事迹被编为歌、剧、故事，广为流传。

北海：即贝加尔湖，现在位于俄罗斯西伯利亚南部。

司马迁与《史记》

公元前104年，司马迁开始了著述《史记》的浩繁工作。这时他已步入中年了。为了尽早完成这部史书，他夜以继日地忘我写作，几乎断绝了一切往来应酬。

公元前99年，李广的孙子李陵战败被俘投降了匈奴。司马迁对李陵的为人一向敬佩，因而仗义执言。汉武帝勃然大怒，把司马迁关进监狱判了死刑。

按照汉朝法律，死刑有两种减免办法，一是拿钱，二是受宫刑。而宫刑在当时刑罚中是最残忍、最耻辱的一种。司马迁没钱，只能选择受宫刑。

司马迁受宫刑之后，精神受到很大打击，在极度痛苦中，又曾想到过自杀。但痛定思痛，撰写《史记》的崇高理想鼓舞着他，为完成尚未著成的《史记》，他决心顽强地活下去。公元前91年，司马迁完成《史记》这部历史巨著时，已经是年近花甲的老人了。

《史记》是我国西汉著名史学家司马迁撰写的一部纪传体史书，被列为二十四史之首，原名《太史公记》。

《史记》记载了上自中国上古传说中的黄帝时代，下至汉武帝，共3000多年的历史。作者司马迁以其“究天人之际，通古今之变，成一家之言”的史识，使《史记》成为中国历史上第一部纪传体通史。

霍光辅佐昭帝

公元前87年，汉武帝驾崩了，即位的汉昭帝年纪才8岁。按照汉武帝死前的嘱咐，由大将军霍光来辅助他。

霍光帮助汉昭帝继续采取休养生息的政策，减轻税收，减少劳役，把国家大事管理得很好。

汉昭帝14岁那年，霍光检阅羽林军，把一名校尉调到他的大将军府里。奸臣上官桀假造了一封燕王的奏章，派一个心腹冒充燕王的使者，送给汉昭帝。

汉昭帝说："这不是很清楚吗？大将军检阅羽林军是在长安附近，调用校尉还是最近的事，一共不到10天。燕王

远在北方，怎么能知道这些事？就算知道了，马上写奏章送来，还来不及赶到这儿。再说，大将军如果真的要叛乱，也用不着靠调一个校尉。这明明是有人想陷害大将军，燕王的奏章是假造的。”

霍光和别的大臣听了，没有一个不佩服少年汉昭帝的聪明。

上官桀：西汉陇西上邽人，字少叔。汉武帝、汉昭帝时人。

羽林军：是我国古代最为著名并且历史悠久的皇帝禁军。

王莽篡夺皇位

公元前16年，王莽做了大司马，掌握朝政大权。汉平帝即位时，年纪才9岁，有一天，大臣们给汉平帝祝寿。王莽亲自献上一杯毒酒。汉平帝没有怀疑，接过来喝了。第二天，宫里传出话来，说汉平帝得了重病，没有几天就死了。王莽还当众使劲痛哭了一场。

王莽从刘家宗室里找了一个2岁的幼儿为皇太子，叫作孺子婴。王莽自称“假皇帝”。

有些文武官员想做开国元勋，迎合王莽的心意，劝王

莽即位。一直以推让出名的王莽这会儿也不再推让。于是，王莽向太皇太后去讨汉朝皇帝的玉玺。太皇太后这才大吃一惊，不肯把玉玺交出来。后来被逼得没法子，只好气愤地把玉玺扔在地上。

公元8年，王莽正式即位称皇帝，改国号叫“新”，王莽自称“新皇帝”，都城仍在长安。这样，从汉高祖称帝开始的西汉王朝，统治了210年，到这时就结束了。

王莽：字巨君，汉元帝皇后王政君的侄，中国历史上新朝的建立者，公元 8 年至公元 23 年在位。

绿林赤眉起义

17年，王匡、王凤发动农民起义，占领了绿林山作为根据地，攻占附近的乡村。不到几个月工夫，这支起义军发展到七八千人。21年，王莽派了两万官兵去围剿绿林军，结果被绿林军打得大败而逃。

这时候，另一个起义领袖樊崇带领几百个人占领了泰山。不到一年工夫，就发展到一万多人。22年，王莽派10万大军去镇压樊崇起义军。为了避免起义兵士跟王莽的兵士混杂，樊崇叫他的部下都在自己的眉毛上涂上红颜色，作为识别的记号，这就是“赤眉军”。

绿林、赤眉两支起义大军分别在南方和东方打败王莽军的消息一传开，别的地方的农民也都活跃起来。有一批没落的贵族和地主、豪强也乘机起兵，反对王莽。

23年，绿林军各路将士就正式立刘玄做皇帝，恢复汉朝国号，年号“更始”，所以刘玄又称更始帝。

刘演：字伯升，南阳蔡阳人，东汉光武帝刘秀的哥哥。新莽末年，他与刘秀等人率人起义，号“舂陵兵”，自称柱天都部。

刘秀大战昆阳

王莽听到起义军立刘玄为皇帝，已经忐忑不安，如今连失了几座城池，更是又急又怕，立即派大将王寻、王邑率兵43万人，从洛阳出发，直奔昆阳。

这天晚上，刘秀带着12个勇士，骑着快马，趁黑夜冲杀出昆阳城南门搬救兵；刘秀亲自带着步兵和骑兵，共一千多人组织一支先锋部队，趁敌军还没有站稳阵脚，先发制人，亲自指挥先锋部队冲杀过去，一连杀了几十个敌人；汉军前来救援的大队人马赶到，见刘秀的部队打得勇猛，也鼓起了勇气，几路人马一齐赶杀过去。

昆阳城里的汉军王凤、王常，见外面的援军打了胜仗，

就打开城门冲了出去，两下夹攻，喊杀的声音震天动地。王莽军一听主将被杀，都慌了神，乱奔乱逃，自相践踏，沿路丢下大批王莽军的尸首。

到此，维持了15年的王莽新朝，最终土崩瓦解。昆阳大战王莽军的惨败，是导致其消亡的重要因素。

郾城：旧县名，现分属漯河市郾城区、源汇区和召陵区，位于河南省中部，黄河南岸，属漯河市。

昆阳：位于昆水北岸，故而得名，历来是兵家必争之地。

刘秀搬兵救昆阳

昆阳城虽然不大，但是十分坚固。王莽军凭着人多武器精，认为攻下昆阳不在话下。他们制造一座座10多丈的楼车，在楼车上不断地向城里射箭，箭像雨点一样向城里射来。城里的人到井边打水，也不得不背着门板挡箭。王莽军又用木冲车撞城，还挖掘地道想打进城里去。但是昆阳城里的汉军，防守得也很严密，城始终没被王莽军攻破。

刘秀亲自带着步兵、骑兵1000多人组织一支先锋部队，赶到昆阳，他们在离王莽军四五里的地方摆开了阵势。王寻、王邑一瞧汉军人少，只派了几千兵士对付。

刘秀趁敌军还没有站稳阵脚，先发制人，亲自指挥先锋部队冲杀过去，一连杀了几十个敌人。

刘秀又带着3000名士兵，向王莽军的中坚部队冲杀过去。王寻亲自带着1万人马跟刘秀交战，最终战败被杀。

更始帝派大将申屠建、李松率领汉军乘胜进攻长安。王莽惊慌失措，把监狱里的囚犯都放出来，拼凑一支军队，还没上阵，就陆续逃散了。

攻打长安的汉军很快攻入城内。城里的居民在少年朱弟、张鱼的号召下起义，跟汉军一同围攻王莽的宫殿，放火烧掉未央宫的大门。大伙儿高声吆喝，要王莽出来投降。王莽走投无路，带了少数将士逃进了宫里的一座渐台。

汉军把渐台一层层围起来，一直围上几百层，等渐台上的兵士把箭都射完了，汉兵冲上台去，杀了王莽。到此，维持了15年的王莽新朝，最终土崩瓦解了。昆阳大战王莽军的惨败，是导致其消亡的重要因素。

昆阳大战中，汉军不过1万人，却击败了王莽的43万新军，这是我国历史上以少胜多，以弱胜强的著名战役之一。

更始帝：刘玄，字圣公，南阳郡蔡阳县（今湖北省枣阳市）人。汉朝宗室后代，汉景帝刘启之子长沙定王刘发的后代，汉光武帝刘秀的族兄 。早年参加平林兵，投奔陈牧等人，担任安集掾。23年，在绿林军拥戴下，成为皇帝，年号更始。新朝灭亡后，入主长安，成为天下之主。

东汉

25 — 220

东汉是中国历史上继西汉之后又一个大一统的中原王朝，传八世48帝，享国195年。东汉在文化、科技、军事、佛教等方面成就突出，对后世产生了深远的影响。

刘秀建立东汉

刘秀在昆阳大战中消灭王莽主力，立了大功。刘玄受蒙蔽派他到河北去了。王莽的新朝政权被推翻以后，黄河以北的地主势力害怕农民起义的烈火燃烧到他们那里，纷纷组织起了地主武装。他们见刘秀到来，就都前来归附。

刘秀到了那里以后，废除了王莽时期的一些苛刻法令，释放了一些囚犯，一面消灭了一些割据势力，一面镇压河北各路起义军。这样，刘秀的势力逐渐壮大起来，在黄河以北站稳了脚跟。

25年，刘秀和他的随从官员认为时机已经成熟，便自立为皇帝，与更始帝争夺江山。刘秀镇压了农民起义军后，又

消灭了割据陇右和蜀地的两个割据政权，从而结束了国家四分五裂的局面，最终统一了中国。

刘秀把洛阳定为都城。洛阳在长安的东边，所以历史上称刘秀建立的汉朝为“东汉”，又叫“后汉”。刘秀为光武帝。

陇右：最早约出现于汉末魏初，但溯其渊源，“陇右”一词则由陕甘界山的陇山而来。古人以西为右，故称陇山以西为陇右。

邓禹：字仲华，南阳新野人，东汉开国名将，云台二十八将之首。曾协助刘秀建立东汉，功劳卓著。

光武中兴

30年，光武帝把田租从“十税一”恢复到西汉时期的“三十税一”，提倡节俭，整顿吏治，惩处贪官。这些举措得到了天下人的称赞，社会秩序明显好转。

光武帝实行中兴政策明智之处在于他谨慎地对待战争。许多大臣乃至皇太子皆向光武帝建议讨伐匈奴。光武帝为保和平使农业生产顺利进行，战事缓和是中兴的条件之一。

光武帝经历过战乱的岁月，深知百姓疾苦，也懂得王莽的覆灭是因为没有看到人民的力量，在治国之道上极力避免

战争，安养民众。

刘秀在位期间，全国出现了较为安定的局面，经济恢复，人口增加。光武帝仍时常告诫皇太子和文武大臣，少说空话，多办实事，这便是历史上著名的“光武中兴”。

刘秀手下以刘秀作诗来看其是否有大志向。此时前面一声鸡鸣，刘秀吟道：“鸡叫头遍歇一歇。”鸡再鸣，刘秀又道：“鸡叫两遍歇两歇”。众人一听觉得刘秀无雄心壮志，不准备再跟随他打天下。

这时东方微露朝霞，鸡鸣声又起，刘秀站起吟道：“鸡叫三遍红日现，扫尽满天星和月。”此语一出，石破天惊！大家才知道，刘秀是把自己比作红日，有扫尽星月的气势，将来必得天下，于是齐心协力，帮助刘秀得了天下。

班固撰写《汉书》

司马迁的《史记》只写到汉武帝的太初年间，因此，当时有不少人为其编写续篇。

班固父亲班彪为《史记》作《后传》65篇。班彪死后，年仅22岁的班固，动手整理父亲的遗稿，决心继承父业，完成这部接续巨作。

汉明帝颇赏识班固的才能，召为兰台令史，秩俸为2000石，后转迁为郎。奉诏完成其父所著书。班固死时年61岁，所著《汉书》，八“表”及“天文志”均未完成。

汉和帝命其妹班昭就东观藏书阁所存资料，续写班固遗作，尚未完毕，班昭便卒。同郡的马续是班昭的门生，博览

古今，汉和帝召其补成七“表”及“天文志”。

班固写《汉书》，是对我国史学的重大贡献。

班固是东汉官吏、史学家、文学家。史学家班彪之子，字孟坚，汉族，扶风安陵人。除兰台令史，迁为郎，典校秘书，潜心二十余年，修成《汉书》，当世重之，迁玄武司马，撰《白虎通德论》，征匈奴为中护军，兵败受牵连，死狱中，善辞赋，有《两都赋》等。

公元92年，窦宪在政争中失败自杀，洛阳令对班固积有宿怨，借机罗织罪名，捕班固入狱，同年死于狱中，终年61岁。

张衡发明地动仪

公元78年，张衡诞生于南阳郡西鄂县石桥镇一个破落官僚家庭。祖父张堪是地方官吏，曾任蜀郡太守和渔阳太守。

张衡幼年时，家境已经衰落。贫困的生活使他能够接触到社会下层的劳动群众和一些生产、生活实际，从而给他后来的科学创造事业带来了积极的影响。

张衡是东汉浑天说的代表人物之一。他指出月球本身不发光，月光是日光的反射；他还解释了月食的成因，认识到宇宙的无限性和行星运动的快慢与距离地球远近的关系。

张衡观测记录了2500颗恒星，创制了世界上第一架测试地震的仪器，称为候风地动仪，还制造出了指南车、自动记里鼓车、飞行数里的木鸟等。

张衡共著有科学、哲学和文学著作32篇，其中天文著作有《灵宪》和《灵宪图》等。

浑天仪是浑仪和浑象的总称。浑天仪浑仪是测量天体球面坐标的一种仪器，而浑象是古代用来演示天象的仪表。它们是我国东汉天文学家张衡所制的。

西方的浑天仪最早由埃拉托色尼于公元前 255 年发明。葡萄牙国旗上画有浑仪。自马努埃一世起浑天仪成为该国之象征。

董卓把持朝政

东汉末年，地方军阀董卓奉诏入朝匡扶汉室，结果却是“引狼入室”，他把持朝政，实行残暴统治。

汉灵帝死，汉少帝刘辩继位，外戚何进辅政。何进与袁绍合谋诛杀宦官，不顾朝臣反对私召凉州军阀董卓率西凉军入京。他废黜少帝，立陈留王刘协为汉献帝，并自任太尉领前将军事，更封为郿侯，进位相国。

袁绍联合关东各州郡，兴兵声讨董卓。董卓见关东联军势盛，乃挟持献帝退往长安。次年，董卓又授意朝廷封他为太师，地位在诸侯王之上，车服仪饰拟于天子。

董卓部将李傕、郭汜听从谋士贾诩的建议，率兵攻入长安，赶走吕布，杀死王允，大肆报复，吏民死者万余人。随

后李傕劫持献帝，郭汜扣留公卿大臣。后来郭汜为其部将伍习所杀，李傕为曹操所杀。

189年，董卓在东汉朝政混乱之际乘虚而入，用武力控制了朝政，关东士人不满董卓的残暴统治，于当年12月举兵讨伐董卓，揭开了东汉末年群雄并起的局面。

汉少帝：刘辩，汉灵帝刘宏的儿子，汉献帝刘协的哥哥。东汉第十二位皇帝，在位五个月，被董卓废黜。

汉献帝：刘协，字伯和，汉灵帝之子，汉朝最后一个皇帝。曹操“挟天子以令诸侯”，说的就是他。

挟天子以令诸侯

公元192年4月23日，董卓被王允和吕布刺杀，王允录尚书事，吕布晋升为奋威将军，二人共同主持朝政，但未能维持住关中的局势。

公元192年6月1日，董卓部将李傕等人击败吕布，占领长安，杀死王允，控制了东汉政权。李傕升为车骑将军、开府、领司隶校尉、假节、池阳侯，后李傕又升为大司马，郭汜为后将军、美阳侯，樊稠为右将军、万年侯，张济被封为镇东将军、平阳侯，外出屯驻在弘农。

公元195年，李傕杀樊稠而与郭汜相攻。刘协趁李傕、郭汜二人内讧之际逃出长安，在杨奉、董承等的护卫下，进驻安邑。

次年，时任兖州刺史的曹操迎接刘协入驻洛阳，刘协赐曹操节钺，标志着曹操“奉天子以令不臣”的时代开始。随后曹操胁迫刘协迁都到许昌，改称许都。曹操利用刘协试图实现他统一中国的目的，却不敢直接取代他而称帝。

吕布：字奉先，五原郡九原县人。东汉末年名将，汉末群雄之一，著名武将与割据军阀。

蔡文姬：蔡邕的女儿，跟她父亲一样是个博学多才的人。战乱时被匈奴所掳，曹操把她接回来。整理书稿，为保存古代文化做了贡献。

前言

浩浩中华，泱泱大国，五千年风云变幻，八千里山河如故，江山代有才人出，各领风骚数百年。滚滚东逝水，浪花淘尽英雄，留下多少可歌可泣的不朽人物与真实故事，在历史的长河中如群星闪耀，演绎着我们绵延不绝的悠悠岁月，蕴含着丰富哲理与深邃智慧。

我们领略这些历史人物的风采，阅读这些历史故事的内涵，能使我们得到智慧的力量和开阔的视野，更能使我们正确地审视过去和展望未来。

历史是一面镜子，是客观存在的事实，真相只有一个，我们尊重历史就是尊重自己。然而，在记载历史或研究历史过程中，却往往随着人们的主观意识而变化和完善，甚至也有歪曲和捏造成分。

特别是近年来受影视、游戏等娱乐媒体的影响，历史被严重地戏说和娱乐化了，失去了历史本来的面貌。因此，我们必须还原历史真相，让我们广大少年儿童正确吸收历史精华，指导他们很好学习知识和健康成长。

英国诗人雪莱曾说：“历史，是刻在时间记忆上的一首回旋诗。”是的，历史往往会以惊人的相似度再次出现。如何从过往相似的历史事件中吸取经验教训？如何利用古人智慧处理现实生活？那就只有学习历史了。

正如唐太宗所说："以史为镜，可以知兴衰。"历史可以提供今人理解过去，并作为未来行事的参考依据。"以史为鉴""读史明智"都是强调历史的现实指导作用，对于个人、民族、人类都是非常有益的启示和帮助。

所以，历史是一个民族宝贵的精神财富，任何一个国家或民族都注重用自己历史教育和鼓励广大人民，特别是广大少年儿童。我们中华民族有着五千年悠久历史，是人类四大文明古国之一，具有无穷智慧与魅力，这是我们民族自立于世界民族之林的资本，也是我们民族得以凝聚并生生不息的命脉，我们更应该用灿烂的历史文化教育我们广大少年儿童，使他们更加珍惜历史，并不断创造辉煌的未来。

中国历史源远流长，千秋文化博大精深，是我们中华各族人民五千年来创造、传承下来的物质文明和精神文明的总和，其内容包罗万象，浩若星汉，具有很强文化纵深，蕴含丰富的历史宝藏。

为此，我们参考了大量历史资料，编撰了这套《少年趣味读历史》。本套作品按历史朝代划分，分为远古时期—东周、秦朝—东汉、三国魏蜀吴—两晋南北朝、隋唐—五代十国、北宋—元朝、明朝—清朝共六册，点面结合，非常系统全面。

本套作品站在历史高度，甄别史实，去伪存真，去粗存精，在保留历史真实情况下，采用富于启发性小故事来传达历史智慧和哲理，同时配有丰富的知识小版块和图文互动的精美图片等，尽量达到丰富、有趣，并十分注意故事性、可读性和知识性，所以易于广大少年儿童阅读和接受，以便产生共鸣和启迪。

目录

目录

隋

581 — 618

隋朝是中国历史上承南北朝下启唐朝的大一统朝代。隋朝在政治、经济、文化和外交等领域进行大刀阔斧的改革。隋朝时期出现了万国来朝的局面。当时周边国家如高昌、倭国、高句丽、新罗、百济与东突厥等国都深受隋朝文化与典章制度的影响，以日本遣隋使最为著名。

隋文帝登基

北周武帝是一个英明的君主，然而继他之后的宣帝、静帝却没有什么本事，军政大权全都掌握在左大丞相杨坚的手中。

杨坚的祖父是北魏武川镇的司马，他的父亲杨忠是鲜卑大贵族独孤信得力的部下，任宰相，掌握军政大权，声名显赫。

杨坚的女儿嫁给周宣帝为妻，所生之子是周静帝，所以，杨坚在北周的身份很不一般，权倾北周朝野。杨坚总揽国家大权后，积极布置夺取帝位，周静帝形同傀儡。

杨坚篡位之心渐渐被人识破，亲近北周皇族的势力纷纷

起兵反对杨坚。首先发难的是相州尉迟迥。杨坚毫不示弱，与众军团结一致，很快就把尉迟迥的部队镇压下去了。

尉迟迥是北周旧势力最有力的代表，他一垮，其他几股反杨势力也就相继衰败。周静帝成了孤家寡人，彻底无助。

580年，杨坚自称隋王。581年2月，周静帝被迫让位，杨坚称帝，即隋文帝，改国号为隋，年号开皇。

北周武帝：宇文邕，汉化鲜卑人，小字弥罗突，560年至578年在位，宇文泰第四子。

尉迟迥：字薄居罗，鲜卑族。北魏到北周时期将领，北周文帝宇文泰外甥。

隋文帝励精图治

589年，隋军平定南陈，结束了我国历史上长期分裂的局面，统一了全国。

作为开国之君的隋文帝吸取了历代因奢侈而亡国的教训，以节俭著称于世。

严于律己的隋文帝也不允许皇后与皇子有任何奢侈的举动。皇后有一次去库中领了一条绣带被他发现，他毫不留情地训斥了皇后一通，皇后愧疚地将绣带又交还库中。

隋文帝废除过去严苛的法律，制定新律，即“开皇

律”。他不仅减轻了刑罚，还取消了宫刑、枭首和鞭刑等酷刑。

为了减轻百姓的负担，隋文帝缩短了农民服役的年限。他还统一了货币与度量衡，促使商业进一步发展，城市更加繁荣。

隋文帝还创立了科举制度，用分科考试的方式选拔官员，而不再像以前那样采用推荐的方式。

隋文帝制定的一系列制度，确立了我国封建社会的基本制度，为此后我国封建盛世的出现奠定了坚实的基础。

趣味小链接

开皇律：是隋文帝总结魏晋南北朝的立法经验，修改制订的一部封建制法律，是《唐律》的制定基础，具有很高的立法成就，实是法制史上的一大进步，亦对后世产生了深刻影响。

陈后主荒废朝政

557年陈霸先登基开国，成立南朝。583年，南朝的第五个皇帝陈叔宝即位，他就是那个荒唐出奇的陈后主。

陈后主不懂国事，只知道喝酒享乐。陈叔宝在位期间大兴土木，建造了三座豪华的楼阁供宠妃们居住。

陈后主的宰相江总和尚书孔范等，也都是腐朽的文人。他们天天与陈叔宝饮酒作诗听曲。宴会上文思迟缓的人则被罚酒，最后他们选些艳丽的诗，谱上新曲子，命令聪慧的宫女学习新的歌曲，为他们歌唱。

陈后主穷奢极欲，残酷地搜刮百姓。百姓被逼得妻离子散，流离失所。当时大臣傅宰上奏说："现在陈朝已经到了天怒人怨、众叛亲离的地步了。如果再这样的话，恐怕我们的王朝就要完了。"

陈后主不但没有听取劝谏，反而派人把傅宰杀了。就这样，陈后主过了五年的荒淫生活。这时北方的隋朝渐渐强大，决心灭掉南方陈朝。

江总：陈朝亡国宰相，后宫的"狎客"，就是陪伴贵族游乐的人。他是宫体艳诗的代表诗人之一，在历史上声名不佳。

隋文帝统一全国

589年1月，隋军打进皇宫，没有找到陈后主。后来，捉住了几个太监，才知道陈后主逃到后殿投井了。

隋军找到后殿，果然有一口枯井，高声呼喊，井里却没人答应。兵士们吓唬地喊道："再不回答，我们要扔石头了。"

井里的陈后主吓到尖叫起来。于是兵士们用绳索把陈后主和两个宠妃拉了上来。这口井原名景阳井，后来人们为了嘲笑荒淫无道的陈后主，改称"胭脂井"，而陈朝的遗老们

称此井为“辱井”。

到此，南朝的最后一个朝代陈朝被隋文帝灭亡了。我国经过270多年的分裂局面，又重新获得了统一。

陈后主被掳到长安之后，隋文帝赐了他一个官职。可没多久，陈后主就厌倦了，请求隋文帝赐给他一个闲职。于是，陈后主又开始浑浑噩噩的生活，直至604年他客死在洛阳，结束了他荒唐的一生。

南朝：是我国历史上四个由汉族建立的王朝的统称，上承东晋下启隋朝，共历经二十四帝，共计一百六十九年。

善妒的独孤皇后

隋朝开国皇帝杨坚，只有一个妻子，即皇后独孤氏。独孤氏为人厉害，而且嫉妒心特别强，有“奇妒”之称。

独孤氏为了避免杨坚与别的宫女有染，她几乎寸步不离丈夫身边，上朝时他们同乘坐一辆车，散朝时一起回后宫。有的大臣提出选妃之事，杨坚却说，我这样更好，一个母亲生的儿子好团结，将来不会互相迫害。

有一次独孤皇后患病卧床，没办法监督皇帝。于是杨坚趁此机会，独自出宫散步。文帝沿着一条青石小路向西走，走着走着，发现一座二层小楼，门额牌匾上写着“珠玑楼”

尉迟珠儿：尉迟珠儿的爷爷尉迟迥在北周时期与杨坚同在朝廷做官。尉迟迥死后，眷属收入宫中，尉迟珠儿是以奴的身份留在宫中的。

三字。杨坚听说过珠机楼是藏书楼，便想进去看看书。

杨坚刚走到门口，一位宫女走了出来，向他下跪施礼。他从没见过这个长得非常俏丽的宫女，于是他不觉地动了心。随口问她姓氏，宫女回答叫尉迟珠儿。

尉迟珠儿掀起门帘，请皇帝进屋。杨坚进去，随便拿下几本书翻看，但心不在焉，始终打量尉迟珠儿。后来尉迟珠儿得到了隋文帝的宠幸。

不料，皇帝光顾珠玑楼的事，被皇后的侍女发现并向独孤皇后告了密。皇后一听，怒不可遏，病似乎一下子好了，同宫女和太监一行人，奔向珠玑楼。

独孤皇后见了尉迟珠儿，命令太监用竹杖往死里打，之后又把尉迟珠儿的尸体丢在山谷喂狼，才算出了口气。

隋文帝一气之下，骑着马往山上走了20多里，天渐渐黑了，隋文帝也不理会，高颎追了上来，劝他回去。杨坚说："我身为天子，居然不能保护一区区宫女，真没意思。"

高颎安慰道："皇上乃万乘之尊，岂能为一个妇人而不顾江山社稷呢？"

杨坚一听，觉得有理，调转马头，慢慢往回走。

杨广杀父夺皇位

隋文帝的长子杨勇因为生活奢侈，整天寻欢作乐，渐渐失去了隋文帝的信任。

此时，晋王杨广想取代杨勇的太子地位，便与部下宇文述勾结皇上亲信越国公杨素污蔑太子。结果隋文帝信以为真，600年隋文帝贬杨勇为庶人，立杨广为太子。

4年以后，隋文帝得了重病。偶然的机会，隋文帝得知杨广的不轨之心，想要重新立杨勇为太子。谁知杨广和杨素早已得到消息，带着军队，包围了仁寿宫，并让照顾隋文帝的人离开，由右庶子即东宫官员张衡负责一切。

大家刚刚走开，张衡从殿内走出来说："皇上早已死了，你们为什么不禀报？"

就这样，隋文帝被杨广和杨素一伙害死了。随后，杨广派人给杨勇送信，说皇上有遗嘱，要杨勇自尽。还没等杨勇回答，派去的人就把杨勇拉出去杀了。

604年7月，杨广登上了皇帝的宝座，他就是隋炀帝。

杨勇：隋文帝长子。好学，喜辞赋。北周时曾任洛州总管、上柱国、大司马。隋建立后，立为太子。

张衡：字建平，隋炀帝继位后迁为御史大夫，后因为反对隋炀帝扩建汾阳宫而被赐死。

隋炀帝游江都

605年8月，通济渠刚刚竣工，隋炀帝就迫不及待地带着皇后和嫔妃以及百官出游。

隋炀帝与皇后和嫔妃坐在舟中，一边饮酒作乐，一边观赏着沿途风光。船队所过州县500里地以内，隋炀帝命令百姓贡献食物，剩下的就丢弃。他们共走了一个多月，才到达江南繁华胜地江都，即今扬州。

610年，大运河全程通航，隋炀帝再下江都，沿途百姓再次遭殃。贪官污吏拼命搜刮民脂民膏，争着向皇上敬献厚

礼，以换取升官晋爵。此次隋炀帝在江都住了一年。

之后，隋炀帝三次征讨高句丽失败，民不聊生，各地农民起义愈演愈烈。

为保全性命，在南方维持半壁河山，隋炀帝于616年来到江都。此时他更加荒淫无度，整天酒不离口，日夜昏醉。同时，准备将都城南迁至丹阳，即今江苏南京。

杨广的禁卫军都是关中人，见隋炀帝想要南迁，十分思念家乡亲属，纷纷谋划逃归故里，一时军心浮动，众叛亲离。

大运河：605 年，隋朝开通济渠，连通洛、黄、汴、泗诸水直至淮河。610 年，拓宽浚深江南运河以达杭州。同时由洛阳附近开凿永济渠通卫河，经临清转至今天津，全线沟通，长约 2700 千米。

李世民雁门解围

615年秋天，杨广到边塞视察，走过雁门关，正当他放眼欣赏草原风光时，远处急驰而来一匹快马，眨眼间来到杨广面前，从马上跳下一位突厥打扮的人，呈给杨广一封密信。杨广展开书信，见是义成公主亲笔写的。

义成公主为始毕可汗的妻子。始毕可汗听说杨广只带领20000名禁卫军，便召集几十万兵马，打算进攻隋炀帝。义成公主担心隋朝没有防备，便写信密报这个消息。

杨广看完义成公主的信，立即往回返，刚进入雁门关，始毕可汗率突厥大军追过来了。突厥大军全是骑兵，进军的速度快，烟尘滚滚而来，刹那间将小城雁门关包围起来。

义成公主：599年隋文帝将义成公主嫁给东突厥启民可汗，义成公主在突厥生活近30年，630年2月，被唐将李靖所杀。

杨广胆战心惊地登上北城楼，察看敌情，突厥骑兵之多，看不到尽头，吓得他冷汗直流。杨广亲自对守城的士兵承诺，只要守住城，以后不再征辽，而且论功行赏。这就为士兵们增添了勇气，士兵们前赴后继，坚持战斗。

山西和河东抚慰大使李渊，接到皇帝的救援信后，忙派二儿子李世民带1000亲兵奔赴雁门关。李世民路经五台山时，发现一支隋朝人马驻扎在这里，原来是屯卫将军云定兴带领的20000救援部队，他们见突厥兵太多，没敢交战，在这里待候其他援军。

李世民献计，"采取虚张声势迷惑敌人之策，白天在几十里山林中插满旌旗，夜半击打钲鼓遥相呼应，突厥则误以为我援军汇齐，便会自行撤兵。"

云定兴认为是好计，立即制作旗帜筹集钲鼓，夜里钲鼓声阵阵，不绝于耳。始毕可汗果然以为隋朝来了大量援军，不禁心虚起来。义成公主也派人报告始毕可汗，说突厥有紧急战事，让他立即返回。于是，始毕撤兵而走。

隋炀帝终于转危为安，急忙赶回洛阳，但是对守城将士论功奖赏的诺言，早已经忘得无影无踪，对于立了大功的李世民，也没有半点儿封赏。

李密给杨玄感献策

613年，隋炀帝发动了第二次对高丽的进攻，派大臣杨玄感在后方督运粮草。

杨玄感以督运粮草的名义，征发了年轻力壮的民夫和船工八千多人，并鼓动大家同他一起推翻暴君。大伙儿齐声响应。杨玄感见状，将民夫编成队伍，准备进攻隋军。

杨玄感特地派人到长安，把李密接来当谋士。李密给了杨玄感上中下三条计策。

然而杨玄感却认为李密下策是上策，便决定进兵洛阳。但是，洛阳守军得到消息后，加强防守，杨玄感久攻不下，

才采取李密的中策，去攻长安。

在向长安进军途中，李密建议以最快的速度攻占长安，防止追兵追来。结果杨玄感不听劝阻，在路上耽搁了时间。最终追兵把杨玄感的队伍切割成小块包围，以多胜少，杨玄感大败。

作为隋朝高官，杨玄感率领民众奋起反隋的精神是难能可贵的。此后，各地的起义军不断攻打隋军，隋王朝摇摇欲坠。

杨玄感：隋末最先起兵反隋炀帝杨广的贵族首领，弘农华阴人，杨素的儿子。

李密：隋京兆长安人，出身贵族。杨玄感造反时，李密参与谋划；杨玄感失败后，投奔瓦岗寨。

瓦岗起义军的建立

隋炀帝三征高丽，他穷兵黩武的行为，给百姓带来重大灾难。在这种情况之下，农民起义纷纷爆发了。

611年，各地起义军汇合成三支强大的队伍，一支由窦建德领导的河北起义军，一支由翟让领导的瓦岗军，一支由杜伏威领导的江淮起义军，其中瓦岗军力量最强大。

瓦岗军的首领翟让，原来在东郡衙门做管理监狱的小

官，后来，因为犯了一点小错，被关进监狱，判了死刑。

监狱里的小官黄君汉平日很敬佩翟让，看到翟让突遭横祸，非常同情他。一天夜晚，趁天黑无人，黄君汉打开翟让身上的枷锁，帮助翟让逃跑了。

翟让逃出东郡，回到韦城老家。这时候家乡的农民正在酝酿起义，他和哥哥以及侄子，还有同郡的青年勇士徐世绩和单雄信等人一起上了瓦岗寨，举起了起义的大旗。起义军活跃在河南河北之间的广大地区，杀富济贫，队伍不断壮大。

翟让：东郡韦城县，即今河南安阳市滑县人，隋末农民起义瓦岗军首领。他武功高强，颇有胆略。

单雄信：隋末唐初时期的猛将，他骁勇矫捷，善用马槊，勇武过人，号称“飞将”。

瓦岗寨打败张须陀

616年，瓦岗军在翟让和李密的指挥下，打下金堤关。拿下荥阳附近的几个县城，直逼荥阳城下。瓦岗军围困荥阳，吓坏了荥阳太守杨庆，他急忙向隋炀帝告急。隋炀帝任命张须陀为荥阳通守，带领20000精兵去援救。

张须陀是隋朝有名的猛将，十分阴险狡猾，王薄领导的农民起义军就是被他镇压下去的。过去，他曾几次打败过翟让，所以，翟让听说张须陀带兵来救荥阳，很紧张。李密和他研究，决定“智取”，由翟让带领部分兵力迎击张须陀，

洛口仓：606年，隋在巩县东南兴建洛口仓，把从江南经大运河运来的粮食囤积于此。是当时全国最大的粮仓。

张须陀：隋朝大将，性刚烈，有勇略，因功加开府。张须陀死后，隋朝再无良将。

李密把大部分兵力埋伏在荥阳大海寺北边的树林里，徐世绩和王伯当分别埋伏在大海寺的两侧，摆成口袋形的阵势，等着张须陀的到来。

翟让按照计划行动，边战边退，把张须陀引入埋伏圈。只听咚、咚、咚三声鼓响，左边徐世绩，右边王伯当，背后李密，一起杀出，把张须陀团团围住。张须陀急忙下令撤退。可退路早被截断。隋军乱成一团，被瓦岗军杀得尸横遍野，溃不成军。张须陀也送了命。从此，瓦岗军声威大振。

第二年春天，李密又率领七千精兵，攻下了隋朝设在东都洛阳附近最大的一个粮食仓库洛口仓(又叫兴洛仓)，打开仓库，把粮食分给老百姓。人们奔走相告，感谢瓦岗军，纷纷送自己的子弟参加起义军。瓦岗军在很短的时间内就发展到几十万人。

翟让看到李密很有政治眼光，又屡建战功，就把瓦岗军的领导权让给了他。瓦岗军发布了讨伐隋炀帝的檄文，列举了隋炀帝十大罪状，指出："罄南山之竹，书罪无穷；决东海之波，流恶难尽。"号召人民起来共同推翻隋王朝。

李密投奔瓦岗寨

李密在杨玄感起义失败之后，被隋军捉了去。在押送的路上，李密逃了出来。他在外流浪了两三年，隋朝官府到处追捕他，最后，他终于来到了瓦岗寨。

李密是很有才干的人，他做过隋朝的官，政治斗争经验和指挥作战的本领比翟让这些人高明。他看到瓦岗军力量越来越大，却只是袭击来往官兵和抢劫运河上运货的船只，没有远大的政治目标，便给起义军的将领们分析形势。

李密对翟让说："如今杨广昏庸残暴，百姓怨声载道，这和秦朝末年刘邦和项羽起兵时候的形势完全一样。凭你的

才干，又有精锐的兵马，完全可以席卷洛阳和长安，推翻隋朝！”

李密的分析，使农民军的首领大开眼界。接着，李密又去说服瓦岗军周围的小股农民起义军和瓦岗军组成联军，共同作战。这样，瓦岗军逐渐壮大，成为一股强大的反隋力量。

刘邦：我国历史上杰出的政治家、战略家和军事指挥家，汉朝的开国皇帝，同时也是汉民族和汉文化的伟大奠基者和开拓者，对汉族的发展以及中国的统一有突出贡献。

李密死于乱箭之中

瓦岗军经过几年的战斗，再加上内部的矛盾，已经基本瓦解了。李密只好带领两万人马去投奔李渊。

李渊封李密为刑国公，还把表妹独孤氏嫁给了李密。但是，李渊不给李密兵权，为此李密心中非常不满。

有一天，李密借口说山东的旧时部下大多对王世充不服，向李渊请求征讨王世充。李渊也没多想就同意了。后来，李渊得知李密的野心后，忙下令召回李密。

李密则带人攻进桃林县城，杀死县令。消息传到熊

州，唐右翊卫将军史万宝和行军总管盛彦师商量办法，积极应对。

盛彦师率领军队进入熊州城南熊耳山，在一处峡谷两侧埋伏。第二天，李密等人进入埋伏圈后，盛彦师一声令下，峡谷上乱箭齐发，李密身中数箭，落马而死。

李世绩虽然归顺李渊，但念在旧情分上，将李密安葬在黎阳山上。

趣味小链接

盛彦师：隋末唐初将领。隋朝大业年间，担任澄城县长。晋阳起兵后，投靠大将军李渊。

李世绩：即徐世绩，曹州离狐人。跟随翟让参加瓦岗军。唐高祖李渊赐他姓李，后来因避唐太宗李世民讳改名为李绩。

李渊太原起兵

615年，隋炀帝任命唐国公李渊为河东宣慰大使，留守太原，在山西镇压农民起义。关东世族子弟为逃避辽东兵役，纷纷投靠李渊。河东的一些官吏看到隋朝大势已去，便劝李渊乘机起兵，建立新王朝。

617年6月，李渊命长子李建成为左军大都督，二子李世民为右军大都督，率领招募的“义兵”，从太原誓师出发，进军长安，四子李元吉则留守太原。

8月初，唐军轻松地攻下了霍邑城。随后势如破竹，连

续攻下临汾、绛郡和龙门。之后又开始进攻河东。

11月，李渊汇合李建成、李世民的二十多万兵马攻打长安。李渊立隋炀帝长子杨昭之子代王杨侑为帝，就是隋恭帝。

这样一来，既承认了隋朝仍然存在，又取消了隋炀帝皇帝的合法地位。这就为推翻隋室江山，建立唐朝打下了基础。

李渊：字叔德。唐朝开国皇帝、军事统帅。出身北周关陇贵族家庭，袭封唐国公。

李建成：唐朝开国太子，唐高祖李渊嫡长子。唐朝建立后，册立为皇太子，后被李世民所杀。

江都兵变隋朝灭亡

隋炀帝杨广第三次到江都后，整天沉湎于酒色之中，把朝政大事交给虞世基管理。这时国家已经很混乱，东都洛阳和西都长安都处于危险之中。

一个叫窦贤的将领率众人潜逃，结果被杨广派兵抓回来，全部杀死。事件发生以后，另外几个禁军将领在一起密谋，与其等死不如谋反，将暴君杨广杀死。众人约同宇文智及，让右卫屯将军宇文化及为帅。

将领司马德戡在禁军中散布说，皇帝得知大家都想回关中，想将大家全部毒死。此言一出，几万禁军积极响应，包围了皇宫。

杨广见已经无力回天，说："天子不能用锋刃，拿毒酒来吧！"将领们不同意，杨广解下身上的丝带，马文举接过巾带，和士兵们一起将他勒死。杀害杨广的宇文化及兄弟，恰恰是帮助他弑父篡位的宇文述的儿子。

虞世基：字茂世，余姚人，隋朝大臣。受炀帝器重，专典机密，参掌朝政。

宇文化及：鲜卑人，隋朝末年群雄之一，北周上柱国宇文盛之孙。他贪婪骄横，不循法度。

宇文化及夺粮失败

隋炀帝杨广被杀死以后，朝廷大权落在禁军统领宇文化及手中。他借萧皇后名义立隋炀帝之侄，秦王杨俊之子杨浩为皇帝，自己任仆射，又下令江浙的朝廷官员和兵士全部出动，奔赴长安。

当宇文化及率领50000人马走到河南滑台的时候，所剩粮食不多了，这时他得到消息说附近仓城有个粮仓，但被瓦岗军占据了，随后他便带领30000人马去攻打黎阳的仓城。

当时黎阳守军由瓦岗军大将徐世绩统领。宇文化及来到

秦琼：字叔宝，齐州历城人。隋末唐初名将。勇武过人，远近闻名。初仕隋朝，跟随来护儿、张须陀、裴仁基帐下任职。后来，投奔瓦岗起义军领袖李密。

瓦岗败亡后，投靠郑国王世充。因王世充为人奸诈，与程咬金等人一起投奔李渊、李世民父子。后跟随秦王李世民南征北战，屡立战功，浑身伤病，拜左武卫大将军、翼国公。

贞观十二年(638年)，病逝，追赠为徐州都督、胡国公，谥号为壮，列入凌烟阁二十四功臣之一。

仓城下，指挥禁军攻城，禁军个个武艺超众，作战勇敢，很快冲上城头。但瓦岗军毫无惧色，拼力抵抗，将扑上城头的禁军打下城去。

就在宇文化及指挥攻城之时，突然他们后方有一大军杀过来，其首领一个是手执长槊的秦叔宝，一个是手舞双斧的程咬金。宇文化及见状，急忙迎上去与二将厮杀，大战数十回合，渐渐力不能支，此时天色已晚，双方只好休战。

第二天，宇文化及继续指挥禁军攻城，几乎同时，瓦岗军又在背后杀来，宇文化及无奈，再回过头来迎战秦叔宝和程咬金。李密大军这时也赶到淇水河边。

李密和宇文化及都不愿恋战，怕被夹击。宇文化及怕李密大军和仓城之中徐世绩大军夹击；李密怕宇文化及和洛阳城内隋军的夹击。所以，两军又暂时停战。

窦建德起义造反

隋炀帝杨广在位期间，起义者层出不穷。其中窦建德领导的农民起义军，影响比较大，深受当地百姓拥戴。

窦建德起义没多久，就把山东和河北一带零散的小股义军归顺到自己麾下，成为当时力量最强的起义军。

后来，窦建德称王，在乐寿建立了夏国。宇文化及得知窦建德称王的消息后，毒杀了所谓的皇帝杨浩，自己当了皇帝，定国号为“许”，把当年定为天寿元年。

为了扩大兵力，宇文化及用金银珠宝收买农民起义军王薄，并与他一起攻占聊城。

宇文化及攻占聊城，对窦建德来说是威胁，所以，窦建德亲自带领大军进攻聊城。结果王薄打开城门，迎进窦建德率领的夏军，将宇文化及活捉。

随后窦建德将宇文化及和他的死党斩首示众，将1000多名隋朝宫女送回家并提供路费。这种举动，立刻得到宫女和禁军官兵的热烈欢迎，众口称赞夏王的恩德。

窦建德：隋末唐初河北农民军领袖。他待人宽厚，善于纳谏。但他生性多疑，难辨是非。

王薄：隋末农民起义军领袖。611 年，王薄因兵役繁重，与同郡孟让以长白山为据点发动农民起义。

窦建德决策失误被杀

李渊建唐初期，天下并不太平，王世充和窦建德等与他对立。后来李渊听取李世民的建议，与窦建德讲和，共同对付王世充。

这期间，王世充连续打败仗，无奈之下，他派使者向窦建德求救。窦建德因与李渊和好，便没有马上答应。

中书侍郎刘彬建议窦建德联合王世充共同对付唐兵，然后趁王世充疲惫时，见机攻打他。窦建德听从建议，亲自率领大军救援洛阳王世充，并令夏军进攻唐军。唐军等夏军饥

饿疲惫时，突然出击，获得全胜，窦建德受伤被俘，李渊下令将他斩杀了。

窦建德是一位正直的农民起义军领袖，为老百姓做过许多好事，但关键时刻决策失误导致失败，令人惋惜。

窦建德的部将刘黑闼率领河北夏军，继续和唐作战。唐军又花三年时间，才把河北稳定下来。公元623年，唐统一中国的战争基本结束。

王世充：隋朝末年群雄之一。涉猎经史，爱好兵法。621 年，秦王李世民攻破洛阳，率部投降。

刘黑闼：隋末唐初割据势力，以骁勇多谋著称。623 年，遭到唐太子李建成攻击，兵败被杀。

唐

618 — 907

唐朝是中国历史上著名的封建王朝。唐朝历经21位皇帝，共289年。唐朝在文化、政治、经济、外交等方面都有辉煌的成就，是当时世界上最强大的国家。安史之乱后，唐朝由盛转衰，唐朝后期，战争不断，经济政治衰退。公元907年，朱全忠逼唐哀帝李柷禅位，唐朝灭亡。

唐高祖称帝

李渊率兵攻入长安后，立代王杨侑为皇帝，封自己为唐王和大都督内外诸军事以及大丞相等要职。杨侑只有13岁，所以，实际权力掌握在李渊手中。

李渊有了实权后，进行了必要的封赏，然后杀了左翊卫将军阴世师和京兆郡丞骨仪。因为他俩曾经派人掘了李家祖坟，烧了李氏宗庙。

然后李渊又准备杀马邑郡丞李靖。李世民得知李靖是名将韩擒虎的外甥，非常有名气，便向父亲求情，将其收罗到自己身边。

李渊颁布了《约法十二条》，废除隋朝一些不合理的法

律。长安百姓民心稳定，附近郡县官员都来投奔。

李渊听到表兄杨广被杀的消息，十分难过。为避免有夺位的嫌疑，李渊暗示部下逼迫杨侑自己让位，而他假意再三推辞。

618年，李渊称帝登基，立国号为唐，改年号为武德，即为唐高祖。从此，开始了盛唐的历史。

杨侑：隋炀帝长子杨昭的第三个儿子，初封陈王，后改封为代王。

李靖：字药师，雍州三原人。隋末唐初将领，是唐朝文武兼备的著名军事家。

李世民玄武门之变

唐高祖即位以后，封长子李建成为太子，李世民为秦王，李元吉为齐王。

李世民有勇有谋，而且有一批人才。太子李建成知道自己威信不如李世民，心里妒忌，就和李元吉联合，排挤李世民。

李世民忍无可忍，最终狠下心来决定反击。一天深夜，李世民和长孙无忌等将士埋伏在玄武门。天刚亮，李建成和李元吉骑着马进宫，李世民呼唤他们。李元吉做贼心虚，摘

弓搭箭，便向李世民射去。

李世民不再迟疑，拉弓射向李建成。李建成咽喉中箭身亡。与此同时，尉迟敬德率领70名骑兵如从天降。李元吉催马便跑，尉迟敬德张弓一箭，李元吉当场毙命。

当年8月，李渊主动传位给李世民。李世民即位当了皇帝，即唐太宗。历史上把这次政变，叫作“玄武门之变”。

趣味小链接

李元吉：本名李劼，唐朝宗室大臣，唐高祖李渊第四子。为人骁勇，凶猛骄侈，擅长马槊。

尉迟敬德：本名尉迟融，字敬德，鲜卑族。唐朝开国名将，“凌烟阁二十四功臣”之一。

魏征直言进谏

626年，唐太宗派人征兵，且不满18岁的男子，只要身材高大也可以征。为此魏征劝谏道："如果把那些身强力壮而不到18岁的男子都征来当兵，以后还从哪里征兵呢？国家的租税杂役，又由谁来负担呢？"

魏征的一席话，使唐太宗哑口无言。于是，唐太宗重新下诏，免征不到18岁的男子。这以后，唐太宗更加信任魏征了。

贞观中期以后，唐朝经济繁荣，政治安定，朝廷大臣歌颂太平盛世。魏征却给唐太宗上了一道奏章，指出他10个方面的缺点，希望他警惕，保持贞观初年的好作风。

唐太宗不仅能纳谏，并且主动采取措施引导大臣评论朝政。他建立了一种制度，即允许谏官史官参加政事堂会议。

唐太宗说过这样一句话：“以铜为镜，可以正衣冠；以古为镜，可以见兴替；以人为镜，可以知得失。”

643年，魏征去世了，唐太宗十分悲痛地说：“魏征死了，我失去了一面镜子！”

魏征（580—643），唐朝杰出的政治家、思想家、文学家和史学家，以直言敢谏而闻名。据《贞观政要》记载统计，他向李世民面陈谏议有50次，呈送给李世民的奏疏11件，一生的谏诤多达“数十余万言”。

唐太宗亲征东突厥

唐太宗即位初期，边境很不安定，特别是势力较大的东突厥，成为唐朝主要威胁。

唐太宗即位不满一个月，东突厥的颉利可汗率领10多万人马，一直打到离长安只有40里的渭水边。

唐太宗胆略过人，先布置长安的唐军摆开阵势。接着，他亲自带着房玄龄等六名将领来到渭水边的便桥。

颉利看到唐太宗亲自上阵，后面唐军旌旗招展，军容整齐，不禁害怕起来，便表示愿意讲和。两天后双方在便桥订

立盟约。

第二年，大漠以北发生饥荒。在颉利可汗的压迫之下各部族不断开始反抗。唐太宗抓住这个时机，派出李靖、徐世绩等四名大将率领10多万大军，分路出击突厥。

630年，李靖趁颉利不防备，亲自率领3000精锐骑兵连夜进军，逼近突厥营地，颉利逃跑。后来，李靖攻下定襄，得胜回朝，唐太宗十分高兴，对李靖称赞有加。

颉利可汗：复姓阿史那氏，名咄苾，突厥族。他是东突厥可汗，启民可汗的儿子。

李靖：隋末至初唐时期杰出的军事家。他一生征战数十年，为唐王朝的建立及发展立下赫赫战功。

李靖突袭阴山

颉利逃到阴山以北，怕唐军继续追赶，便使出求和的缓兵之计。唐太宗一面派唐俭到突厥，表示安抚；另一面又命令李靖带兵前去察看颉利的动静。

李靖领兵和徐世绩会师。两人决定选一万精兵，跟踪袭击并活捉颉利。他们率领唐军到了阴山，命令部将苏定方率领200名轻骑，冒着夜雾悄悄进军。颉利得知唐军骑兵来到，慌忙骑上千里马逃走。李靖指挥唐军追杀，突厥兵没有主帅，乱成一团。

最终，唐军歼灭突厥兵一万多名，颉利东奔西逃躲在

荒山里，然后被他的部下抓住后交给唐军，后来被押送到长安。

东突厥灭亡了，唐太宗并没有杀死俘虏，而是在东突厥设立了都督府，让突厥贵族担任都督，由他们管理突厥各部。这次胜利，提高了唐太宗在西北各族中的威信。

这一年，回纥等各族首领一起来到长安，朝见唐太宗，拥护唐太宗为他们共同的首领，尊称他是“天可汗”。

唐俭：字茂约，唐朝大臣，北齐左仆射唐邕之孙，隋朝戎州刺史唐鉴之子。

苏定方：名烈，字定方，冀州武邑县，即今河北武邑县人，唐朝初年名将。

玄奘西行取经

唐玄奘，俗姓陈，名祎，河南偃师人。他13岁出家做和尚后就认真研究佛学，并且到处拜师学习，非常精通佛教经典。

627年，玄奘对佛经有些疑问解释不了，他就学习印度文字语言，希望有一天可以西行，到佛教发源地学习考察。

629年，长安一带遭受严重霜雹灾害，为度过荒年，唐王朝规定所有灾民可随丰就食。玄奘乘机出了长安，踏上

西去的征途。沿途经过宝鸡、秦州，向北经甘肃天水到达凉州。

凉州是唐的重要关口，把守森严，都督李大亮不让玄奘西行，玄奘只好在此停留，后来乘卫兵防范疏松不备，趁机出了凉州城。

玉门关是西去必经之关，出玉门关向北沿途有五座烽火台，烽火台与烽火台中间有兵将把守，并设有瞭望台。除烽火台有水草外，其他地方没有人烟水草，过了这五座烽火台，便是伊吾国境。

就这样，玄奘克服无数艰险，到达迦湿弥罗，共历时10个多月。玄奘在天竺国访问了数百座寺院，同僧人一起探讨佛经。

645年，玄奘终于回到阔别近17年的长安，带回大批经

书。唐太宗对玄奘西行游历诸国的见闻颇感兴趣，让他详细记录下来。玄奘口述了他在110个国家的所见所闻，让徒弟们记录成一部《大唐西域记》。

《大唐西域记》：记载的是玄奘从长安出发西行亲身游历西域的所见所闻，其中包括一百多个国家和城邦，还有许多不同的民族。这部书主要讲述了路上所见各国的历史、地理及交通，没有什么故事。

文成公主进藏

唐太宗执政时期，在西北边境有一个吐蕃少数民族政权。吐蕃的赞普松赞干布非常羡慕唐朝的文化，634年，松赞干布派使臣到唐朝向皇室求婚，唐太宗没有同意。

640年，松赞干布再次派人到长安求婚。最终，唐太宗决定将文成公主嫁给他。

松赞干布非常高兴，他按照唐朝建筑的风格，为文成公主修建了城郭和宫室，就是现在的布达拉宫。

文成公主到吐蕃，不仅带去各种谷物、蔬菜种子，而且带去了工艺品、药材、茶叶及各种书籍。她还帮助吐蕃建立了先进的生产技术和手工业，并且劝松赞干布设法造字。她曾协助吐蕃妇女改进纺织技术，甚至帮助吐蕃人把帐篷改建

成房屋，从而大大改善了当地人的生活。

吐蕃过去没有文字，文成公主劝松赞干布设法造字。从此吐蕃有了自己的文字。

680年，文成公主去世。由于她对藏族人民作出巨大的贡献，深受藏族人民崇敬，至今布达拉宫里还保留着文成公主和松赞干布的塑像，汉藏人民常到那里拜谒。

布达拉宫：是一座宫堡式建筑群，最初是松赞干布为迎娶尺尊公主和文成公主而兴建。17世纪重建后，布达拉宫成为历代达赖喇嘛的冬宫居所，为西藏政教合一的统治中心。

绝世才女徐惠

长孙皇后去世时，李世民很悲伤，杨氏为了安慰皇上，从民间选了几位美女进宫，借此机会，她把外甥女武则天选入宫中。

太宗封武则天为才人，赐名叫媚娘，是年14岁。武媚娘活泼可爱，太宗对她比较喜欢。但由于武则天父亲早逝，她同父异母的两位哥哥对她不好，致使她书读得少，文化素质不算高，几年之后，她的受宠地位，被新进宫的才人徐惠所替代。

徐惠是右散骑常侍徐考德的女儿，徐考德见女儿出生5

长孙皇后：小字观音婢，唐太宗李世民的皇后。长孙皇后是北魏皇族拓跋氏之后。

个月就会说话，认为她是天才，便注意她的早期教育，致使徐惠4岁就能看会诵《论语》《诗经》，8岁可作文章，而且诗词文章皆佳。人长得也俊秀迷人，真是才貌双全。

太宗李世民闻听，在徐惠11岁时，便下诏入宫，先封为才人，不久为婕好，后又升为充容。而武则天入宫10多年，仍是个才人。唐太宗李世民对徐惠的喜爱，不仅仅是她的容貌和才华，还因为她有些长孙皇后的作风和特性。

徐惠的出现，填补了长孙皇后的空缺，她也像长孙皇后一样，勇于进谏。她反对太宗晚年对外发动战争，反对朝廷剥削压迫人民，她指出人民不堪重负时，必然会起义反抗。

太宗李世民第一次东征高丽未果，还想再次东征，同时又要对西域诸国动兵，徐惠便上疏力阻。当太宗要为徐惠修建翠微宫时，她又上疏劝阻。

李世民对徐惠的谏言，格外重视和喜欢，尽量去修正自己的失误。李世民知错必改的胸怀，深深地感染着徐惠，她对唐太宗有着深深的感情。

唐太宗病故前，遗诏将绝大多数妃嫔送入庙中出家，而徐惠等极少数人则例外，让她继续留在宫中。可是，徐惠思念皇上心伤，生病后不肯治疗，多次表示要随先帝于地下。太宗驾崩两年后，徐慧不幸病故，年仅24岁。

女皇武则天

武则天父亲是木材商人，因跟随李渊反隋，任工部尚书。武则天14岁时召选入宫，封为才人，赐号“武媚娘”。

唐太宗死后，媚娘被送到感业寺做尼姑。因唐高宗与媚娘早就相识，唐高宗即位后再次接她入宫。

媚娘入宫后用计杀了自己的孩子嫁祸于皇后。655年10月，唐高宗下诏，废掉王皇后，立武则天为皇后。由于唐高宗一直疾病缠身，朝中大权完全掌握在武则天手中。

武则天毒害了自己的长子，流放了次子，废掉三子唐中

宗，逼迫四子唐睿宗让位于她。690年11月，67岁的武则天正式登上皇位，成为我国历史上唯一的女皇帝。

武则天称帝之后，不拘一格地选拔人才，发展经济。她当政期间，人才济济，社会安定，巩固了自己的统治。

698年，武则天诏令唐中宗回京，立他为太子。705年，武则天去世，终年82岁。

唐高宗：李治，字为善，唐朝第三位皇帝，唐太宗李世民第九子。唐高宗在即位之初，继续执行唐太宗制订的各项政治经济制度。由于他勤于政事，有贞观之遗风，史称“永徽之治”。

韦后乱政篡位

705年，唐中宗复位后，立韦氏为皇后，追封皇后父亲韦玄为贞王，任命韦后小女儿安乐公主的丈夫武三思为宰相。大臣们极力反对，唐中宗也不理睬。

唐中宗没有嫡子，便立庶长子李重俊为皇太子。安乐公主野心勃勃，一心想做第二个武则天，于是千方百计想除掉太子。

太子忍无可忍，领了许多羽林军，杀向武三思的王府，把武三思和他的儿子武崇训捉住，历数他们的罪恶，将他们

斩了。

710年，安乐公主又和韦后谋划毒害中宗，让韦后临朝，将来传位于安乐公主。

就在韦后毒死了唐中宗，准备登基称帝的时候，被韦后陷害的唐睿宗李旦的第三子李隆基出现了。

李隆基为了保住唐室江山，立即发动羽林军攻入宫中，杀了韦皇后和安乐公主，并用武力清洗韦氏和武氏集团。最后太平公主出面，恢复了唐睿宗的帝位。

韦皇后：唐中宗李显之妻。唐中宗被废为庐陵王时，他们患难与共。李隆基发动政变时被杀于宫中。

太平公主：唐高宗李治与女皇帝武则天的小女儿，唐中宗李显和唐睿宗李旦的妹妹。

玄宗开元之治

712年，唐睿宗把皇位让给李隆基。李隆基即位，年号“开元”，史称唐玄宗。

唐玄宗在位期间，内部宗亲和睦安定，外廷选用贤臣。重用姚崇和宋璟为宰相，把国事处理得井井有条。

唐玄宗十分重视兴修水利，在河北、河南、山西等地兴建了不少水利工程。开元时期，全国共兴建了50多项较大的水利工程。

玄宗在东北设忽汗州都督府、黑水都督府和重建营州都督府。加强了西北和东北的边防。对吐蕃、突厥、南诏等

族，采取和亲与笼络政策。

唐玄宗非常重视学术文化发展。他下令在长安、洛阳创建书院，组织全国著名学者著书立说，对当时文化界有很大影响。

唐朝从贞观初年到开元末年，经过100多年的建设，达到了全盛时期。这一时期经济持续发展，社会富足安定，历史上把这种全盛的景象称为“开元之治”。

姚崇：字元之，唐朝名相、著名政治家，曾任武后、睿宗、玄宗三朝宰相，常兼兵部尚书。

宋璟：字广平，唐朝名相，北魏吏部尚书宋弁七世孙。博学多才，擅长文学。

李林甫欺上瞒下

唐玄宗做了20多年太平天子，渐渐滋长了骄傲怠惰的情绪，朝廷弊端日益显露。

宰相张九龄看到这种情况，常常给唐玄宗提意见，但唐玄宗根本不听，反而撤了张九龄的职，让李林甫当宰相。

李林甫是一个不学无术的人，他时时探听宫内的动静，等唐玄宗找他商量事时，他都对答如流，因而唐玄宗很喜欢他。

李林甫一当上宰相，就把唐玄宗与百官隔绝，不许大家在玄宗面前提意见。

李林甫知道自己在朝廷中的名声不好。凡是大臣中能力比他强的，他就千方百计地排挤他们。他表面上不动声色，笑脸相待，却在背地暗箭伤人。

李林甫当了19年宰相，有才能的正直的大臣都遭到排斥，钻营拍马的小人却受到重用，唐朝的政治由盛转衰。

张九龄：字子寿，号博物。唐朝开元名相、政治家、文学家、诗人，西汉留侯张良之后，长安年间进士。罢相之后，为荆州长史。他的诗风清淡，著有《曲江集》，誉为“岭南第一人”。

一行与《大衍历》

唐代的天文学也很发达，最著名的天文学家是一行和尚。一行姓张，名遂，魏州昌乐人，生于683年。他从小刻苦学习，特别喜欢钻研天文、历法、算术中的疑难问题，出家后，法名叫一行。

717年，一行来到长安，唐玄宗亲自召见了他，让他主持编制新历法。首先，他和天文仪器制造家梁令瓒共同制造了观测天象的黄道游仪。

黄道，就是人们从地球上看太阳，感觉到太阳在宇宙空间一年中的运行轨道。测定日、月在轨道上的位置和它们的

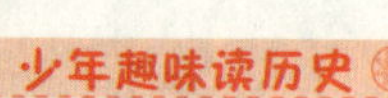

梁令瓒：唐画家、天文仪器制造家。蜀人。官至率府兵曹参军。亦工篆书，擅画人物。存世作品有《五星及二十宿神形图》。

运动情况，对提高历法的精确度有决定性作用。

在一行的倡议下，从724年至725年，在全国13个地点测量北极高度和冬至、夏至、春分、秋分当天中午的日影长度。一行从各地的测量数据中计算出子午线的长度，它虽然与现代测量出的子午线长度有一定误差，但这是世界上第一次测量子午线的纪录。

一行和梁令瓒在汉代科学家张衡设计的基础上，制造了水力运转浑天仪。这个浑天仪上画着星宿、赤道，灌进水去冲动轮子，仪器就转动起来，每昼夜自转一周，和天象相符合。

724年，一行开始编制新历法，三年后，新历法《大衍历》草稿完成。这是当时一部很先进的历法，它比较正确地掌握了太阳运动的规律，把太阳和月亮每天的位置和运动，每天见到的星象和昼夜时刻，以及日食、月食和五大行星的位置都作了说明。

727年，《大衍历》刚刚完成，一行就因为劳累过度，一病不起，与世长辞了，死的时候才45岁。一行的发明创造，和他编制新历法的功绩，在我国天文史上占有重要的地位，他是世界上最著名的古代天文学家之一。

李白蔑视权贵

李白自幼博学多识，读了很多书，并能写作出色的文章。李白青年时代，正值“开元之治”的盛世时期。他怀揣着远大的政治抱负，决心为国家的繁荣干一番事业。

26岁时，李白离开蜀地，他希望得到提拔以实现他平素济国利民的思想。

42岁时，李白由其友人吴筠推荐，被玄宗召到长安，成为翰林供奉。此时朝政大事完全由李林甫掌握。面对这样的处境，李白并不屈膝低头，他在诗中写道：“安能摧眉折腰事权贵，使我不得开心颜。”

744年，李白被逐出长安，他感到十分愤慨，便在《行路难》一诗中表达了自己抱负不能实现，受权臣恶势力排挤的苦闷心情。

李白的诗中，很多都揭露和抨击了唐朝的黑暗统治。他的诗中反映出一种疾恶如仇、鄙视权贵的反抗精神。762年，62岁的李白死在长江边的当涂。

李白：字太白，号青莲居士，是伟大的浪漫主义诗人。存世诗文千余篇，代表作有《蜀道难》《行路难》《梦游天姥吟留别》《将进酒》等诗篇，有《李太白集》传世。

“诗圣”杜甫

安史之乱给百姓带来了深重的灾难，叛军所到之处，烧杀掳掠，无恶不作。757年，杜甫逃出长安，投奔唐肃宗。

肃宗见杜甫忠心耿耿，任命他为左拾遗，负责对政事提意见。不久，肃宗见他时常批评朝政，将他以探亲名义，逐出朝廷。

杜甫把一路上的见闻，写成了一篇五言叙事诗《北征》。诗中记录了战乱所致的残败景象，忠实地叙述了百姓遭受的苦难。

征兵、征粮，连年战争，逼得百姓家破人亡。杜甫悲愤而沉痛地用一首首诗歌，勾画出一幅幅社会历史图画。杜甫著名的“三吏三别”就是此时创作的。

770年冬天，杜甫病死在湘江的一条小船上，时年59岁。杜甫以大量的诗篇，揭露了唐朝封建社会的种种矛盾，深刻地反映了悲惨的社会现实及百姓的苦难。人们称他为“诗圣”，称他的诗为“诗史”。同时，他也被称为我国历史上伟大的现实主义诗人。

三吏三别：三吏是《新安吏》《石壕吏》《潼关吏》；三别是《新婚别》《垂老别》《无家别》。这些作品揭示了战争给百姓带来的巨大不幸和困苦，表达了作者对倍受战祸摧残老百姓的同情。

鉴真和尚东渡日本

鉴真从小受父亲影响，对佛教产生了浓厚的兴趣，14岁那年就出家当了和尚。当他45岁的时候，已经成为名扬四海的高僧，由他授戒的门徒达到40000多人。

742年，到中国求学的日本僧人荣睿、普照到扬州大明寺，拜访鉴真，向他说明了来意邀请鉴真东渡。鉴真便答应了东渡日本。

第一次东渡由于鉴真的弟子道航和如海发生纠纷，惊动了官府，没收了他们的船只。所以，这次东渡没能成行。第二次出海，他们在海上遇到风浪，被困在荒岛上，后来被渔船发现救了回来。第三次、第四次也都没有成功。

鉴真熟识医方，大力传播张仲景的《伤寒杂病论》的知识，留有《鉴上人秘方》一卷，因此，被誉为“日本汉方医药之祖”。

思托是鉴真大和尚弟子，曾随鉴真六次东渡。

753年10月19日，他离开扬州龙兴寺，11月16日乘第二艘遣唐使船从沙洲的黄泗浦出发，直驶日本。12月20日中午，这位矢志不移、决心东渡弘法的盲僧，终于踏上了日本的土地，在鹿儿岛县川边郡坊津町的秋目浦上陆，随行的有普照、法进和思托等人。

754年，鉴真一行到达日本首都奈良，受到了热情接待，住进东大寺。鉴真的到来，震动了日本各界，他们从早到晚前来拜谒慰问。

日本天皇把全国传授戒律的大权托付给鉴真。并授给他“传灯大法师”的法号。鉴真在东大寺的佛前设起了戒坛，兴盛大授戒仪式。

鉴真在日本天皇赐给他的一块宅地上建造了一座新寺院，叫作“唐招提寺”。他亲自参加唐招提寺的建筑，整个建筑结构精巧，布局合理，气势雄伟，反映了唐朝建筑的特点，对日本寺院建筑影响很大。

鉴真精通医学，他带去了许多药方，还亲自给人看病，传授中草药知识。他还带去中国的绣像、雕像、画像、书贴等，对日本的美术界很有影响。

玄宗与杨贵妃

唐玄宗李隆基在宰相姚崇和宋璟的鼎力帮助下，20年来国泰民安。但从李林甫任宰相后，“开元之治”就结束了。

一年万寿节上，唐玄宗见到寿王妃杨玉环，第二年，他就册立杨玉环为贵妃。

自从杨贵妃入宫以后，受到唐玄宗无比的恩宠。当时杨贵妃想吃岭南的荔枝，唐玄宗就让地方官员派最善于骑马的人一站一站接力传送。荔枝很快被送到长安皇宫，杨贵妃剥开一尝，荔枝还是新鲜的。

皇宫里专门给贵妃制作衣料的丝织匠和绣花匠，就有700人之多。地方官员拼命从老百姓身上搜刮奇珍异宝，献

给贵妃。凡是贡献最多最好的人都升了官。

杨贵妃和唐玄宗两人深爱音乐艺术。唐玄宗多才多艺，精通各种乐器，又会作曲。著名的《霓裳羽衣曲》就是唐玄宗所作。

唐玄宗与杨贵妃整日沉湎于歌舞，不理国事，政权落入奸臣之手，最终在755年，唐朝爆发了安史之乱。

《霓裳羽衣曲》：唐朝大曲中的精品，唐朝歌舞的集大成之作，安史之乱后失传。在南唐时期，李煜和大周后将其大部分补齐，但是金陵城破时，被李煜下令烧毁了。

安史之乱

唐玄宗统治后期，政治日益腐败。自从杨贵妃入宫以后，宰相李林甫和杨贵妃的堂兄杨国忠乘机把持朝政，把朝廷弄得乌烟瘴气。这就给安史之乱造成可乘之机。

大臣安禄山对上司惯于溜须拍马，逢迎谄媚，甚至拜年轻的杨贵妃为“干娘”。750年，唐玄宗封安禄山为东平郡王。

早在747年，安禄山就开始为叛乱进行准备。他以范阳为根据地，广招兵马，制造武器，屯集军粮。他还从亲信当

中挑选了史思明等人，作为指挥叛乱的核心力量。

眼见着安禄山的势力逐渐壮大，杨国忠感到自己的宰相之位受到威胁，他处死了安禄山派在京城的探子，激怒了安禄山。

755年10月，安禄山以讨伐杨国忠为名，发兵15万，在范阳举行反叛，向长安进发，揭开了“安史之乱”的序幕。

腐朽的唐王朝在军事上毫无准备。最终，安禄山连败唐军，一路攻陷陈留、荥阳、洛阳，直逼长安。

安禄山：开元初年，其族破落离散，他逃离突厥，与安思顺等约为兄弟，从此冒姓安氏，名禄山。

史思明：突厥人，唐代叛臣，安史之乱的元凶之一。其貌不扬，懂六蕃语言，与安禄山为同乡里。

颜杲卿骂贼

在安禄山带叛军南下危急的时刻，首先起来打击叛军的是常山太守颜杲卿。

颜杲卿本来是安禄山的部下。安禄山发动叛乱以后，颜杲卿就准备反抗。安禄山渡过黄河，攻下洛阳之后，颜杲卿决心起兵，他的堂弟平原太守颜真卿也招募了10000多人马，派人跟颜杲卿联络，要他攻占井陉关，截断安禄山的后路。

颜杲卿打听到守井陉关的叛将是个糊涂的酒鬼，就假传安禄山的命令，派人带了美酒好菜去慰劳他，等叛将喝得酩酊大醉的时候，把叛将杀死，占领了井陉关。

颜杲卿：字昕，唐朝长安万年人，祖籍琅琊临沂。和颜真卿同为颜师古五代孙，颜之推六代孙。父亲颜元孙，任濠州刺史。

安禄山正准备向潼关方向进兵，一听到河北各郡都响应颜杲卿，只好改变主意，回到洛阳。他在洛阳自称大燕皇帝，派大将史思明、蔡希德各带10000人马分两路攻颜杲卿。颜杲卿虽然打了几个胜仗，但是起兵只有八天，就被押送到洛阳去见安禄山。

安禄山命令兵士把颜杲卿押到他跟前，责问颜杲卿说：“你本来只是个范阳小官，我把你提拔为太守，为什么反叛我?”

颜杲卿怒气冲冲地骂着说：“你是一个牧羊的小子，国家让你做了三镇节度使，有哪点对不起你?我为国除奸，恨不得斩你的头，叫什么反叛?”

安禄山恼羞成怒，要左右兵士把颜杲卿、袁履谦拖到一座桥边的柱子上缚起来，使用残酷的刑罚折磨他们。

颜杲卿神色凛然，一面忍受着酷刑，一面仍旧痛骂安禄山。叛军兵士用刀割了颜杲卿的舌头，颜杲卿满口鲜血，还发出含糊的骂声。

颜杲卿、袁履谦骂不绝口，一直到他们咽气。颜杲卿拖住了叛军的兵力，为唐王朝调兵遣将争取了时间；他们的誓死抵抗的精神，鼓舞了更多的人抗击叛军。

张巡胆识过人

叛军进潼关之前，安禄山派唐朝的降将令狐潮去进攻雍丘。令狐潮带了40000叛军来进攻。张巡和雍丘将士坚守60多天，打退了叛军300多次进攻，使令狐潮不得不退兵。

叛军不断攻城，张巡组织兵士在城头上射乱箭把叛军逼回去。但是，日子一长，城里的箭用完了。为了这件事，张巡在焦虑之中有了一个主意。

一天深夜，雍丘城头上隐隐约约有成百上千个穿着黑衣服的兵士，沿着绳索爬下墙来。这件事被令狐潮的兵士发现了，赶快报告主将。

令狐潮断定是张巡派兵偷袭，就命令兵士向城头放箭，

趣味小链接

令狐潮：唐玄宗时初任雍丘县令，755年安禄山率领的燕军占领洛阳的时候，令狐潮在雍丘投降安禄山。

雷万春：唐朝将领。安史之乱时抵抗安禄山军，后随张巡守睢阳，坚守不屈。城陷后，与张巡同遭杀害。

一直放到天色发白，叛军再仔细一看，才看清楚城墙上挂的全是草人。那千把个草人上，密密麻麻插满了箭，竟有几十万支。这样一来，城里的箭就不愁用光了。

又过了几天，还是像那天夜里一样，城墙上又出现了"草人"。令狐潮的兵士见了又好气，又好笑，认为张巡又来骗他们的箭了。大家谁也不去理它。哪儿知道这一次城上吊下来的是张巡派出的500名勇士。这500名勇士乘叛军不防备，向令狐潮的大营发起突然袭击。令狐潮要想组织抵抗已经来不及了，几万叛军四下里乱奔。

757年10月，睢阳城陷落。张巡、许远、雷万春、南霁云等36名将领全部被俘。张巡等人都不肯屈服，叛军把他们杀害了。

由于张巡他们的坚守，睢阳以南的江淮地区才没遭到叛军的破坏。河南节度使张镐得到睢阳危急的消息，赶快发兵，急行军赶到睢阳，打退尹子奇叛军，这时睢阳城已经沦陷三天了。又过了七天，郭子仪带领唐军收复了洛阳。

七品县令张巡以无穷的智慧屡败叛军，为平定安史之乱立下了不朽的功绩。

杨贵妃魂断马嵬坡

756年6月，叛军进入潼关，长安混乱不堪。唐玄宗带着杨贵妃等人出走四川。

一天傍晚他们来到马嵬驿。将士们又累又饿，满腹怨言，喧嚷着要找杨国忠算账。

那时正有几名吐蕃使者，来京办事，站在驿馆外面与杨国忠谈话。有军士故意喊："杨国忠勾结吐蕃，想谋反啦！"

一时士兵们齐声喊起来，几名士兵朝杨国忠奔去并杀了他。事后，众军士仍聚而不散。唐玄宗派高力士去询问为何

不散。众人对答："国贼还活着！"言下之意，玄宗身边的杨贵妃也应诛杀。

72岁的唐玄宗无可奈何，让高力士自行处置。然后高力士用一条罗巾将美人杨玉环勒死了。这年杨贵妃38岁。

安史之乱是唐王朝社会矛盾发展的集中表现，是唐中叶统治阶级内部、地方节度使与中央政府争夺最高政权的斗争。它成为唐朝由盛转衰的转折点。

杨国忠：本名杨钊，唐朝外戚、宰相，自称东汉太尉杨震后代，张易之外甥，杨贵妃族兄。

高力士：唐代著名宦官。他一生忠心耿耿，与唐玄宗不离不弃，被誉为"千古贤宦第一人"。

颜真卿刚强不屈

安史之乱后，各地节度使乘机割据地盘，扩大兵力，造成了藩镇割据的局面。

782年，有五个藩镇叛乱，其中淮西节度使李希烈，向唐境进攻。唐德宗李适让德高望重的太子太师颜真卿前去劝导。当时，颜真卿已年过古稀，他毫不在乎个人的安危，带了几个随从就到淮西去了。

李希烈得知颜真卿来了，想给他一个下马威。颜真卿刚

开始劝说李希烈停止叛乱，那些部将、养子就冲了上来，摆出要杀他的架势。颜真卿面不改色，毫不畏惧。

有一次宴会上，有人劝李希烈即位称帝，封颜真卿为宰相。颜真卿怒骂道："什么宰相不宰相！我年纪快80岁了，要杀要剐都不怕，难道会受诱惑，怕威胁吗？"宴会上的人都被颜真卿凛然的神色吓住了

后来，李希烈自称楚帝，又派部将逼迫颜真卿投降，但他毫不屈服。最终，颜真卿被李希烈杀害，悲壮殉难。

颜真卿：唐朝名臣、书法家。颜真卿书法精妙，擅长行、楷，创"颜体"楷书，对后世影响很大。与赵孟頫、柳公权、欧阳询并称为"楷书四大家"。又与柳公权并称"颜柳"，被称为"颜筋柳骨"。

朱泚造反

朱泚是幽州第三任节度使。后来，因为他弟弟朱滔反叛唐朝牵连到他，被唐德宗解除了兵权，留在长安，挂太尉的名。

783年，淮西节度使李希烈率兵造反。德宗皇帝急诏姚令言等几个节度使去解襄城之围。结果士兵们因对军粮不满，竟向长安城杀来。德宗皇帝慌了，逃出长安。

姚令言见状，只好随着兵士造反，但他威信不高，便想起尚在京城的朱泚。朱泚见有人拥护他，便决定登基称帝。

朱泚做了皇帝，便亲率大军进攻德宗所逃的奉天城。朱泚下令让士兵用拆民房的木料做成百尺高的楼车，站在楼车上可以清楚地看到城中的情况。

守城大将军浑瑊想出一计，派士兵在城墙里挖地道，挖到城外，修了陷阱。城内皇帝与百姓团结一心，奋勇抗敌，坚持了36天，朱军也未攻克。这时唐朝援军赶来，朱泚怕被夹击，只好撤兵回到长安。

唐德宗：即李适，唐朝第九位皇帝。他在位前期，坚持信用文武百官，严禁宦官干政，废租庸调制，改行“两税法”，颇有一番中兴气象。

浑瑊、李晟收长安

784年，唐德宗命令李怀光和李晟乘胜收复长安。哪料到李怀光到了咸阳，却和朱泚暗中勾结，一起反唐。

李晟不断激励将士，长安附近的唐军自愿受李晟指挥。李怀光的部下不听从他袭击李晟的命令，便害怕地逃到河中去了。

此时，浑瑊守住了奉天，也跟李晟彼此呼应，进逼长安。唐军声势浩大，吓得朱泚龟缩在长安城里不敢露面。

李晟为了不破坏宫室、惊扰百姓，让士兵从北面打开

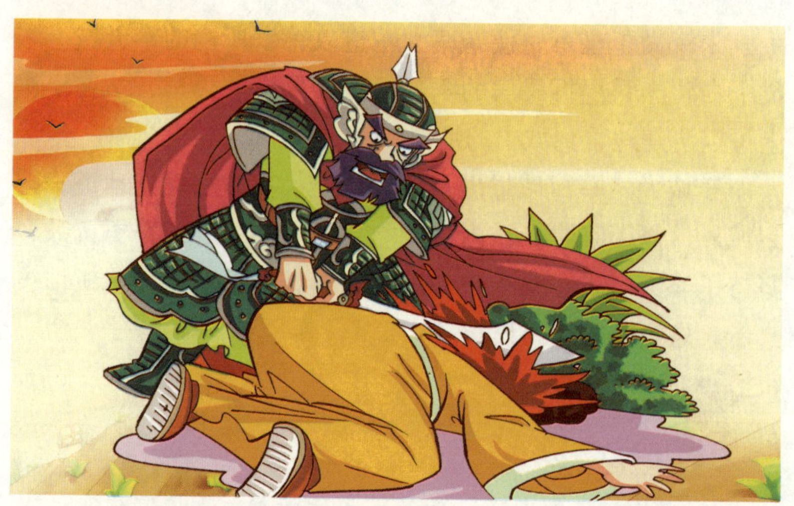

城墙，集中兵力进攻御苑。朱泚没法抵抗，不得不丢了长安逃走。

784年，李晟收复长安，朱泚被杀。唐德宗回到长安。过了一年，浑瑊又进攻河中，消灭了李怀光。自称楚帝的李希烈打了几次败仗，也被部将杀了。

李晟、浑瑊为维护唐王朝的统一，立了大功。但是唐德宗猜忌功臣，撤了李晟的兵权，神策军归宦官掌握。结果，藩镇割据没有解决，宦官的权力反倒越来越大了。

浑瑊：唐朝中期名将，朔方节度留后浑释之之子。善骑射，屡立战功，以忠勇著称。

李晟：唐朝中期名将，左金吾卫大将军李钦之子。勇烈有才，善骑射。

韩愈反对迎佛骨

韩愈，字退之，他是唐朝一位杰出的文学家，邓州河阳人。他出身贫寒，通过科举途径担任监察御史等官职。韩愈不但擅长写文章，还是个直言敢谏的大臣。尤其在中唐时期反佛斗争中，他是一个最积极的人物。

唐宪宗到了晚年，迷信起佛法来。他听说凤翔的法门寺里，有一座宝塔，叫护国真身塔。塔里供奉着一根骨头，据说是释迦牟尼佛祖留下来的一节指骨，每30年开放一次，让人瞻仰礼拜。这样做，就能够求得风调雨顺，人人平安。

唐宪宗特地派了30人的队伍，到法门寺把佛骨隆重地迎接到长安，并让大家瞻仰。

古文运动：韩愈认为自从魏晋南北朝以来，社会风气不好，连文风也衰落了。许多文人写的文章，喜欢堆砌辞藻，讲求对偶，缺少真情实感。他决心对这种文风进行改革，写了不少散文，在当时影响很大。

韩愈的主张和写作实践实际上是一种改革，但是，也继承了古代散文的一些传统，所以被称作“古文运动”。后来，人们把他和柳宗元两人称为“古文运动”的创导人。

韩愈很不满意这个做法，就给唐宪宗上了一道奏章，劝谏宪宗不要干这种迷信的事。

唐宪宗收到这个奏章，大发脾气，立刻把宰相裴度叫了来，说韩愈诽谤朝廷，非把他处死不可。裴度连忙替韩愈求情，唐宪宗气慢慢平了，说：“韩愈说我信佛过了头，我还可宽恕他；他竟说信佛的皇帝，寿命都短促，这不是在咒我吗?就凭这一点，我不能饶他。”

唐宪宗没杀韩愈，就把他降职到潮州去当刺史。尽管这样，韩愈仍不放弃自己的主张，曾写诗说：“一封朝奏九重天，夕贬潮阳路八千，欲为圣朝除弊事，岂将衰配惜残年”，表示他反对佛教的坚定立场。

韩愈不仅是唐朝著名的文学家和古文运动的倡导者，同时他还是一位对宋明理学有重大影响的哲学家，成为宋明理学的先驱。

二王八司马

805年1月，太子李诵即位，就是唐顺宗。顺宗登基的第一件事就是把正直的王叔文和王伾封为翰林学士，任声望较高的韦执谊当宰相，让他们革新朝政。

王叔文等得到新皇帝的信任，便把志同道合的好朋友柳宗元、刘禹锡、韩晔等安排了重要职位，以便实行他们的革新计划。

革新派通过唐顺宗发布一些命令，大大减轻了老百姓的负担；对藩镇割据和宦官专权，采取措施加以限制和削弱；对于贪官污吏，革新派严加惩罚。

太监们觉得革新派威胁了他们的利益，便趁王叔文回家守丧、顺宗患风疾时，逼迫顺宗下诏让位给太子李纯，这就是唐宪宗。

李纯未正式登基就下令贬谪王伾为开州司马，王叔文为渝州司户。柳宗元、刘禹锡、韦执谊等八人也被贬为各州司马。

一场革新运动，只进行了146天就昙花一现地夭折了。史书上把这件事称为“二王八司马”事件。

翰林学士：官名。唐玄宗时，翰林学士成为皇帝心腹，常常能升为宰相。

牛、李朋党之争

从唐穆宗之后，唐朝的皇帝都是由宦官拥立的。宦官专权时，一些依附宦官的朝官又分成两个派别。两派官员互相倾轧，钩心斗角。这种争斗被称为“朋党之争”。

唐宪宗在位时，两个下级官员李宗闵和牛僧孺参加了长安的考试，并在考卷里批评了朝政，被考官推荐给唐宪宗。结果受到宰相李吉甫的阻挠。

李吉甫死后，他的儿子李德裕做了翰林学士，那时候李宗闵也在朝做官。李德裕对李宗闵批评他父亲这件事，仍旧

怀恨在心。后来，李宗闵通过宦官门路，当上宰相并向唐文宗推荐牛僧孺。他俩合力打击李德裕，将其调出京城，当西川节度使。

李德裕做节度使时，给宦官杨钦义送了份厚礼。杨钦义在唐武宗面前竭力推荐李德裕为宰相。846年，唐宣宗李忱即位，他撤了李德裕的宰相职务。折腾了40年的朋党之争终于收尾，但是混乱的唐王朝已经闹得接近崩溃边缘。

李吉甫：唐朝时期政治家、地理学家，御史大夫李栖筠之子，宰相李德裕父亲。元和年间，两次拜相，期间削弱藩镇割据，裁汰冗官，巩固边防，辅佐唐宪宗开创“元和中兴”。

没落的李氏王朝

唐朝后期，大量耕地集中在少数贵族和官僚手里，全国半数以上的农民失去了土地，变为逃户、流民。

当时，经常发生天灾，地里不长庄稼。举国上下，饿殍遍地，怨声载道，而统治阶级却过着骄奢淫逸的生活。

859年即位的唐懿宗，是一个非常荒淫的皇帝。他每月总要举行很多次大型宴会，他观赏歌舞，常常是通宵达旦，高兴的时候还要赏给乐工们很多钱。

年幼的僖宗不会治理国家，但对踢球、斗鸡、音乐、赌博非常精通。他每天赏给乐工很多钱，几乎把府库里的钱都

用光了。

穷人难以生存，只有造反。875年，濮州私盐贩子王仙芝与尚君长、尚让，率领几千农民在长垣起兵。

接着，黄巢等八人，率领着几千农民在曹州起兵响应。王仙芝和黄巢的两支队伍相结合，轰轰烈烈的农民大起义就此开始了。

王仙芝：唐末农民起义领袖。乾符元年关东大旱，官吏还要催缴租税、差役，百姓走投无路，聚集王仙芝周围发动起义。他首先高举义旗，提出“平均”口号，三年后，王仙芝不幸战死。

悲壮的黄巢起义

起义初期，王仙芝是全军统帅。在起义的过程中王仙芝曾多次向唐朝统帅请求投降，黄巢十分愤怒，起义军也就分裂了。

后来，王仙芝战死，尚让带领残余部队投奔黄巢，推黄巢为王，称作黄王，又称“冲天大将军”，改年号“王霸”，设置官署，建立自己的政权。

880年12月3日，黄巢攻克潼关。5日，黄巢的起义军队伍进入长安城，百姓都走出家门，夹道欢迎。起义军士兵大

多是受尽压迫的民众，所以，遇到贫民是很同情的，还送给他们财物；但对唐朝留下来的那一大群官吏，就十分憎恨，只要一抓住就处死。

881年1月，黄巢在长安即位称帝，国号大齐，年号金统。他任命尚让为宰相，孟楷、盖洪为将军，著名诗人皮日休为翰林学士，组成了由起义军文武首领和唐朝降官混合的大齐政权。

黄巢也想过打开局面。他曾派尚让等人率领50000人攻打凤翔。尚让自以为声势浩大，行军时，军容不整；遇到伏兵，便被杀得大败，损失了士兵两万多人。一部分唐军乘机进攻长安，黄巢以为是唐朝大军来了，便率领众人仓皇逃走。

唐军入城，大肆掳掠。黄巢停在城外，看到唐军像一群乌合之众，便又领兵杀回长安，歼灭绝大部分唐军。可是非常无奈，他的地方守将们听说他已出城，也都放弃守城，逃往别处。

由于起义军始终没有打破敌人的围剿，城内粮食又日益紧张，更由于在这紧急关头，起义军的主要将领朱全忠却叛变投敌了，使得大齐政权处于多面受敌的严重危机之中。

883年5月，黄巢被迫撤离长安，但仍继续坚持起义。

884年6月，因寡不敌众，黄巢自刎于泰安狼虎谷。黄巢起义历时10年，对撼动封建王朝的统治，功不可没。

尚让：唐末农民战争领导人之一，大齐太尉兼中书令，尚君长之弟。

潼关：位于陕西省渭南市潼关县北，北临黄河，南踞山腰，是关中的东大门，历来为兵家必争之地。

朱温攻打凤翔

883年4月，僖宗召集诸路大军围攻长安，朱温立了战功，被提升为宣武节度使，并赐名“朱全忠”。

888年春，僖宗皇帝病故，他的弟弟李晔继位，即昭宗。改元为龙纪。这个时期，军阀混战十分激烈，最后有三支军阀力量较强，一个是山西李克用，一个是陕西李茂贞，再就是河南朱全忠。

901年，宦官给昭宗皇帝出主意，封李茂贞为岐王，进京辅政，把宰相崔胤贬谪出京都。因为李茂贞的大本营在凤翔，太监韩全海便逼迫昭宗到凤翔。

崔胤原来是依附于朱全忠的，此时他便鼓动朱全忠发兵把昭宗皇帝从李茂贞的手中夺回来。

902年，朱全忠率70000兵力攻打凤翔。因为城内断粮，李茂贞只好打开城门，把皇帝交给朱全忠。

李克用：字翼圣，唐末至五代初年军阀。他早年随父出征，常冲锋陷阵，军中称之为“飞虎子”。

李茂贞：字正臣，唐末至五代时期藩镇、军阀，官至凤翔、陇右节度使，封岐王。

五代十国

907 — 979

五代十国是中国历史上的一段大分裂时期。这一称谓出自《新五代史》，是对五代与十国的合称。公元907年，唐朝灭亡后，朱温在中原地区建立后梁，定都东京开封府，五代十国开始。公元960年，后周赵匡胤发动陈桥兵变，黄袍加身，篡后周建立北宋，五代结束。

朱温称帝

朱全忠进入凤翔，杀了韩全海为首的宦官，又劫持皇帝回到长安城。

904年，朱全忠基本统一了黄河流域，并逼迫昭宗皇帝迁都洛阳。不久，昭宗被杀害，他13岁的儿子李柷继位，即哀帝。

905年，朱全忠在亲信李振鼓动之下，大肆杀戮李氏宗亲和唐朝官员，于滑州白马驿杀尽宰相裴枢、崔远等朝臣30余人，投尸于河，史称“白马之祸”。

朱全忠与李克用争斗时，三次攻破黄河堤坝，淹没上万

户百姓，毁坏良田无数。

907年3月，朱全忠让唐哀帝禅位，他自己当上了皇帝，朱全忠给自己重新起了名字“晃”。建都开封，国号为“梁”，史称“后梁”。封李柷为济阴王，第二年又杀李柷，自此唐朝结束289年的统治，中国进入五代十国的纷乱时期。

朱全忠在政治上极其残暴，特别是到了晚年，他恣意虐杀，纵情淫乱。其荒淫残暴程度，即便在封建帝王中也是罕见的。

裴枢：字环中，唐朝末期宰相。吏部尚书裴向之孙，御史大夫裴寅之子。

唐哀帝：即李柷，唐朝末代皇帝，唐昭宗李晔第九子，13岁即位。

儿皇帝石敬瑭

石敬瑭是后唐朝廷里出名的将领，他不仅功夫好，在战场上十分勇猛。因为石敬瑭不听后唐末帝李从珂的调遣。末帝大怒，派晋州刺史张敬达率兵讨伐石敬瑭。

张敬达率兵将晋阳紧紧包围起来。石敬瑭赶忙派人前往契丹向耶律德光求援。他还主动提出用幽云十六州相报，

还要拜比他小11岁的耶律德光为父。后来，石敬瑭灭了后唐，做了中原皇帝，国号叫晋，即后晋高祖。他每年向契丹贡帛30万匹。逢年过节派使者呈上奏章，称耶律德光为“父皇”，自称“儿皇”。

石敬瑭在契丹的保护之下，前后当了7年的皇帝。石敬瑭死后，他的大儿子石重贵继了位，就是晋出帝。晋出帝向契丹国主上奏章时，只称孙儿，不称臣。耶律德光便以此为借口，多次领兵进犯中原。

946年，契丹攻下汴京，俘虏了晋出帝押往契丹，后晋灭亡，历时不足12年。

趣味小链接

契丹：即辽朝，是我国历史上由契丹族建立的朝代，共传九帝，二百一十八年。

蜀帝王衍无德

907年，蜀王王建在四川称帝，建立了“十国”中的第一个国家，史称“前蜀”。王建死后，他18岁的儿子王衍继位。

王衍当皇帝以后，精力不放在治理国家上，却用在如何变着花样吃喝玩乐上。

例如他修的专供游玩的楼台亭阁占地竟然有10里之遥。他让人制作了20个轮子的“流星辇”，马拉着它跑起来，轮子转动似流星一般。他还命令成百上千名宫女手举蜡烛立于岸边照明，水面被照得如同水晶宫。他甚至扮鬼把宫女给吓死了。

这边王衍整日寻欢作乐，唐兵那边已攻入蜀国，各州郡无力抵抗，守城官兵纷纷投降，仅两个多月，唐兵占领整个蜀国，包围了成都。王衍这时才匆忙逃回成都，组织兵力抵抗，早就来不及了。

王建的义子王宗弼领兵守城都，见大势已去，索性反戈一击，将王衍一家抓起来，杀了韩昭等人，打开城门投降。

925年，“十国”中第一个建立的蜀国，仅传了一代就宣告灭亡。

王衍投降做了俘虏，还幻想着唐帝李存勖能让他当个“安乐公”。可是，他和家人刚到洛阳，就被李存勖下令全都杀了。

王建：前蜀的开国皇帝。因救护唐僖宗有功，成为神策军将领。后任利州刺史，此后势力逐渐壮大。

李存勖：即后唐庄宗，五代时期后唐开国皇帝。他善于骑射，文武双全。

钱镠的警枕

钱镠是开创吴越国的国君。朱温即位不久，钱镠就派人到汴京祝贺，表示愿意称臣。朱温十分高兴，封他做吴越王。

当时，吴越是一个小国，常常受到北方比较强大的吴国的威胁。钱镠长期生活在混乱动荡的环境里，养成了保持警惕的习惯。

他夜晚睡觉，为了不让自己睡得太熟，用一段滚圆的木头做枕头，叫作“警枕”，倦了就斜靠着它休息；如果睡熟了，头从枕上滑下来，人也会惊醒。他在卧室放了一个盛着粉的盘子，夜晚想起什么事，就立刻起身记在粉盘上，免得白天忘记。

钱镠不但自己保持警惕，对将士也严格要求。一天晚上，巡逻的士兵在墙脚打起盹来，钱镠隔墙飞来几颗铜弹丸，把兵士惊醒，从此值更的士兵再也不敢打盹了。

又有一天夜里，钱镠穿了便服，打北门进城。城门已经关闭了。钱镠在城外高喊开门，管门的小吏不理他。钱镠说：“我是大王派出去办事的，现在急着要回城。”

小吏说：“夜深了，别说是大王派的人，就是大王亲自来，也不能开。”

钱镠在城外绕了半个圈子，打南门进了城。第二天，他把管北门的小吏找来，称赞他办事认真，并且给他一笔赏金。

钱镠依靠他的谨慎小心，一直保持着在吴越的统治地位。因为他在兴修水利方面做了好事，所以民间百姓称他“海龙王”。

吴越国维持了71年，这在五代十国中，算是最长的了。不能不说这与钱镠的统治措施有关。

吴越国：五代时期十国中的一国，由浙江临安人钱镠创建，以杭州为都城首府，占地13州1军86县，历3代5王，至978年纳土归宋，历时71年。唐末五代藩镇割据，钱镠采取保境安民战略，发展稳定。

周世宗勇于进取

契丹灭了后晋，撤出开封时，河东节度使刘知远顺应民心，在太原称帝，然后，他定都汴京，改国号为汉。他是后汉高祖。

刘知远的儿子汉隐帝即位，郭威发动兵变，951年，郭威登上了皇帝宝座，都城仍设在汴京，国号周，他是后周太祖。

周太祖病逝后，他的养子柴荣继位。柴荣即是周世宗。周世宗上台时候，无论内外形势都十分严峻。后汉刘知远的弟弟刘崇不服后周统治，占据太原，成立了一个独立的割据政权。史称北汉。

年轻的周世宗刚刚登基，刘崇认为灭周复汉的时机到了，就马上勾结辽兵，又一次发动进攻。周世宗十分清楚，这一仗胜了则可服众心，坐稳江山，败了则必失去众望，有亡国之危。于是，周世宗要亲自带兵出征。

周世宗领着大军迅速赶到了高平，速度之快，实在出乎刘崇所料。周世宗一马当先，带着身边的几十名亲兵向北汉大营杀去，兵士们见皇上亲自上阵，顿时来了精神，一个个奋勇向前，像换了支兵马一样。

宿卫将赵匡胤大声喊道："皇上都不怕死，咱们还怕什么!"说着，与禁军主将张永德各领2000亲兵冲进敌阵。北汉军被周军的勇猛气势所震住了，纷纷开始后退。周军将士则士气更振，争先恐后，全线出击。

后面的辽军看到北汉军失败，不敢再与周军交锋，就悄悄地撤走了。周军在后紧追，大获全胜，刘崇只带百余骑狼狈逃回晋阳，几乎全军覆没。

高平一战，使周世宗的威望大大提高。他不仅大败北汉，示威辽军，而且赏罚分明，震慑全军，充分展示了周世宗的英勇和胆识。这也实在是周世宗皇帝基业的一个良好的开端。就从这开始，后周政权才由乱而定，由弱变强。

高平之战以后，在治理国家的同时，周世宗南征北讨，扫平、收复了大片国土，正当他准备实现统一全国的愿望的时候，却病倒了。

959年，励精图治、勇于进取的周世宗带着遗憾去世了。但是他毕竟为统一全国开辟了一条宽敞的大道，敲响了分裂局面结束的丧钟。

周世宗是一位有作为的政治家，他的改革顺应当时的形势，对历史的发展起了重大作用，给后来的统一奠定了基础。

刘知远：后汉开国皇帝。统治期间，各地割据成势而朝廷难控，日益形成弊政，一时敛赋成灾。

郭威：后周太祖。出身平民，是一位历史上公认的清廉勤政的好皇帝。

少年趣味读历史

刘建华◎主编

北宋—元朝

九州出版社
JIUZHOUPRESS

前言

浩浩中华，泱泱大国，五千年风云变幻，八千里山河如故，江山代有才人出，各领风骚数百年。滚滚东逝水，浪花淘尽英雄，留下多少可歌可泣的不朽人物与真实故事，在历史的长河中如群星闪耀，演绎着我们绵延不绝的悠悠岁月，蕴含着丰富哲理与深邃智慧。

我们领略这些历史人物的风采，阅读这些历史故事的内涵，能使我们得到智慧的力量和开阔的视野，更能使我们正确地审视过去和展望未来。

历史是一面镜子，是客观存在的事实，真相只有一个，我们尊重历史就是尊重自己。然而，在记载历史或研究历史过程中，却往往随着人们的主观意识而变化和完善，甚至也有歪曲和捏造成分。

特别是近年来受影视、游戏等娱乐媒体的影响，历史被严重地戏说和娱乐化了，失去了历史本来的面貌。因此，我们必须还原历史真相，让我们广大少年儿童正确吸收历史精华，指导他们很好学习知识和健康成长。

英国诗人雪莱曾说：“历史，是刻在时间记忆上的一首回旋诗。”是的，历史往往会以惊人的相似度再次出现。如何从过往相似的历史事件中吸取经验教训？如何利用古人智慧处理现实生活？那就只有学习历史了。

正如唐太宗所说："以史为镜，可以知兴衰。"历史可以提供今人理解过去，并作为未来行事的参考依据。"以史为鉴""读史明智"都是强调历史的现实指导作用，对于个人、民族、人类都是非常有益的启示和帮助。

所以，历史是一个民族宝贵的精神财富，任何一个国家或民族都注重用自己历史教育和鼓励广大人民，特别是广大少年儿童。我们中华民族有着五千年悠久历史，是人类四大文明古国之一，具有无穷智慧与魅力，这是我们民族自立于世界民族之林的资本，也是我们民族得以凝聚并生生不息的命脉，我们更应该用灿烂的历史文化教育我们广大少年儿童，使他们更加珍惜历史，并不断创造辉煌的未来。

中国历史源远流长，千秋文化博大精深，是我们中华各族人民五千年来创造、传承下来的物质文明和精神文明的总和，其内容包罗万象，浩若星汉，具有很强文化纵深，蕴含丰富的历史宝藏。

为此，我们参考了大量历史资料，编撰了这套《少年趣味读历史》。本套作品按历史朝代划分，分为远古时期—东周、秦朝—东汉、三国魏蜀吴—两晋南北朝、隋唐—五代十国、北宋—元朝、明朝—清朝共六册，点面结合，非常系统全面。

本套作品站在历史高度，甄别史实，去伪存真，去粗存精，在保留历史真实情况下，采用富于启发性小故事来传达历史智慧和哲理，同时配有丰富的知识小版块和图文互动的精美图片等，尽量达到丰富、有趣，并十分注意故事性、可读性和知识性，所以易于广大少年儿童阅读和接受，以便产生共鸣和启迪。

目录

·北宋·

·南宋·

目录

北宋

960 — 1127

北宋是中国历史上继五代十国之后的朝代，传九位皇帝，享国167年。公元960年，后周诸将发动陈桥兵变，拥立赵匡胤为帝，建立宋朝，定都开封，称为东京。为了区别于王室赵构在靖康之难后在江南重建的宋政权，这一时期的宋朝被后世称之为“北宋”。

赵匡胤屡次立功

赵匡胤生于洛阳，出身于武官家庭。长大后的他毅然选择了精练武艺求取功名的道路。948年，22岁的赵匡胤离家出走。起初，他去投奔父亲的旧友防御使王彦超。但未被收留。后来，赵匡胤又去投奔随州刺史董宗本，却被其子轻视，遂离开了随州。

后来，赵匡胤找到后汉枢密史郭威，郭威见赵匡胤气度不凡，便将他留在军中。951年，郭威推翻后汉建立后周，赵匡胤有功，被提拔为禁军军官。954年，周世宗柴荣即位，赵匡胤又被封为禁卫军高级将官。

后周占领了南唐的滁州后不久，唐兵主帅李景达发兵攻周，赵匡胤率兵迎战。第一天，两军对战未分胜负。随后赵匡胤杀掉消极怠战的士兵警示全军。第二天再战，周兵以一当十，大败唐兵，最终平定南唐。

周军节节胜利，但是柴荣病重，只好撤军。赵匡胤随柴荣征战有功，被任命为殿前都点检掌管禁卫军，兼检校太傅，不久又增加归德军节度使一职，权力越来越大。

郭威：后周太祖，他出身平民，由普通士卒逐步成长为将领，最后当上了皇帝。他是一位历史上公认清廉勤政的好皇帝。

赵匡胤陈桥兵变

959年，后周周世宗病亡，周恭帝柴宗训年幼。这时的赵匡胤因为屡建战功不断被加封，他的权力越来越大。于是，他逐渐有了当皇帝的野心。

此时，赵匡胤得到率兵出征抵御契丹的命令，他立即调兵遣将，做出好像要去抵御大敌的样子。其实，赵匡胤此时早已做好其他部署。当兵马行至大梁城北的陈桥驿时，天色已晚，军队便在此驻扎下来。

夜里，赵匡胤的弟弟赵匡义和谋士赵普，派人在军中散

布皇帝年幼，征战沙场也得不到赏识的说法，鼓动大家拥立赵匡胤当皇帝。众人听后纷纷赞同。

黎明时分，赵匡义、赵普和诸将闯进赵匡胤卧室，高声请愿让赵匡胤当天子。众将士一边叫喊着，一边将早就准备好的龙袍强行披到赵匡胤身上。

赵匡胤黄袍加身后随即回城，逼迫皇帝柴宗训和符太后让位。改国号为宋，定都开封，称东京。史称赵匡胤为宋太祖。

柴宗训：后周末代皇帝，周世宗柴荣第四子。周世宗去世后，正式即位，沿用“显德”年号，年仅七岁，由符太后垂帘听政，由宰相范质、王溥等主持军国大事，重用殿前都点检赵匡胤。960 年，陈桥兵变后，禅位于赵匡胤，宣告后周灭亡。

赵匡胤杯酒释兵权

赵匡胤成为宋朝开国皇帝后，经常微服私访。赵普劝他小心朝中大臣生变，赵匡胤认为那些人是他的故交，不会背叛他。赵普则认为那些人或许很忠诚，但是他们的手下难保不会胁迫他们谋反。随后赵普建议赵匡胤最好把一切权力都捏在自己手里。

有一天，赵匡胤设了宴席，请来石守信、王审琦等结义兄弟。酒过三巡，赵匡胤说："我全靠你们帮助才能有今天啊！可这皇帝难做啊，我很久没睡过安稳觉了！"

石守信问道："陛下在忧虑什么呢？"

赵匡胤说："我知道你们忠心耿耿。可是，如果你们部

下把皇袍穿在你们身上，你们要怎么办呢？”石守信等人听完冷汗直流，明白了赵匡胤的意思。

赵匡胤说：“诸位不如当个地方官员，买些田产，过好后半辈子，如何？”

众人立即拜谢。第二天，这些将帅们一起上表称病，不能入朝。赵匡胤开心地将兵权全部收到自己手中，解了后顾之忧。

赵普：字则平，北宋初年宰相。《宋史·列传第十五》记载，赵普少年当小吏，对于学术方面知之甚少，当他当上了宰相，宋太宗常常劝他读书。到了晚年，赵普读书已到了“手不释卷”的程度。

宋太祖任贤用能

宋朝建立以后，内政逐渐安稳，到了需要“治世”的时候，赵匡胤非常重视知书达理、有学问的人。宋太祖设立了儒馆，请文人学士来培养人才，并下令增修最高学府国子监学舍，还经常派内侍官到国子监看望学生。

赵匡胤对科举制度也进行了一系列的改革，他规定不论出身都可以参加科举考试，并设立了复试和殿试制度，严查舞弊行为。并下诏：凡出身官宦世家的人参加科举考试，都

要经过中书复试。从975年起，赵匡胤开始亲自主持殿试。

赵匡胤对过去有旧怨的武臣也不打击报复。以前他曾去投靠王彦超、董宗本，王彦超将赵匡胤拒之门外，董宗本的儿子轻视他。赵匡胤不计前嫌，将王彦超任命为中书令。

后来，赵匡胤宣董宗本入朝，非但没治罪，还封赏他，使董宗本感激涕零。之后，董宗本在边境平叛战役中立了大功。

王彦超：为五代及北宋初年的著名将领。屡建战功，声名显赫。官至右金吾卫上将军，封邠国公。

董宗本：董宗本收留了前来投靠的赵匡胤，但是董宗本的儿子董遵诲嫉妒赵匡胤的才华，不断诋毁赵匡胤。赵匡胤只在随州待了半年就离开了。

宋太宗征北打天下

976年，赵匡胤病逝，谥号太祖。按照皇太后杜氏遗嘱和皇帝赵匡胤遗愿，皇弟赵匡义继位，即宋太宗。改年号为太平兴国元年。为了避其兄宋太祖名讳，他改名赵光义。赵光义继承了其兄遗志，准备一统中原。

978年5月，吴越国国王钱俶进京朝见新帝，想讨好宋朝，宋太宗竟把吴越王扣留在京城。占据泉州、漳州的陈洪进惧怕大宋势力，主动归顺于宋。随后，钱俶也把吴越所辖州县送给宋朝，至此宋朝统一南方。

在南方统一的第二年，太宗做好了北伐准备，将矛头对

准了北汉和辽。北汉主刘继元忙向辽朝求救。辽朝监军耶律敌烈轻敌，辽军战败于白马岭。宋军继而进攻太原，斩首了北汉大臣范超。接着，北汉守将郭万超秘密投降，北汉主刘继元被迫同意投降。

北汉被灭后，宋太宗带领宋军围绕燕云十六州，开启了北宋与辽之间接连不断的战火。

杜太后：宋太祖、太宗的母亲，常与太祖参决政事。宋太祖夺取帝位后六年，与赵普曾奉杜太后遗命订立“金匮之盟”，预定传位太宗。

杨业高梁河救驾

980年5月，宋太宗灭掉了北汉，之后采纳崔翰的意见，继续北伐。

宋军进攻幽州时，遇到耶律学古的顽强抵抗，一时难以取胜。宋太宗正在考虑对策，忽然得到辽朝宰相耶律沙率援兵已到高梁河的消息。宋太宗便决定先迎战援兵。

耶律沙装作败逃，诱宋军追击。随后辽将耶律斜轸和耶律休哥从宋军两翼包抄，宋军无力应对。如果不是大将辅超、呼延赞救驾及时，宋太宗险些死在辽军刀下。

宋军狼狈奔逃，天色渐暗，辽军依旧杀声不断。危急时

刻，多亏将军杨业押运粮草途经此地。杨业带领儿子杨延昭杀死了辽将兀环奴、兀里奚，逼退了辽军。

他的后代继承他的事业，在保卫宋朝边境的战争中都立了功。他们一家的英勇事迹受到传诵和赞美，民间流传的杨家将故事，就是根据他们的事迹发展起来的。

杨业：本名重贵，又名继业，山西太原人，北汉名将。北汉灭亡后，他投降了宋朝。杨业威名远扬，辽兵一看到“杨”字旗号，就吓得不敢交锋。因此，人们给杨业起了个外号，叫作“杨无敌”。

范仲淹实行新政

范仲淹，字希文。他不仅是军事家，还是宋代著名的政治家、文学家。他在担任谏官的时候，因为多次直言进谏得罪了太多人，故而被贬谪至南方做知州，在西夏战争爆发后又被调到陕西。

后因宋王朝腐败，导致财政告急，宋仁宗便召范仲淹回京担任参政知事。

范仲淹想循序渐进改正弊病，但是宋仁宗一再催促，他只好先提出了10条改革措施。

这些措施主要和考核官吏、减轻劳役、严格法令等

有关。宋仁宗看过后，立刻批准在全国推行。是为“庆历新政”。

新政推行后不久，贵族贪官立刻污蔑范仲淹交结朋党，推行新政是别有用心。范仲淹被逼无奈，主动要求回到陕西防守边境。随后宋仁宗碍于阻力，下令废止了新政。

范仲淹：北宋著名的政治家、思想家、军事家和文学家。他为政清廉，体恤民情，刚直不阿，力主改革，屡遭奸佞诬谤，数度被贬。1052 年病逝于徐州，终年 64 岁。

狄青征西夏

1038年，党项族在我国西北部建立了西夏政权，并在首领元昊的统领下，日渐强盛，不断侵犯北宋疆土。

宋朝因为军政腐败，屡吃败仗，前线需要派往大量援兵，连一部分宫廷卫兵也被派到前线。狄青就是在这时被派到延州担任指挥使，带领一支大约有五百人的军队。

从军西征后，狄青与那些畏敌避战的将士不同，每次作战他都身先士卒。他在延州四年，前后共参加战斗25次，其中有8次负伤，但是他依旧驰骋沙场。

有一次，陕西经略判官尹洙召见狄青谈论军事。狄青很

有见地，得到了尹洙好评。尹洙便向经略使韩琦、范仲淹推荐了狄青。

韩琦、范仲淹遂召见狄青询问战略，狄青对答如流，韩、范二人认为他是位难得的人才。范仲淹还送给狄青一部《左氏春秋》，让他认真学习，早日成为将才。

狄青深受感动，从此经常利用战争的间歇时间攻读兵书，悉心研究兵法，终于成为一位智勇双全的将领。

狄青出生在乡下一家普通的人家，16 岁的时候因替哥哥顶罪，面部被刺上了记号。后来他参了军，作战的时候怕别人看到他的疤痕小看自己，就戴上铜制的面具。他在战场上奋勇杀敌，立下了赫赫战功。

狄青平息叛乱

1052年，广源州部族首领侬智高叛命自立，称南天国。他率兵连续攻陷数州，甚至一度包围宋朝最重要的海外贸易港广州，使朝堂震惊。

刚刚升任枢密副使的狄青自请披甲出征。仁宗立即委派他为宣徽南院使，让他率军讨伐侬智高。

在狄青抵达前，宋将陈曙擅自率兵出击，结果战败。狄青听闻后震怒，到达后军法处置了战败的兵将。之后，狄青让兵马休息10日，让敌军误以为宋军不会很快进击。随后，狄青带领兵马连夜夺取了昆仑关。侬智高听说宋军攻来，只

好慌忙派兵迎战。

先锋孙节与敌军先遇，不敌，中枪殒命。将领孙沔、余靖率军赶到时，遥见孙节阵亡，大惊失色。这时，狄青指挥骑兵从两翼迅猛杀出，击退了敌军。

侬智高叛乱事件很快便平息了。宋仁宗晋升狄青为枢密使，掌管全国军事。

侬智高：北宋中期广西广源州壮族首领。在壮族历史上，侬智高是受壮族人民世代尊崇的英雄。

孙沔：进士出身，补赵州司理参军。为人性格豪放，不守士节，但是非常有才能。

王安石变法失败

王安石，字介甫，出身于一个地方官吏家庭里，他饱读诗书，政治思想十分活跃，他一直想将自己的学问用到正途上。

到京城后，王安石被任命为三司度支判官，替国家理财。他当时给宋仁宗呈上一份近万言的奏折，主张变法，却未引起重视。

1067年，赵顼继位，即宋神宗。宋神宗想要通过推行新法来重振朝纲。他任命王安石为翰林学士，并按照建议设置

了变法机构“制置三司条例司”，交由王安石管理。

1070年，宋神宗再任王安石为宰相。王安石开始全力进行变法改革。王安石变法的内容主要分为调控财政、整顿军备、加强治安和培养选拔人才几大项。新法变革收到了显著的效果，国家财政日渐转好。

但是新法触及了官僚地主的利益，变法开始遭到攻击。王安石先后两次被罢相，第二次罢相后再没有回朝。宋神宗逝世，高太后执政，反对派代表司马光上台，彻底废掉了新政。至此，王安石变法结束了。

趣味小链接

高太后：宋英宗皇后，宋神宗生母。实际执掌朝政九年，病死，终年62岁，葬于永裕陵，与神宗同处。

“六贼”乱政祸国

宋徽宗做了25年皇帝，昏庸无道。他非常宠信六个人，就是蔡京、王黼、童贯、梁师成、李彦和朱勔，他们做尽了坏事，被人们称为“六贼”。在徽宗的纵容下，六贼把朝廷搞得乌烟瘴气。

“六贼”提出了一个“丰享豫大”的口号，要把官府和宫廷环境搞得富丽堂皇，以满足徽宗奢靡的生活。为此，他们在多地设立“造作局”，派遣能工巧匠制造工艺品。不久，又设立了“应奉局”，从各地搜刮奇珍异宝，“应奉局”由朱勔主管。

朱勔规定每10只船编成一纲来运送花石珍宝，称为“花石纲”。“花石纲”没少为“六贼”赚钱，但是过分的奢靡使国库依旧入不敷出。

蔡京恢复了“榷茶法”和“钞盐法”，损害商人利益，哄抬盐、茶价格。他还设置了“西城括田所”，抢占百姓土地。“六贼”在百姓饥寒交迫的时候，却过着腐败奢靡的生活。

童贯：他是我国历史上掌控军权最大、获得爵位最高的宦官，第一位代表国家出使的宦官，是唯一一位被册封为王的宦官。

方腊为花石纲起义

睦州青溪出产各种花石竹木。当地有个叫方腊的人，平时靠家里漆园的出产度日。自从朱勔办了花石纲后，方腊家也遭到勒索。方腊恨透了那些官兵，又看到百姓日复一日被剥削，就决心起义。

1120年的一天，几百位农民聚集在方腊家漆园里。方腊打起杀朱勔的旗号，发动起义。方腊为起义军统帅，自称“圣公”。随后，青溪一带的百姓纷纷加入了起义军。

当地官员派兵镇压，均被起义军打败。起义军很快打

到了杭州，宋徽宗知道后立刻派童贯带领十五万官军去镇压起义。童贯到了苏州，立刻用宋徽宗的名义撤销了“应奉局”，将朱勔撤职，以此平复百姓情绪。接着，童贯继续加紧部署镇压起义的兵力。

童贯领军进攻，方腊退守至青溪帮源洞。不料，起义军中出了奸细，给不熟悉山路的官军引路。方腊被俘后，被押到东京，惨遭杀害。方腊起义虽然失败了，但是给予了北宋王朝统治一次沉重打击。

方腊：北宋末年农民起义领袖。他于 1120 年 10 月率众起义，建立了包括江苏、浙江、安徽、江西的六州 52 县在内的农民政权。

宋江在梁山起义

北宋初年，黄河决口，淹没了梁山附近很多田地，形成了一个方圆数百里的大湖泊，被称为梁山泊。附近的农民纷纷来到这里，靠打鱼、采蒲为生。

宋徽宗时官府强占土地，梁山泊被朝廷收归“国有”，农民到湖中打鱼、采蒲均要缴租纳税，且数额极高，遇荒年也不例外。于是很早就有人上了梁山，求一条生路。

在官府逼迫下，以宋江为首，36位农民首领齐聚在梁山上。他们以梁山之险，湖泊水路为掩护，建立了根据地。他们总能凭着对水路的熟悉穿梭诱敌，出奇制胜。他们还四处

出击，劫富济贫。

北宋朝廷派兵镇压。但是起义军一直保持少量人数流动作战。北宋军队被这种战术搞得疲惫不堪。结果起义军越战越勇，前来镇压的官兵产生了恐惧心理，生怕起义军从身后出现。梁山起义军就这样坚持战斗，后来声名远播。

《水浒传》根据梁山泊起义为雏形，塑造了108位起义英雄角色。艺术地反映了历史上宋江起义从发生、发展直至失败的全过程，揭示了起义的社会根源，歌颂了起义英雄的反抗，也揭示了起义失败的内在原因。

宋江被迫接受招安

宋徽宗不断听到宋军兵败的消息，十分烦闷。这时，大臣侯蒙向徽宗献计，让宋徽宗招安宋江，派他去攻打在江南起义的方腊。如果宋江取胜，就给他加官晋爵，对造反的事既往不咎。宋徽宗同意了。

1121年初，宋将张叔夜探到起义军已到海州境内，正准备船只物资的消息，就决定声东击西，拿下起义军。

夜里，一支宋军向起义军的物资船发起佯攻，随后装作败阵而逃的样子，让起义军追赶他们。这时另一只宋军赶

来，趁机点燃了起义军船只。在起义军赶回去救火时，大批早就埋伏好的宋军包围了他们。张叔夜宣读了徽宗招安的旨谕。

宋江为求生存，只好接受招安。在宋江降宋后，梁山泊的起义军仍然坚持斗争。到金朝南侵时，梁山泊仍是农民起义的根据地，并且还曾向女真贵族的军队发起过攻击。

趣味小链接

侯蒙：北宋官吏，曾任御史和户部尚书。大观四年，任尚书左丞。

张叔夜：北宋末将领。多次抗辽，身受数伤，因功升为南作坊使、昭州团练使。

南宋

1127 — 1279

北宋覆亡后，康王赵构在南京应天府称帝，建立南宋。南宋共传五世九帝，享国152年。南宋虽偏安于秦岭淮河以南，却是中国历史上经济、文化昌盛，对外开放程度较高的王朝。

宗泽誓死抗金

1127年，赵构在南京应天府即位，即宋高宗。他后来定都临安，史称南宋。宋高宗初期，女真部建立了少数民族政权，自称为“金”，长期与宋朝对抗。宰相李纲向宋高宗举荐宗泽抗金，随后宗泽被任命为开封府知府。

宗泽成为开封知府后，他联络各路起义军首领，说服他们共同抗金。他加固了开封城的防御，使开封城日渐安定。此时，宋高宗却逃到了扬州。

金兵首领派兀术领兵进攻开封，结果兀术的兵马被宗

泽领兵打得落荒而逃。宗泽指挥灵活，多次击退了来犯的金兵。宗泽认为依靠河北义军，是可以收复中原的，遂多次上书请高宗回开封，但是皆无回应。

后来宗泽年近七十，为不能收复中原焦急到背上毒疮发作而亡。宗泽去世后，宋朝派昏庸残暴的杜充做开封留守。没多久，中原地区又全都落在金军手里。

宗泽：字汝霖，汉族，宋朝名将。是北宋、南宋之交在抗金斗争中涌现出来的杰出政治家、军事家，我国历史上著名的民族英雄。

八字军奋起抗金

1128年，金军开始向南宋的江淮地区进攻，完颜晟还下令要捉拿赵构。黄河南北很多南宋的百姓都自发组织成起义军，抗击金军入侵，使金军遭受了很大阻碍。在众多起义军中，当属太行山的八字军最厉害，他们的首领叫王彦。

王彦领导的八字军纪律严明，作战勇猛。战士们脸上都刺有这样的八个字：“赤心报国，誓杀金贼。”所以金军很怕他们。有一次，金军首领要将领们去攻打八字军，活捉王彦。将领们都说自己做不到这件事。

金首领便另外派出一支精锐骑兵，想把八字军的粮草

切断。王彦听到消息后，立即带领起义军出发，把金军杀得大败。

八字军成功在太行山区拖住了金军南进的步伐。后来张所将军欣赏王彦，遂任命他做军队的前军统制。王彦就把太行山八字军的一些人带到四川和陕西地区，去和金军打仗。

趣味小链接

王彦：年轻时性格豪放，爱读兵书，后经宋徽宗亲试，任命为清河尉。金兵攻开封，王彦带兵讨伐金兵，被河北招抚使张所看中，破格提拔为都统制。

张浚：南宋宰相，名相张九龄之弟张九皋之后。

岳飞抗金报国

岳飞，字鹏举，出生在相州汤阴一个农民家庭中。1122年，岳飞投军成为一名敢死战士，还参加了重要的太原保卫战。

随后，岳飞回乡看望母亲。母亲鼓励他要为了乡亲们去前线抗击金兵。岳飞临行前，母亲在他背上刺下“尽忠报国”四个字。

1129年，金军举兵南侵。岳飞在被动的局面下孤军奋战，退守钟山，毙敌无数。金兵渡江后占据了建康，岳飞领兵继续战斗。

岳飞独自领兵后，在牛头山设伏，大破金兀术部队，收复了建康，迫使金兵北退。1134年，金与其设立的傀儡政权“伪齐”共同南下。岳飞主动请战，得准。

4月19日，岳飞第一次率军挥师北伐，从武昌渡江，进军郢州。岳家军一举攻下郢州，又乘势收复襄阳、邓州和唐州。

一年多后，岳飞率军收复了湖北北部和河南南部的大部分地区。这是南宋立国以来第一次取得局部反攻的胜利。

兀术：完颜阿骨打第四子，名将。是金地主战派代表，领导多次南侵战争，战功赫赫。

秦桧谗言害岳飞

1136年，岳飞第二次北伐，攻下了虢州。随后岳家军在唐州大败伪齐部队，直奔蔡州境内，岳飞筹划收复北宋故都。但是高宗却在这时下诏，不许岳飞率兵继续北进。

1137年，金地向南宋诱降，高宗立刻同意了与金地议和。并任命秦桧为右相，准备向金投降。1140年，兀术执政后，破坏议和，开始进攻南宋。宋高宗派岳飞统兵迎敌。宋、金在郾城展开了激战。

面对兀术带领的兵马，岳飞命令将士手持长斧上砍敌

兵，下斩马足，打乱了金兵阵势。兀术见势不妙拍马而逃，他一边逃，一边感叹道："撼山易，撼岳家军难！"

岳飞正乘胜追击，这时，高宗却在秦桧指使下，连下12道金牌，令岳飞撤兵。秦桧和高宗以"莫须有"的罪名，在风波亭杀害了岳飞父子和张宪。岳飞父子死后，岳家军没过多久就解散了。

秦桧：北宋末年任御史中丞，与宋徽宗、钦宗一起被金人俘获。南归后，任礼部尚书，两任宰相，前后执政 19 年。秦桧以"莫须有"的罪名杀死岳飞而遗臭万年。

韩世忠黄天荡大捷

1129年，大将兀术带领金兵大举向南宋袭来。金兵由建康府西南的马家渡过江后，遇到各路豪杰的抵抗。其中，韩世忠和夫人梁红玉共同率军抗金的故事非常有名。

韩世忠，字良臣。他18岁从军，屡建战功，曾受封武胜昭庆军节度使。他的夫人梁红玉，是个女中豪杰，通晓兵书武艺。

韩世忠听说金兀术北撤的消息以后，开始思索如何截击金兵。韩世忠想到一个办法：将自己的兵马分成三路，诱惑

金兀术从镇江撤退，然后调集自己的军队至镇江，给敌人以出其不意的阻击。

1130年元宵节，韩世忠得知金兵已到，亲自到秀州过节，一边悄悄让主力在镇江设下埋伏。

兀术果然中计，认为镇江此时没有韩世忠的兵马，决定从镇江撤退，结果被韩世忠的伏兵打得大败。随后又被梁红玉夫妻引至黄天荡这个断头港围困。

梁红玉：宋朝著名抗金女英雄。原籍安徽池州，生于江苏淮安。后结识韩世忠。梁红玉感其恩义，以身相许。韩赎其为妾。韩世忠的原配白氏死后，她成为韩世忠的正妻。

金兀术悬赏求出路

兀术无奈当中，派人到宋军中求和，说只要放金兵一条生路，多少财宝都乐意奉献。韩世忠听后冷笑一声，他对使者说："回去告诉你的主帅，放你们过去，只有两个条件：一是还我徽、钦二帝，二是还我中原疆土。否则，你们休想过江！"

兀术听说后很沮丧。他身边的谋士出了一个主意，用重金悬赏当地村民，没准能找到离开黄天荡的方法。兀术随后

派人带着财宝向附近村民求计。

村民中真有个卑鄙小人为了钱财向金兵献计：“黄天荡还有一条小岔河，日久淤塞。如果将淤泥挖开，就可以出去。”

兀术随即令士兵连夜开通那条旧河道。就这样，被困黄天荡48天后，金军逃之夭夭。韩世忠后悔莫及。

黄天荡一战，韩世忠狠狠打击了金军气焰，扭转了南宋颓势，意义非同寻常。

梁红玉史书中不见其名，只称梁氏。红玉是其战死后各类野史和话本中所取的名字。首见于明朝张四维所写传奇《双烈记》：“奴家梁氏，小字红玉。父亡母在，占籍教坊，东京人也。”

钟相、杨么起义

1130年，金兵攻占了潭州，四处掠夺。接着，有个战败的宋朝团练使孔彦舟，带着一批兵马又在潭州趁火打劫，催粮逼租。

钟相在金兵南下时，曾经组织过抗金民兵，没得到朝廷支持，就回家乡组织农民自卫。当孔彦舟作乱激起民愤时，钟相宣布起义。附近的农民纷纷加入起义军，钟相带领起义军占领了洞庭湖周围19个县。

南宋朝廷任命孔彦舟担任捉杀使，镇压起义军。孔彦舟

派奸细混进起义军中。随后孔彦舟发起进攻，与奸细里应外合，打败了起义军。钟相和其子钟子昂被杀。

钟相被害后，起义军推举杨么当首领。杨么原名杨太，因为他年纪轻，被百姓亲密地称为杨么。南宋王朝派程昌寓去镇压起义。程昌寓制造大批车船来攻打起义军，结果战败，车船落在起义军手里。

1133年4月，杨么拥立钟相的儿子钟子仪做太子，杨么自称“大圣天王”，在起义军占领的地方，宣布免除一切劳役赋税。

孔彦舟：金朝将领，字巨济，出身无赖，杀人为盗，史称“金龙虎卫上将军”。

起义军大胜王燮

南宋王朝把杨么起义军看作心腹大患，宋高宗又派王燮带兵六万进攻。王燮不敢再用大船，改用小船进攻。起义军用车船迎战，车船高有几丈，来往如飞。他们又在船身前后左右都装上了拍竿，拍竿上缚着一块块大石。官军的小船一接近，他们就摇动拍竿，发出大石，把敌船打沉。车船上还发出用硬木削尖的“木老鸦”，和弓箭一起发射，打得官军叫苦连天。

起义军还将车船上的旗帜枪械卸掉，装作被官军打败后的空船，接近王燮的水军，等他们上当接近后，瞬间把水军杀得落花流水。随后起义军整理好缴获来的官府告示和印章，装作接受招安送降书的样子拿给王燮看，把王燮气得不行。

后来南宋和刘豫的伪齐政权的“围剿”诱降，都没有使杨么屈服。直到1135年，宰相张浚亲自督战，才将杨么大寨攻破，杨么被俘后遭到杀害，起义最终走向了失败。

刘豫：南宋叛臣，金傀儡政权伪齐皇帝。北宋时历任殿中侍御使、河北提刑等职。金兵南下时弃官潜逃。

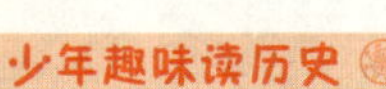

爱国诗人陆游

陆游，字务观，是南宋著名爱国诗人，也是我国历史上写诗最多并且诗篇流传下来最多的诗人。

陆游幼年时，正是北宋灭亡、南宋苟安的年代。金兵在江南烧杀掳掠，百姓苦不堪言。陆游从小就饱尝国破家亡的痛苦，于是他很早就在心里立下了报国之志。

陆游少年时勤奋有才华，文章常被师长称赞。陆游29岁时，参加举人考试。尽管秦桧曾暗示主考官，要让其孙子中举。但是主考官仍旧秉公办事，让陆游夺得桂冠。

第二年，陆游参加京城考试，主考官又想让他金榜题名。秦桧知道后很生气，让主考官取消陆游考试资格。直到秦桧死后，陆游才步入仕途，担任枢密院编修官。

陆游支持北伐抗金，不断向朝廷上书。这时正值北伐主将张浚战败，他被主和派大肆攻击。皇帝昏庸，随即将主将张浚排挤出朝廷，使陆游罢官。

张浚：南宋名相、抗金名将、民族英雄、学者，西汉留侯张良的后人。1164 年，张浚病逝，享年 68 岁，谥号“忠献”。著有《紫岩易传》等。

陆游壮志未酬

陆游虽然辞去了官职，但他的才能和政治见解，得到了人们的肯定。多年后，统领川陕的将领王炎仰慕陆游才华，请他来汉中做自己的幕僚。此时汉中是抗金前线，陆游想参加抗金斗争，就高兴地接受任命。

陆游到汉中上任后，为了解当地军事情况，常常骑马去观察被金人占领的地区。他看到老百姓生活艰辛，战士们拼死抵抗。这些情景使他对收复失地充满希望。

陆游在调查研究后，制定出一个作战计划：要恢复中原，首先应该收复长安，以汉口为基地屯粮练兵，做好进攻

准备。但是朝廷不想北伐，陆游的计划落空了。

随后，陆游被调到成都，做安抚使范成大的参议官。范成大是陆游的朋友，所以陆游在这里常常喝酒写诗，抒发自己的爱国感情。有人说他不讲礼法，颓废放荡。陆游并不辩解，还给自己起别号为“放翁”，取不拘小节、豪放的意思。后来，人们就称他为陆放翁。

1210年，陆游死于山阴。死前他还惦念着国家统一。他一生写诗60年，其中表现抗金报国的作品，最能反映那个时代的精神。他的诗风格豪放，气魄雄浑，近似李白，故有“小太白”之称。

误国殃民的贾似道

贾似道，浙江台州人，南宋末年误国权奸。因为贾似道的姐姐成了宋理宗宠妃，他也当上了“国舅”，官运亨通。

1259年7月，蒙军将领忽必烈领兵围困鄂州。宋理宗赶忙命令各路宋军援救鄂州，让贾似道到汉阳督战。贾似道畏战，私下派人向蒙军求和，忽必烈不允。后来蒙古内部开始争夺汗位，忽必烈就答应了求和，要贾似道每年向蒙古送银20万两，绢20万匹。

第二年，鄂州解困。贾似道隐瞒了私自求订约的事。

1206年，忽必烈派使者要求贾似道履行协议，贾似道却让人扣下来使。忽必烈忙于平息内讧，竟然放过了他。

宋理宗逝世后，贾似道拥立赵禥登基，即宋度宗。宋度宗昏庸，朝政全部把持在贾似道手中。宋度宗还称他为“师臣”，拜魏国公，平时还派人将文书送至贾公馆请示。此时贾似道已经和皇帝没什么两样。

吕文焕：南宋末代将领，度宗咸淳初，知襄阳府兼京西安抚副使。1267 年，蒙古将领阿术、刘整等围攻襄阳城，吕文焕坚守六年。

文天祥起兵抗元

文天祥出生在1236年，他少年时，正值蒙古大规模入侵南宋。文天祥常常思考怎样才能够使国家摆脱战乱，他渴望自己日后能够杀敌立功，保家卫国。

1274年，宋度宗病死，4岁的赵显继位，是为宋恭宗。忽必烈决定趁机伐宋。

蒙军从襄阳沿汉水而下，直取临安。南宋军队原本能够和蒙军对抗，结果，由于朝廷根本没有认真备战，元军不久后就包围了临安。

宋恭宗的祖母太皇太后下了一道“哀痛诏”，命令各路

兵马救驾。然而，最后只有文天祥和张世杰两人响应。

文天祥接到“哀痛诏”后，变卖家产，在赣南招募到一万多人后赶往临安。文天祥带兵来到临安，请兵抗元作战，得准。但由于兵力悬殊，未胜，只得返回临安。

1276年3月，伯颜带兵进入临安，谢太后、恭宗等人被俘，押送北方。统治三百年之久的赵宋王朝宣告灭亡。

赵显：宋度宗因酒色过度而死，4岁的赵显在奸臣贾似道的扶持下登基，年号德祐。由祖母谢太皇太后、母亲全太后垂帘听政。

文天祥被捕

宋恭宗的哥哥赵昰有幸被人保护逃出临安，到了福州。大臣陆秀夫等人拥立赵昰为皇帝，建立起一个流亡小朝廷。赵昰被称为宋端宗。

文天祥在押送部队经过镇江时，乘元兵不备，连夜逃跑。他听说宋端宗在福州称帝后，赶忙奔往福州。

文天祥被流亡小朝廷任命为右丞相兼枢密使。他四处联络组织义军，寻找北上抗元的时机。

文天祥没有失去收复领土的信心，带领着抗元队伍坚持奋战。许多忍受不了压迫的人都加入了抗元队伍。元朝首领

开始派军队围剿文天祥。

1278年，文天祥不幸被俘。他被押到大都，投入监牢。度过了3年阶下囚的生活。这期间，元朝统治者搬来宋朝降臣劝文天祥投降，又强迫他写信劝张世杰投降，都被文天祥拒绝了。1283年，文天祥在拒绝了元太祖忽必烈的亲自劝降后，被元兵处死。

《正气歌》是文天祥在狱中写的一首五言古诗。全诗感情深沉、气壮山河、直抒胸臆、毫无雕饰，充分体现了作者崇高的民族气节和强烈的爱国主义精神。

张世杰死守崖山

在元朝军队向福州大举进攻的时候，陆秀夫、张世杰护卫着端宗赵昰和他弟弟赵昺，沿着海岸向南逃到了广东。宋端宗不久后在广东砜州因病去世。陆秀夫和张世杰又拥立赵昺做皇帝，继续进行抗元斗争。

赵昺任命陆秀夫为左丞相，张世杰为枢密副使，专门掌管军事。元军打到广东，张世杰等人带着赵昺来到新会崖山，他们在这里建立根据地，开始同元朝对抗。

不久后，元将张弘范率兵打到崖山，封锁海口，切断宋军水源供应。宋军最后只能喝海水，不少人病倒了。张世杰

带兵去攻打新会，想夺回海口，最终没能成功。

1279年2月，张弘范猛攻崖山，张世杰战败以后，便和陆秀夫等人保护着赵昺和杨太妃等人乘船撤退。元军派船追到了他们，陆秀夫不愿被俘，于是背起赵昺，跳进了大海中。张世杰等人坐的船遇上了飓风，沉入了海中。南宋王朝至此彻底灭亡。

陆秀夫：宋末政治家，南宋抗元名臣。和文天祥、张世杰并称为“宋末三杰”。

赵昺：南宋最后一位皇帝，庙号怀宗，谥号恭文宁武哀孝皇帝，在位两年，享年8岁。

元朝

1206 — 1368

元朝是中国历史上首次由少数民族建立的大一统王朝。1206年，成吉思汗统一蒙古各部，建立大蒙古国。1271年，忽必烈取《易经》“大哉乾元”之意改国号为“大元”，次年定都大都，就是后来的北京。元朝共传五世十一帝。

蒙古军三次西征

1206年，成吉思汗被推举为蒙古大汗，他开始统一蒙古各部。

1219年秋天，成吉思汗率领20万大军进攻花剌子模国。察合台与窝阔台很快攻下讹答剌城，蒙古军队大败钦察和斡罗思联军。1225年，蒙古军第一次西征结束。

成吉思汗留下将军术赤和原来的统治者共同治理。当地百姓受到双重压迫，生活十分困苦。马合木带领大家起义，术赤请求窝阔台汗第二次西征。

1235年，蒙古军队很快平定了马合木起义，并征服了整

个斡罗思。随后侵入孛烈儿，战事震动了整个欧洲。1243年，将军拔都在这里建立政权。

1252年，蒙古军为了扩大领土，发动第三次西征。这次西征带去了新发明的火炮，战斗力十分强大。蒙古军一直侵入叙利亚和埃及一带，却被埃及军队打败，被迫结束西征。

“铁木真”一名源于成吉思汗出生时的一场战役。乞颜部落打败蒙古族塔塔尔部落之后，成吉思汗的父亲也速该杀了他们的首领铁木真·兀格。

按当时蒙古人信仰，在抓到敌对部落勇士时，如果有婴儿出生，该名勇士的勇气就会转移到这个婴儿身上。于是，为自己刚出生的儿子取名为铁木真。

成吉思汗攻打西夏

成吉思汗西征时要求西夏派兵，可是西夏却与金联盟，一起与蒙古作对。所以，西征结束后，成吉思汗便率军进攻西夏。

蒙古军队包围了西夏都城，6月的时候，西夏都城发生了强烈地震，粮食短缺，瘟疫流行。西夏首领不得不向成吉思汗投降。但是，西夏首领说：“为了准备贡品和安置灾民，请给我一个月时间。”

就在西夏投降后，成吉思汗病倒了。他担心西夏知道自己死后，就会不投降，便命将领们封锁消息，并等到西夏首领来朝拜时，将他们全部杀掉。

1227年8月，成吉思汗病死，终年66岁。为了保密，蒙古军沿路见人就杀，许多无辜百姓送命。西夏首领来朝拜时，也被杀害。

成吉思汗是蒙古族伟大的民族英雄，他使蒙古人民摆脱了金政权的奴役，并统一了蒙古。

成吉思汗陵：坐落在内蒙鄂尔多斯伊金霍洛旗甘德利草原上。蒙古族盛行“密葬”，所以真正的成吉思汗陵在何处始终是个谜。后来的成吉思汗陵是一座衣冠冢，那里绿草如茵，一派草原特有的壮丽景色。

木华黎经略中原

在建立蒙古地方政权的功臣中，木华黎与博尔术、博尔忽、赤老温并称为“四杰”。木华黎是蒙古地方政权的杰出统帅和谋臣，是能够为成吉思汗带来重大影响的人物之一。

木华黎挥师南下的时候，从蒙古军中抽出一部分人，加上汪古族的军队，另行编组了探马赤军充当前锋。木华黎控制着燕京、西京及其以北地区，同时向河北、山东及山西发动进攻。

占领这些地区后，他采取“招集豪杰，勘定未下城邑”

的做法：归降的汉族武装首领，一概继续管辖原有地盘；原来金地的官员与将领维持原职或授予更高的职位；平民按照势力的大小授予职位。

在1217年以后的军事行动中，木华黎改变了蒙古军队以往屠杀与抢掠的做法，逐渐恢复农业生产，并大力收附汉族武装势力。

探马赤军：元初成吉思汗攻打金时，以蒙古所属色目诸部族组成的军队。包括粟特人、吐蕃人、中亚突厥语人、波斯人、党项人、中亚契丹人等。

木华黎攻打金兵

1218年，蒙古大军攻下太原，越来越多的汉人地主武装首领投奔木华黎。其中，燕南张柔和山东严实等人的归附，都对当时的局势产生了重大影响。

平阳失守之后，金地方政权在黄河以北的地区不能再建立统一的军政机构。因此，金地首领敕封九个地方首领为“公”，兼任宣抚使，以此保护自己的政权。

1221年夏天，蒙古大军已经攻下黄河以北的绝大部分地区。秋冬之际，木华黎向秦陇进兵。第二年，进占河中地区，修建行台。接着攻下蒲城、长安、凤翔，但是最终没有

取得成功。

1223年，木华黎率军回到闻喜县，病重身亡。他在临死前说："我东征西讨四十年，没有什么遗憾，只恨汴京没有攻下！"

木华黎去世之后，他的儿子孛鲁重整政治、军事及相关要务，并继承父亲未完成的宏图事业。

孛鲁：通数种语言，善骑射。在木华黎去世后，继任掌管经略中原事务，屡立战功。谥号"忠定"。

拖雷暴死疑案

成吉思汗去世后，1229年9月，窝阔台即位大汗。窝阔台让大将军速不台攻打汴梁。可是，整整三个月都没成功。

窝阔台带领拖雷来到汴梁城，金首领完颜守绪弃城而逃。

这天夜里，窝阔台忽然得了重病。蒙古大军只好就地安营扎寨。半个月后，窝阔台病情仍然不见好转，窝阔台认为自己是中魔了，便找来一位巫师驱魔。

一天夜里，拖雷巡视完毕，两个士兵找到他说："将军，大汗与您有急事相商。"

拖雷来到大汗寝帐前面，巫师站在寝帐门口，手里托着

半个酒瓶，还念念有词。拖雷没有在意，便径直走进寝帐。

不一会儿，拖雷从帐篷里走了出来，他竟然脸色惨绿，呼吸粗重，双眼发直，走路也摇摇晃晃的了。

拖雷回到营帐之后，睡得异常深沉，直至第四天的清晨，拖雷忽然醒来，痛苦地大叫几声后，便口喷鲜血而亡。

拖雷去世之后，巫师便神秘失踪了。随后，窝阔台也恢复了健康。

金哀宗完颜守绪：金政权第九位皇帝。原名守礼，女真名宁甲速，金宣宗第三子，母亲是明惠皇后王氏。金哀宗在位 10 年，国破后自缢而死，终年 37 岁。

蒙哥汗攻打合州

平定大理地方政权之后，蒙古军队积极准备攻打南宋。蒙哥汗召开最高军事会议，商议怎样伐宋。

蒙哥汗一共制定了三条进军路线，第一路是从大理地区自南向北攻打。第二路东下直抵江淮地区。蒙哥汗亲率第三路军转过关中，杀进四川，顺着江流而下，与一、二路军会师，直捣南宋京城临安。

蒙哥汗很快便打到合州城下。合州守军王坚治军严谨，一次次击退蒙军。王坚见敌人架长梯登上来了，便下令

泼水。

数十名宋军提着木桶来到垛口，将滚烫的开水向攀城的蒙古兵当头泼去。蒙古兵被烫得纷纷抱头鼠窜，场面非常混乱。

然后，蒙古兵用硬牛皮甲顶在头部，以防开水。谁知宋军这次改投滚木雷石，又砸死许多蒙古兵。

蒙哥汗见此刻军无斗志，只好暂且收兵。至此，双方形成对峙形势。

蒙哥汗：拖雷长子。蒙哥即位之后，致力于攻灭南宋及大理等地方政权，并派遣部将旭烈兀西征西亚各国。1259 年，进攻四川的时候伤重不治。元世祖忽必烈追尊他为宪宗。

蒙哥汗合州遇飞矢

整个四川都拿下来了，小小的一个合州竟然如此难攻，看来大宋朝廷确实有能人。蒙哥汗思索半晌，忽然想到南宋投降来的将军晋国宝，蒙哥汗派他劝降王坚。

第二天，晋国宝被王坚杀了，将蒙古使者两只耳朵割掉。蒙哥汗得知后拍案而起，咆哮道："王坚，本汗誓要踏平合州城！"

蒙古大军即日发动强攻。但是无论怎样拼命攻打，合州宛若泰山，纹丝不动。在王坚的指挥下，使超过宋军兵力20倍的无敌蒙古军整整六个月未能前进半步。

蒙哥汗亲自攻城。王坚在城头见一群扈从围着个光膀子的男人，指挥兵卒反扑。他料想此人就是蒙古大汗蒙哥。于是命令开城出战，打算生擒蒙哥。

宋军冲杀的时候，不知从哪儿飞来块石头，正巧砸在蒙哥汗的脑袋上，他当即摔落马下，第二天就因为伤势过重而死。

王坚：邓州（今河南邓州）人，南宋抗蒙名将、民族英雄。在这次战役后，功封宁远军节度使。后来遭到贾似道排斥，景定四年三月，改任和州知州兼管内安使。景定五年三月，郁愤而卒，谥“忠壮”。

海都的夺权野心

海都是元太宗窝阔台的孙子，窝阔台即大汗位时，全体宗王曾经立下誓言：“只要是从窝阔台大汗子孙中出来的，哪怕是一块臭肉，我们也要接受他为汗。”

在即位的忽里台大会上，诸王也有类似宣誓。因此，蒙哥即位时，海都认定拖雷后人做大汗是非法的，便萌生了反叛之心。

海都被封海押立之后，一直在积聚实力。蒙哥汗死后，海都支持阿里不哥与忽必烈争夺汗位，最后以失败告终。但

是海都希望大汗之位属于窝阔台后代，便暗中联合钦察汗国，图谋与忽必烈争夺大汗宝座。

海都的策略一是拉拢窝阔台系各自为政的诸王，建立以自己为首的统一的窝阔台系政治势力；二是结交术赤系后王，引钦察汗政权，作为暗中的支持力量。

然而，当时蒙古政权政令统一，客观环境限制了海都的行动。但是，忽必烈与阿里不哥兄弟争夺大汗之位的战争，从某种程度上帮助海都实现了反叛图谋。

海押立：伊犁与哈萨克塔尔迪库尔干一带，自汉朝时期便有记载，西辽疆域包含在其中。元朝时，是蒙古帝国四大汗国之一，属于窝阔台之孙海都的封地。

海都之乱

1268年，海都、八剌和钦察汗国君王在塔拉斯河会盟，公开反对忽必烈和伊尔汗政权，并商议以海都为盟主。

1271年，忽必烈命北平王那木罕建立府署。1273年，那木罕趁察合台汗聂古伯与海都不和之际，发兵征讨。聂古伯死后，先后即位的两位大汗，都是由海都辅佐册立。

1275年，诸王禾忽切断了元朝通向巴达黑伤山地的驿路。笃哇和不思麻率兵围攻别失八里城，针对海都与笃哇东进的形势，元廷派成吉思汗的孙子昔班出使海都，告诉对方撤兵。海都被昔班说动之后退军。

之后的几年，双方不断交战，元军一度进攻至谦河与兀速水一带。这时叛军已经失去继续作战的能力。

后来，宗王之间发生了内讧，昔里吉和撒里蛮互相攻杀。1282年，他们先后奔赴朝廷谢罪，长达七年的昔里吉之乱宣告结束。海都的势力越来越小。

伯颜：元朝初年名臣。智略过人，深明大义，用兵筹谋，出神入化。在带兵、用兵、治军方面都有值得兵家称道之处，又擅长做诗文，今无作品传世。

平定海都之乱

1282年，昔里吉之乱平定，元廷改封北平王那木罕为北安王。那木罕东归以后，主要驻扎在岭北。

岭北局势渐趋平静，但是岭西地区却又酝酿起了一场新的战争。元朝廷不断向别失八里增兵，力图收复天山南路诸城，海都也逐步改变了恪守多年的拥兵观望立场。

1286年，海都亲自率领主力军由阿力麻里向东进攻，在马纳思河与元军交战，并击溃元军，一直掩杀至哈密。

当时，畏兀儿亦都护火赤哈儿屯驻在哈密，火赤哈儿战死之后，亦都护转移到甘肃行省永昌，海都不久之后也退兵了。元军重兵戍守畏兀儿，斡端也回到元朝控制下。

1288年，西线海都军东进打败岭北的元军。次年，元世祖以七十四岁高龄亲征，海都几次战败，直至1301年海都死于退军途中。

一直到1306年，海都之子察八儿率部归顺，西北诸王的叛乱才最终平定。

趣味小链接

畏兀儿：是蒙古政权对高昌回鹘部落的称呼。古代回鹘人的直接后裔，主要是现代的裕固族等民族。其他古代回鹘人被分别融合进现代的回族、维吾尔族、蒙古族以及汉族等民族。

忽必烈重掌兵权

1252年6月，忽必烈率军南征大理，蒙古铁骑由北向南，不到半年时间就从甘肃经青海与四川，最后到达云南。先后越过大流河、大雪山及金沙江等险绝的地区，完成了中国古代军事史上，罕见的万里远征创举。

这时，忽必烈的威望越来越大，很多人纷纷投入他的麾下。但是，忽必烈采用汉法治理中原的举动，却损害了蒙古贵族和西域商人的利益。

他的声望也影响了蒙哥汗的威信和皇权。再加上一些心

怀不轨的人从中挑拨，蒙哥汗对忽必烈产生了猜忌。蒙哥汗下令解除了忽必烈的兵权，并派人调查他，形势十分危急。

关键时刻，忽必烈接受了翰林学士姚枢的建议：避免正面抗争，将妻子和儿子送作人质，表明自己并无异心，还亲自去向蒙哥汗当面解释。最终，蒙哥汗消除了疑虑，兄弟和好如初，忽必烈重新掌握了兵权。

姚枢：金末元初政治家、理学家。少时学习勤奋，蒙古军破许州城时，姚枢到燕京投靠杨惟中，被引荐给窝阔台汗。忽必烈即位后，姚枢参与商议朝政，参订一系列制度，官至翰林学士承旨。

忽必烈夺得汗位

1258年，蒙古大军兵分三路全面征伐南宋。忽必烈在围攻鄂州时得知蒙哥汗死讯，同时又听说弟弟阿里不哥正准备继承汗位，便要回军争夺大汗宝座。

这时，南宋宰相贾似道正好请求割地赔款求和，忽必烈顺水推舟，订下和约之后，迅速率军北返。

1260年3月，忽必烈于开平在王公大臣的拥护下，抢先登上大汗之位。随后，阿里不哥在另一些王公大臣的拥戴下，也宣布继承蒙哥汗的汗位。

这样一来，只有依靠武力来决定正统位置了。经过四年的内战，阿里不哥率领残部投降。

忽必烈由于掌握了中原地区的人力、物力和财力，得到了汉族地主阶级的大力支持，而获得了全胜，因此也奠定了元朝建立和巩固的基础。

贾似道：南宋晚期权相。德佑元年，贾似道精兵13万出师应战元军，大败，乘单舸逃奔扬州。后来，被贬为高州团练副使，循州安置。行至漳州木棉庵时，被监押使臣会稽县尉郑虎臣所杀。

忽必烈远征大理

蒙古军认为：要想征服南宋，最好的办法就是南北同时夹击。所以，必须首先征服大理地区。于是，忽必烈率领军队从甘肃进入西藏，分兵三路扑向大理。

大理的段兴智是个不中用的首领，他没有主见，朝中政权被高祥与高和两兄弟掌握着，他急忙找这两人，商量抵挡元军的对策。高氏兄弟不以为然，说："蒙古军不过是一群乌合之众，一切交给我们了。"

1253年农历十二月，忽必烈至大理城下。高祥自任军帅，派弟弟高和迎战忽必烈，没曾想蒙古兵将勇悍无比，

仅仅半天时间，高和便被斩杀，大理的军队退潮似的败下阵来。

高祥抱着脑袋趁着混乱，惊惶失措地逃往姚州。最后，高祥在离姚州200里地的一个小树林被蒙古将士抓住。高祥被押回大理的第二天，便遭受酷刑而死。

段兴智写下降书顺表，上呈蒙哥汗。至此，大理地方政权被蒙古地方政权彻底征服。

段兴智：大理地方政权的末代皇帝，在位三年。他后来投效蒙古统治者，又担任了七年大理总管。段兴智去世之后，被授予谥号“向义天定贤王”。

元日战争

1260年，高丽元宗向元称臣，高丽成为元朝廷的东方藩国。1264年忽必烈定鼎燕京，建立元朝，定都大都。数年之间，忽必烈多次派遣使者奔赴日本，希望与日本交好，但是始终没有达成共识。

忽必烈早在1268年就想发动战争，但是当时朝鲜半岛没有足够的财力，也无法提供充足的兵力。元军无法在几乎寸草不生的地方活动，只能推迟征战日本。

1273年，出使日本的国信使赵良弼无功而返，宣告与日

本通好失败。这一次，忽必烈准备以武力敲开日本的国门，并开始为征日战争进行充分部署，以免有后顾之忧。

1273年4月，忽必烈趁着耽罗岛林衍起事反对高丽王统治之机，调遣元军率军攻入耽罗岛。元军镇压林衍之后，在耽罗岛设置招讨司，驻扎镇边军1700人，从而控制了日本与南宋间的海上通道。

趣味小链接

忽必烈（1215—1294），原名元世祖孛儿只斤·忽必烈，蒙古族，元朝开国皇帝，政治家、军事家。1271年建国号为大元，确定以大都为首都，1279年完成了全国的大统一。

第一次征日失败

1274年正月，忽必烈命令建造900艘军舰。完工之后，授命由蒙、汉、高丽三族军队组成征日联军。联军核心是蒙古族部队，其军纪森严，骁勇善战，战斗力强。

元军的战术比日本先进，据日本史书记载：战斗的时候，战马惊恐不安，跳跃打转，当武士拨转马头冲向敌人的时候，已经被敌人射中。

日本弓箭涂有毒液，一旦被射伤就会中毒，长柄矛也可以刺进铠甲缝隙。高丽军将领金方庆建议："虽然我军的人马较少，但是既然已经进入敌境，就背水一战吧。"

但是，元军统帅祁都否决了他的意见。认为“弱小的军队如果一直硬拼，势必会被敌人所俘虏，不如先退兵再伺机而动。”

于是祁都决定，全军撤退到船上，次日班师回朝。然而，就在当天夜里，突降大风暴雨，元军不熟悉博多湾的地形，很多的船只触礁沉没。

趣味小链接

日本人认为这场台风是上天挽救了日本，于是顶礼膜拜谓之“神风”。这便是第二次世界大战时期，日军“神风突击队”名称的由来。

第二次征日失败

1279年，南宋灭亡，元政权统一了中国。南宋降将范文虎奏请以个人名义写信给日本政府，请求通好。但是，范文虎的使者周福却在日本被杀。

忽必烈要求通好的努力毫无结果，迫使他下定了征服日本的决心。正值6月盛夏，长期的船上生活和战斗，使蔬菜和饮水供应困难，疫病不断发生，病死者多达三千余人，元军处境十分不妙。

在苦苦坚持后，两路元军终于顺利会师，军势大振，打算立即进攻大宰府。但是由于观察到了台风的前兆，所以迟

迟没有发兵。

元军两路统帅均没有航海常识，见到台风前兆不知道如何躲避，便在海上迟疑了一天，最终导致两路大军全军覆没。第二次元日战争和第一次一样，也因为遭遇台风而失败。

北条时宗：日本历史上杰出的抗元爱国英雄。蒙古征日以后，日本内政、外交两方面的主导权都从京都的朝廷转移到了镰仓幕府手中。从此，作为军政组织的“幕府”演变成更具全国性色彩的国家组织。

第三次征日失败

元世祖的两次征日军事行动均未取得任何成果，心中极为震怒。他不顾臣下的劝阻，独断专行地进行第三次征日。鉴于两次征日行动中均毁于台风，忽必烈便下令制造坚固耐受风雨的大船舰。

大规模的造船，导致山林被砍伐过度，民工服役，丧失农时，民不聊生。有些不堪压迫者逃至山林，起义反抗。忽必烈被迫下令缓造征日之船，所拘民船也全部返回。

在造船的同时，忽必烈开始训练海军和培训水手。忽必

烈在招募士兵之外，还下令赦免重囚与死囚，充军出征。

与此同时，还令高丽王储粮以备征日，令江淮各地运粮百万石储蓄在高丽合浦，以做征日军粮。

忽必烈在备战的基础上，数年之间一再下令征日，但是大臣劝阻与人民起义，使征日之举未能实现。直至1294年正月，元世祖忽必烈去世，征日计划就此束之高阁。

蒙古人拙于理财，蒙古帝国的财政时常捉襟见肘。而日本在过去数百年来一直是世界上最大的白银产地和出口国，这个富裕的岛国在急需硬通货的蒙古贵族眼里无疑是块肥肉。

刘整向蒙古军献计

刘整是南宋名将，有勇有谋，作战勇敢，打了很多场胜仗。当时，南宋的宰相是贾似道，他打击朝中主张抗击蒙古的大臣，将抗击蒙古的名将向士璧与曹世雄相继害死。

刘整眼看着自己也将性命不保，就率领部下投降了蒙古。为了表示自己的忠诚，刘整献出了一条灭亡南宋的妙计。襄阳是南宋的门户，攻占襄阳后，顺着汉水进入长江，往下直捣南宋京城临安。忽必烈听完非常高兴，就采纳了刘整的计策。

襄樊是襄阳和樊城的合称。襄阳在汉水南边，守将是吕文焕。樊城在汉水北边，由范天顺把守，襄樊城里粮食充足，兵多将广，城墙也十分坚固，易守难攻。

次年，忽必烈派兵攻打襄樊。但是一到雨季，汉水就会涨水，襄樊周围被水包围，蒙古大军不得不停止进攻步伐，就这样打打停停，一直持续了五年。

刘整：宋末元初著名将领，元朝水军的创始人之一。刘整本为宋朝名将，由于受到吕文德的陷害，被迫降元，官至骠骑卫上将军、行中书左丞，龙虎卫上将军、中书右丞，谥号“武敏”。

张贵张顺支援襄樊

1272年，已经被围了很多年的城池，囤积的盐、布及粮食等物资都用完了。驻扎郢州的南宋名将李庭芝，听说清水河能够直通汉水，到达襄阳，便命令工匠修造了100艘小船，装满粮食和盐等东西，派遣张顺和张贵支援襄阳。

一天夜晚，张顺和张贵带着100艘小船，向着襄阳城冲去。张家兄弟沿途斩断许多铁链，拔掉许多木桩，从元军的包围之中冲了过去。几天之后，人们看见张顺的尸体浮在江中，他身中六箭，四处刀伤。

张贵等人的支援，大大增强了襄樊士兵的士气，张贵建议联络郢州宋兵来夹击元军。范文虎答应派五千人马来夹攻元军，并约定好了进攻的时间。

于是，在一个夜晚，张贵带着大军从城里杀出，向着元军猛攻。可是范文虎不敢打仗，竟然带着军队逃跑了。元军便开始专门进攻张贵，张贵寡不敌众，被元军捉住并杀害。

李庭芝：南宋名将。淳祐元年中进士。宝祐年间，任职知真州，两淮安抚制置大使兼知扬州。后来，以太子少保、左丞相的职务召回朝廷，随从姜才一起转战泰州。德祐二年突围失败，被执殉难。

蒙古攻破襄樊

襄樊总是攻不下来，一个名叫阿里海牙的将领向忽必烈建议："襄阳和樊城就像牛的两只角一样，它们互相支援，所以老也攻不下来。不如先攻樊城，攻下之后再进攻襄阳。"

忽必烈听到此计十分有理，就马上命令阿术先攻打樊城。可是宋军的箭和飞石，像雨点一般飞落下来，元军被压得抬不起头。于是，元兵烧断了浮桥。

这样一来，樊城就难以得到襄阳的支援。最后，元军攻

破了城池。宋军主将范天顺自杀，所有将士都投火自尽。

樊城被攻占了之后，襄阳便成为一座孤城。吕文焕等不来支援，只好打开城门投降。

1276年，元军进入临安。1279年，南宋大军全部被元军打败。至此，南宋灭亡，元地方政权统一了整个中国。

襄阳之战是蒙古地方政权统治者消灭南宋政权的重要战役。这场战役历时近6年，以南宋襄阳失陷而告结束。此战是兵器改革的奇迹，也是汉族人民对抗侵略的奇迹。

从金中都到元大都

北京，位于华北平原的西北边缘，北部为燕山余脉，西北和东北可通过南口及古北口，通往内蒙古高原和松辽大平原。雄伟险要的地理环境，成为军事要地。

1153年，金政权正式将都城从上京会宁府迁到北京，改称为“中都”。这是北京从军事重镇和贸易中心而成为政治中心的转折点，此后，元、明、清三代均以北京作为首都。

1271年，忽必烈公开废除“蒙古”国号，按照《易经》中“大哉乾元”之意，改国号为“大元”。第二年，忽必烈

又命名中都新城为“大都”，宣布建都于此。

元大都的兴建是中国建筑史上光辉的一页，它继承并发扬了古代都城规划、建设的优秀传统，并为以后明、清北京城的发展奠定了基础。

它规模宏大，宫殿壮丽，人口众多，商业发达，是自隋、唐长安以后，平地起家新建的最大的都城，是当时世界上著名的大城市之一。

乾元：乾有四德，分别是元、亨、利、贞。元是四德之首，乾元即乾之元，也就是天道伊始的意思。元，代表春天万物资始。

元成宗铁穆尔

1294年，铁穆耳正式登基，被称为成宗。同年6月，成宗下诏减免本年所有的包银和俸钞，以及内郡地税和江淮以南各个州县当年的一半夏税。

御史台大臣上书：“江南地区在宋朝的时候实行两税法，湖南及湘江一带的百姓受害很深。”元成宗立即下令中书省免去相关税法。

1300年的年底，云南行省左丞刘深上奏：“世祖的英明神武四海皆知，而您还没有彰显神武天资的建树。现在，西

南地区的八百媳妇还没有归顺，请允许我为陛下去征讨。”

元成宗也想开疆拓土，青史留名。于是发兵两万，去讨伐八百媳妇。

成宗对中央人事没有进行过多调整。他一方面多次赏赐诸王、公主及驸马，增加官员俸禄。一方面严格整顿吏治，约束权贵。

铁穆耳在位前期，基本上保持了守成的局面。但是，为了酬谢拥立他的诸王贵戚而滥增赏赐，很快造成国库“岁入之数，不支半岁”的枯竭局面，只能依靠挪用钞本来维持。最终导致钞币迅速贬值。

元军征讨八百媳妇

元朝时期，八百媳妇在东南亚趁着元朝灭亡大理和打击缅甸的机会吞并了许多小部落，使自身的势力逐渐强盛。

当时，在缅甸与泰国地区有一个蒲甘王朝。但是，蒲甘王朝没有继承人。因此，朝政大权落在掸族首领阿散哥兄弟手中。阿散哥兄弟杀掉了元朝分封的蒲甘王朝首领和元朝使臣，自立为王。

消息泄露之后，元朝廷大怒，于是派兵平叛。就在几乎剿灭的时候，元朝将领竟然收受贿赂，假借气候恶劣，难以

交战之名，休战撤兵了。

功亏一篑的结果令原本打算灭国出气的元成宗怒发冲冠。于是，他杀掉了受贿并率先退兵的高阿康与察罕不花。但是，对于已成气候的阿散哥兄弟，元成宗也无能为力。

云南行省左丞刘深请战。成宗命他率领两万士兵前往作战。

根据《新元史·八百媳妇传》记载，在历史上有一个部落，部落的首领世世代代都需要迎娶八百个媳妇，而且每个媳妇都是单独统帅一个山寨的兵马人口的寨主，这个部落被称为“八百媳妇”。

元军难敌八百媳妇

刘深接到命令之后，马上组织两万兵马，并发动数十万民夫准备作战。但是缅甸山区并不适合骑兵作战，又是热带气候，恰逢瘟疫横行。

刘深的两万兵马还没有到达目的地，将士们就已经损失惨重。在运送物资的途中，死伤的民夫数以万计。原以为远征八百媳妇易如反掌，结果还没有真正开战，元军就已经溃不成军。

在这样的情况下，刘深不但没有撤兵，反而大肆剥削云

南少数民族部落，要求各个部落加紧运输后勤补给。他还勒索云南本地土司，上交大额黄金与战马。

这种粗暴的行径，导致了当地土司起兵造反。元军不仅讨伐八百媳妇失败，反而原本稳定的政权也开始陷入战争。

结果刘深被赐死，以谢天下。云南的乱局持续了许久才被平定。

直至1331年，八百媳妇更换了新首领之后，才主动臣服于元朝。

土司：是我国古代一类官职的统称，通常是西北与西南地区的少数民族部族头目任职，以夷制夷。土司又称土官与土酋。

南坡之变争皇权

有一次，贵族铁木迭儿有一个亲信犯了罪，他请答己皇太后去讲情，可是英宗说：“刑罚是祖宗定下来的，不能随便更改，该打就得打。”

两个月后，答己太后的亲信在太后指示下，阴谋发动政变。但是，这个行动被英宗识破了，政变失败。

1322年夏天，英宗忽然觉得心中很不安，想要做一场佛事。拜住说：“现在国家钱财不多，还是不要做吧！”

那些喇嘛受太后余党铁失指使，怂恿英宗做佛事，还

要实行大赦。拜住听了非常生气，说："你们捞钱财还不满足，还要包庇罪行！"

铁失听到此话，以为拜住将要追查他们所犯的罪行，为了保全自己，就立即决定先发制人，发动政变。

于是，铁失等人杀了英宗和拜住，拥立铁木儿做皇帝，他就是泰定帝。

元泰定帝驾崩后便发生了皇位之争，他的侄子图帖睦尔夺取了他的儿子的皇位。泰定帝也被视为"自立"的非法君主，没有得到汉文庙号、谥号与蒙古汗号，一般以其第一个年号而通称为"泰定帝"。

韩山童组织白莲会

元朝末年，政治腐败，百姓生活在水深火热中。黄河决堤，可是朝廷拨下来的开河经费却被贪官私吞。民工们每天拼命干活，却连饱饭也吃不上。

一个叫韩山童的农民对民工说："现在天下大乱，佛祖将要派弥勒佛下凡来拯救百姓啦！"百姓遭受暴政统治多年，都祈祷佛祖能够拯救广大的黎民百姓。

于是，韩山童组织起了白莲会，伺机造反。韩山童让教徒混入民工队伍，暗暗传播一支民谣："石人一只眼，挑动

黄河天下反。”他事先派人将石人埋好，又挖出来，通过石人把百姓们鼓动起来。

不料，有人事先走漏了消息，官兵抓住了韩山童，把他带到县衙，立即杀了头。

然而，义军的火焰却越燃越旺。南方的红巾军依然非常活跃，声势也越来越大，极大地动摇了元朝廷的统治。

韩山童：元末红巾军领袖，出生于一个信仰白莲教的家庭。成年后一边务农，一边传播白莲教，宣传“弥勒降生”“明王出世”，主张推翻元朝统治。

十八条扁担起义

1353年春天，江苏泰州盐贩张士诚不满元朝统治者的残酷剥削，联合18名盐民共同举事。他们杀掉了欺压百姓的地方官员和乡绅恶霸，将缴获的粮食和财物分给食不果腹的饥民，渐渐赢得了民心。

张士诚起义，又称“十八条扁担起义”。“十八”指的是张士诚、张士义、张士德及张士信兄弟四人，与李伯升等十四位盐民。而“扁担”则是他们起义的时候，使用的武器。

“十八条扁担”的义举鼓舞了众多受苦多年的盐民，他

们都推举张士诚为首领，共同起兵反元。后来，起义军杀掉了行省参政赵琏，同时还攻取了兴化。当时，盐民们在德胜湖集结，共有一万余人。

元朝廷派人拿着“万户”的委任状，去招降他们。张士诚没有接受官职，并用欺骗的手段杀死了李齐，偷袭并占据了高邮。张士诚自称“诚王”，国号为“大周”，年号为“天佑”。

张士诚：在元朝末年抗元起义领袖中，有“（陈）友谅最桀，（张）士诚最富”之说。1357 年，张士诚降元，受封为太尉。后来，屡次被朱元璋击败，1367 年，被俘至金陵，自缢而亡。

和尚当元帅

在刘福通红巾军转战北方的时候，濠州郭子兴红巾军正在壮大起来。一天晚上，濠州的红巾军正在城门巡逻。忽然城外来了一个青年和尚，说要投奔红巾军。这个和尚就是朱元璋。

朱元璋参加起义军以后，很快表现出他的才能。他打仗勇敢，又有计谋。郭子兴把他当作心腹看待，出去打仗，总要先跟他商量。

但是，朱元璋发现起义军的几个将帅胸襟狭窄，成不了什么气候，就回到老家招兵买马。他的伙伴徐达、汤和都来投奔，不到10天，就招募了700人。

朱元璋得了大批生力军后，整顿纪律，加紧训练，把手下的军队训练成一支战斗力很强的队伍，声势大振。

后来，朱元璋率领大军大破元朝水军，渡江攻打集庆，集庆五十多万军民投降。朱元璋就以应天府作为根据地，向江南一带发展。

徐达：明朝开国军事统帅，淮西二十四将之一。

汤和：明朝开国名将，军事家，为人沉敏多智。

朱元璋打败陈友谅

当朱元璋的势力向南方发展的时候，首先遇到一个强敌是陈友谅。他听取了刘伯温的建议，决定智取。

朱元璋的部将康茂才跟陈友谅是老相识。朱元璋让康茂假装投降陈友谅，答应做他的内应；再给他一点假情报，要他兵分三路攻打应天府，分散他的兵力。

陈友谅果然上当，急忙命令船队撤退，但为时已晚。陈友谅在部将保护下，抢了一条小船，总算逃了命。这一仗打得陈友谅大伤元气。朱元璋的声势却越来越大。

过了三年，陈友谅造了大批战船，带领60万大军攻打朱元璋。朱元璋命令用7只小船，装载着火药，每只船尾带着一只轻快的小船。

那天傍晚，正好刮东北风，这7只小船乘风点火，汉军的大船一下子全部燃烧起来。在陈友谅突围的时候，朱军一阵乱箭，把陈友谅射死。

朱元璋扫除了统一全国的最大障碍。

陈友谅：他原是徐寿辉起义军的部将，后来他用铁锤击死了徐寿辉，自立为王，国号为“汉”。

张士诚宁死不降

朱元璋消灭陈友谅之后，兵锋直指东面的张士诚。1365年10月，朱元璋发布讨伐文告，准备一举消灭张士诚。

徐达派张士诚原手下张国进城劝降。但张士诚宁死不降，徐达下令攻城。两军苦战两个昼夜，徐达终于攻进葑门，常遇春和汤和也从阊门攻入。

张士诚率残兵巷战，转瞬间身边只剩下几十名亲兵。这时城中多处火起，张士诚的后宫齐云楼也燃烧起来。原来是张士诚的王妃刘氏，放火烧死了张士诚后妃，她自己也在后宫自缢。

张士诚赶回来一看，点了点头，换上冠冕龙袍，想要自尽。这时，李伯升、潘元绍都跑来劝降。但是张士诚却把眼睛紧紧闭上，丝毫没有反应。一天夜间，他趁看守的军士不备，终于悬梁自尽。

朱元璋在消灭张士诚后，即派兵分两路进攻盘踞浙江的义军首领方国珍。方国珍无力反抗，在1367年11月投降。

方国珍：又名方谷珍，力赛奔马。元末浙东农民起义军领袖。生得身长面黑，与兄国馨、国璋，弟国瑛、国珉，以佃农和贩私盐为生计。

少年趣味读历史

刘建华◎主编

明朝—清朝

九州出版社
JIUZHOUPRESS

前言

浩浩中华，泱泱大国，五千年风云变幻，八千里山河如故，江山代有才人出，各领风骚数百年。滚滚东逝水，浪花淘尽英雄，留下多少可歌可泣的不朽人物与真实故事，在历史的长河中如群星闪耀，演绎着我们绵延不绝的悠悠岁月，蕴含着丰富哲理与深邃智慧。

我们领略这些历史人物的风采，阅读这些历史故事的内涵，能使我们得到智慧的力量和开阔的视野，更能使我们正确地审视过去和展望未来。

历史是一面镜子，是客观存在的事实，真相只有一个，我们尊重历史就是尊重自己。然而，在记载历史或研究历史过程中，却往往随着人们的主观意识而变化和完善，甚至也有歪曲和捏造成分。

特别是近年来受影视、游戏等娱乐媒体的影响，历史被严重地戏说和娱乐化了，失去了历史本来的面貌。因此，我们必须还原历史真相，让我们广大少年儿童正确吸收历史精华，指导他们很好学习知识和健康成长。

英国诗人雪莱曾说：“历史，是刻在时间记忆上的一首回旋诗。”是的，历史往往会以惊人的相似度再次出现。如何从过往相似的历史事件中吸取经验教训？如何利用古人智慧处理现实生活？那就只有学习历史了。

正如唐太宗所说："以史为镜，可以知兴衰。"历史可以提供今人理解过去，并作为未来行事的参考依据。"以史为鉴""读史明智"都是强调历史的现实指导作用，对于个人、民族、人类都是非常有益的启示和帮助。

所以，历史是一个民族宝贵的精神财富，任何一个国家或民族都注重用自己历史教育和鼓励广大人民，特别是广大少年儿童。我们中华民族有着五千年悠久历史，是人类四大文明古国之一，具有无穷智慧与魅力，这是我们民族自立于世界民族之林的资本，也是我们民族得以凝聚并生生不息的命脉，我们更应该用灿烂的历史文化教育我们广大少年儿童，使他们更加珍惜历史，并不断创造辉煌的未来。

中国历史源远流长，千秋文化博大精深，是我们中华各族人民五千年来创造、传承下来的物质文明和精神文明的总和，其内容包罗万象，浩若星汉，具有很强文化纵深，蕴含丰富的历史宝藏。

为此，我们参考了大量历史资料，编撰了这套《少年趣味读历史》。本套作品按历史朝代划分，分为远古时期—东周、秦朝—东汉、三国魏蜀吴—两晋南北朝、隋唐—五代十国、北宋—元朝、明朝—清朝共六册，点面结合，非常系统全面。

本套作品站在历史高度，甄别史实，去伪存真，去粗存精，在保留历史真实情况下，采用富于启发性小故事来传达历史智慧和哲理，同时配有丰富的知识小版块和图文互动的精美图片等，尽量达到丰富、有趣，并十分注意故事性、可读性和知识性，所以易于广大少年儿童阅读和接受，以便产生共鸣和启迪。

目录

目录

明朝

1368 — 1644

明朝初期建都南京，明成祖时期迁都北京。共传16帝，共计276年。明朝时期君主专制空前加强，多民族国家也进一步统一和巩固。明初废丞相、设立厂卫特务机构，加强了专制主义中央集权，但同时也为中后期宦官专政埋下伏笔。明朝时期农民反封建斗争也进入了一个新阶段。

朱元璋登基称帝

刘福通死后，朱元璋做皇帝的思想膨胀起来，觉得留着小明王对他是个障碍。1366年，他用船把小明王接到应天，趁小明王在瓜洲过江的时候，派人暗暗凿沉了船，把小明王淹死了。

第二年，朱元璋消灭了张士诚割据势力，接着，命令徐达为征虏大将军，常遇春为副将军，率领25万大军北伐。过了两个月，徐达的军队旗开得胜，占领了山东。

1368年正月，朱元璋在应天即位称皇帝，国号“明”，

建元“洪武”，他就是明太祖。

明军乘胜进军，元兵节节败退。这年8月，徐达率领大军直捣大都，元顺帝逃往上都。

统治中国97年的元王朝终于被推翻。至此，朱元璋统一了全国。

朱元璋把应天府改称南京。立其结发妻子马妃为皇后，长子朱标为皇太子。当年朱元璋41岁。

小明王：韩林儿，是韩山童的儿子。韩山童牺牲后，韩林儿随母逃亡武安。至正十五年春，刘福通等迎韩林儿至亳州，立为帝，称小明王。

朱元璋的政治举措

当上皇帝后，朱元璋就想如何才能让他的后世子孙永远当皇帝，让朱家皇朝千秋永固。他的第一个办法是把儿子封王。他把长子朱标立为皇太子，其他的儿子封为亲王；第二个办法是大封功臣，这些开国元勋多是有才能的人，笼络住他们，就可以保卫着他的政权。

朱元璋别出心裁，设立了特务机关“锦衣卫”，随时监视大臣们的行动，并向皇帝报告。他把一些擅权枉法、行动跋扈，会影响朱家王朝安全的人全部杀掉了。

明太祖即位后，实行休养生息政策。告诫地方官“现在天下刚刚安定，百姓财力困乏，好像初飞的鸟，不能拔它的毛；新种的树，不能摇它的根”。

朱元璋又招集流亡农民，开垦荒地，免除三年的劳役和赋税；要各地驻军屯田垦荒，做到粮食自给。他还兴修水利，奖励植棉种麻。明朝初年的农业生产有了很明显的发展。新建立的明王朝统治也巩固下来。

朱标：明太祖长子，因朱标先于太祖去世，未即皇位。

明太祖严惩贪吏

1385年3月，发生了一起震动全国的“郭桓案”。在收缴浙西秋粮的时候，郭桓和地方官黄文通、奸吏边源等人相互勾结，共同作弊，大搞贪污活动。

浙西税粮应上缴国家粮仓450万石，他们只缴了60万石，另缴80万锭银子给国库，以当时银价和粮价折算，这80万锭可以顶200万石粮食，其余的190万石粮食都被他们贪污了。他们还合伙私分浙西各府钱钞50万贯。郭桓又和官吏张钦合伙吞没应天等五府所属州县10万亩官田的夏税秋粮。

这个案子使明太祖大为震惊。这次郭桓贪污案数目这么

大，审案中又发现这个案子和许多官员有关系，这个案子总共杀了几万人。

为了进一步防止贪污案件的发生，明太祖还亲自编写了《大诰》，其中有不少法律是针对贪官污吏的。经过一番整治，贪赃枉法的事情少多了，同时吏治和社会风气也有了一些改变。

诰文始见于《尚书》，在《尚书》有商汤打败夏桀以后发布的《汤诰》，它是昭告天下，其所以讨伐夏桀的道理，并取得了胜利。在《周书》有《大诰》《康诰》《酒诰》，都是以诰文的形式发布。

燕王朱棣夺皇位

朱允炆当了皇帝，几位王叔的事总让他心神不宁。他找来大臣黄子澄和齐泰商议。大臣建议，先把实力稍弱的几位藩王搞掉，再收拾燕王。到那时，燕王孤掌难鸣，事情就好办多了。朱允炆听了他们的意见。

1399年6月，燕王府护卫百户倪谅到应天告发燕王图谋反叛。朱允炆马上下令逮捕燕王府的官员和燕王的家属，还特令北平驻军谢贵率军围攻燕王府，约定燕王府的一些官员做内应，秘密命令北平都指挥使张信带兵逮捕朱棣。

张信早已站在燕王一边，他给燕王通风报信。燕王一得到消息，马上密谋布置。先把谢贵诱入府中杀掉，然后把燕王府里充当内应的官员抓起来，并宣布起兵。

这年六月初三，燕军誓师渡江，直指应天。历史上把明朝的这次内战叫作“靖难之变”。至此，燕王朱棣终于夺得了梦寐以求的皇位，这就是明成祖。

黄子澄：东宫伴读，累官至太常寺。朱棣夺得帝位后，将他处死。

齐泰：京师失守时，齐泰奔走外郡以图兴复。被燕军执于京师，不屈而死，祸及九族。

成祖励精图治

明成祖朱棣是个很有作为的皇帝。他不仅有军事才能，同时也有政治远见。明成祖主张天下事不可不周知，人生艰难不可不涉猎，闻见广而涉猎多，自然心胸开阔。这样处理事情便会得当一些。所以他不让皇储老待在宫里，经常派他们到山东、河北一带去视察。

一次，他的儿子朱高炽视察河南，下马走进路旁一家农

民的家里，眼见土屋窄小，大人衣不蔽体，小孩光着屁股，吃的是糠做的窝窝，一个个面黄肌瘦。这位太子竟然掉了几滴眼泪，让当地官府救济他们。明成祖知道后叫来户部大臣训斥：“河南民饥，有司不据实报告，竟然虚报丰收，如此欺骗！”

明成祖处治了当地官吏通报全国各地方衙门：“自今以后，凡民间水旱灾伤不上报者，一律治罪，决不宽容。”

在明成祖励精图治之下，永乐年间的文治武功都是卓有成效的，大部分地区经济情况良好。

明成祖：明成祖朱棣即位后，采取了许多措施大力发展经济，他统治期间社会安定、国家富强，由于成祖年号为“永乐”，后世称这一时期为“永乐盛世”。

三宝太监下西洋

郑和接受了明成祖的特殊使命，开始着手筹备一支拥有208艘大船出使西洋的船队。1405年至1433 年，郑和率领船队7次下西洋。1433年3月中旬，这位伟大的航海家病逝于他最后一次远航的归途中。

郑和七下西洋，先后访问了亚洲和非洲的320多个国家和地区，最远到达红海和非洲东海岸的伊朗、麦伽、索马里

的摩加迪沙和肯尼亚等地，在世界航海史上，他是打开从中国到东非航道的第一人。

今天的马六甲、印度尼西亚、爪哇、泰国、斯里兰卡等地，依然留存着三宝城、三宝井、三宝塔等地名和古迹。充分表明了当地人民对这位杰出的航海家与友好使者的永久怀念。

郑和，一说本姓马，为明成祖朱棣赐姓郑，世称“三保太监”，云南昆阳州即今昆明市晋宁区昆阳人。明朝太监，航海家、外交家。

明成祖卫国亲征

1410年2月，朱棣率50万大军，离开北京，向北进发，亲征鞑靼可汗本雅失里。

5月大军过了饮马河，扎营休息。朱棣派出许多小队哨骑，探听本雅失里的下落。得知本雅失里闻风潜逃，现驻在兀古儿扎河。兀古儿扎河在饮马河以北400里。朱棣怕大军行动缓慢，不等开到，敌人又会向北逃窜，就决定选出20000名轻骑兵，带20天干粮，由他亲自率领，去追袭敌人。

本雅失里见逃不脱，只好返身来战。鞑靼兵仓促迎战，还没等列成阵势，明军已经杀到。朱棣率领2000骑跑在最前面。他自己挺着长矛，身先士卒，直冲入敌阵中。

鞑靼兵抵挡不住，本雅失里怯起阵来，拨马便逃。结果本雅失里只带着7骑，游过斡难河，逃了性命。鞑靼太师阿鲁台听说本雅失里被明军追击，便带50000骑兵来救，但晚了一步，在回军途中也被明军消灭了。

鞑靼：我国古代对北方各游牧民族的总称。明代时则是指蒙古族的一部，即东蒙古人，居住在今俄罗斯贝加尔湖一带和蒙古国大部分地区。

一代仁君朱高炽

朱高炽继承皇位，定年号为“洪熙”。朱高炽的庙号为“仁宗”。把朱高炽称为“仁宗”，这“仁”字用得确实十分恰切。

朱高炽继位之后，做的第一件事就是节省国库开支，减轻老百姓负担。朱高炽登基的当天，就下令追回郑和的远洋船队，召回在交趾采办珍珠的中使和在西域买马的官员。对派出为皇宫进行采购、烧制、进贡等一切花钱的事宜，一律暂时停止。

朱高炽做的第二件事就是赈济灾民。他先后下令开仓救济了山东、河北及河南共4州22县的灾民，使不少人免于饿死。

朱高炽做的第三件事是整顿朝政，提倡法制。朱高炽还清理冤案，把过去一些无辜入狱的官员放出，召回充军到各地的官员家属。

交趾：公元前 111 年，汉武帝灭南越国，并在今越南北部地方设立交趾、九真、日南三郡，实施直接的行政管理。

明英宗决定亲征

明宣宗死后，刚满9岁的太子朱祁镇即位，这就是明英宗。王振当上司礼监，帮助明英宗批阅奏章。明英宗一味追求玩乐，根本不问国事。王振趁机把朝廷军政大权抓在手里。朝廷大员得罪他的，不是被撤职，就是充军。

1449年，瓦剌首领也先派3000名使者到北京，进贡马匹，要求赏金。王振谎报也先的人数，削减了赏金和马价。也先为他的儿子向明朝求婚，也被王振拒绝。

这一来激怒了也先，也先率领瓦剌骑兵进攻大同。守大

同的明将出兵抵抗，被瓦剌军打得大败。

边境的官员向朝廷告急，明英宗慌忙召集大臣商量怎么对付。大同离王振家乡蔚州不远，王振在蔚州有大批田产，他怕蔚州被瓦剌军侵占，竭力主张英宗带兵亲征。

兵部尚书邝埜和侍郎于谦认为朝廷没充分准备，不能亲征。明英宗不管大臣劝谏，就冒冒失失决定亲征。

东厂：中国明代的特权监察机构、特务机关和秘密警察机关。东厂权力在锦衣卫之上，只对皇帝负责，不经司法机关批准，可随意监督缉拿臣民，从而开明朝宦官干政之端。

王振贻误军机

明英宗决定亲自带兵到蔚州，自己跟王振、邝埜等官员100多人，带领50万大军从北京出发，浩浩荡荡向大同赶去。

过了几天，明军前锋部队在大同城边被瓦剌军杀得全军覆没。王振感到情况危急，才下令退兵回北京。退兵本来是越快越好，但是王振却想到他老家蔚州去摆摆威风，劝英宗到蔚州去住几天。

几十万将士离开大同，往蔚州方向跑了40里地。王振转念一想，这么多兵马到蔚州，他家庄田里的庄稼岂不要遭到

损失，又匆匆忙忙下命令往回走。这样一折腾，拖延了撤兵的时间，被瓦剌的追兵赶上了。

明军一面抵抗，一面败退，一直退到土木堡，在今河北怀来东。那时候，有人劝英宗趁天没黑，再赶一阵，进了怀来城再休息，瓦剌军赶来，也可以坚守。可是王振却因为装运他财产的几千辆车子还没到，硬要大军在土木堡停下来。土木堡名称叫作堡，其实没有什么城堡可守。

趣味小链接

也先：瓦剌首领。他征服了女真，势力到达朝鲜北境，并以明朝拒绝贸易之名进攻明朝。在土木堡之战中打败明军，俘虏了明英宗并包围北京，明朝形势危急，后围攻不成退回蒙古，并释放明英宗。

土木堡之战的惨败

第二天，天刚蒙蒙亮，瓦剌军赶到土木堡，把明军紧紧包围起来。明英宗知道没法突围，只好派人向也先求和。也先一打听，明英宗带的明军人数还不少，要打硬仗，自己也要遭到损失，就假装答应议和，停止进攻。

瓦剌军的假意求和，让明英宗和王振信以为真。兵士们争先恐后跳出壕沟往河边找水喝，乱成一团。将领们要制止也制止不了。早就埋伏好的瓦剌军兵士从四面八方冲杀过来，大声吆喝着：“投降的不杀！”明军兵士一听，纷纷丢盔弃甲，狂奔乱逃。

平时作威作福的王振，这时候却吓得直发抖。将领樊忠，早就恨透了这个奸贼，抡起手里的大铁锤，朝着王振脑门一锤砸去，结束了王振的性命。樊忠自己冲向瓦剌军，拼杀了一阵，中枪倒下。

明英宗眼看脱逃没有希望，只好跳下马来，盘着腿坐在地上等死。瓦刺兵赶上来，俘虏了明英宗。历史上把这次事件称作“土木堡之变”。

朱祁钰：明宣宗朱瞻基皇二子，明英宗朱祁镇弟，明英宗被蒙古瓦剌军俘去之后继位，在位8年，病中因英宗复辟被废黜软禁而气死，终年30岁。

英宗重获皇位

1457年正月，景帝一病不起，皇太子又尚无人选，朝廷上下一片混乱。武清侯石亨、副都御史徐有贞、宦官曹吉祥等人密谋迎接英宗重登大位。

半夜时分，他们偷偷开了长安门，率领1000多名士兵潜入宫中。在夜幕之下，徐有贞一伙直奔南宫而去。英宗坐上他们事先准备好的车子，一行人簇拥着车子，飞快地向皇宫推去。

奉天殿里，龙座闲置在一旁，众人迅速将它推到大殿正

中，将英宗扶到座前。重新坐上龙椅的英宗环顾四周，恍如梦中。英宗刚在龙椅上坐稳，东方已经破晓。

上朝的百官们发现今天的皇宫不同于往日，都很惊讶。这时，只见徐有贞来到百官面前，趾高气扬地高声说道：“太上皇复辟了！百官速来朝贺！”

一听此言，百官大为震惊，呆立片刻，又不敢不从，纷纷前去拜贺。就这样，明英宗又成了大明天子。这场宫廷政变，史称“南宫复辟”，又称“夺门之变”。

南宫复辟：我国明代将领石亨、太监曹吉祥等人，于 1457 年拥立明英宗朱祁镇复位的政变。

功臣于谦被害

英宗复辟后的第二天，得势的徐有贞、石亨等人就急不可待地怂恿英宗，下旨逮捕于谦、王文、陈循等文武官员。

原来，策划南宫复辟的徐有贞就是“土木堡之变”后极力主张迁都南京的徐珵。因为南迁的建议受到于谦的强烈反对和众人的耻笑，自知名声不好，才改名为徐有贞。后来，他又要求于谦在景帝面前推荐他当国子监祭酒。于谦举荐之后，景帝觉得徐有贞太奸邪，故而未用。徐有贞因此事对于谦更加忌恨。

为了陷害于谦，他们绞尽脑汁，终于想出了一个罪名，诬蔑于谦、王文图谋迎立襄王之子为太子，这是“谋逆”的死罪。因为毫无证据，便以“意欲”二字定案。

英宗本来还犹豫未决，认为于谦有功，不忍杀害。徐有贞在一旁怂恿道：“不杀于谦，今日之事就显得毫无理由了。”英宗就决意将于谦杀掉。

徐有贞：因谋划英宗复位，封武功伯兼华盖殿大学士，掌管文渊阁事务。后诬告杀害于谦、王文等，独揽大权。因与石亨、曹吉祥闹翻，出任广东参政。后为石亨等诬陷，诏徙金齿（今云南保山）为民。

不问政事的朱厚照

明武宗朱厚照是明朝第十位皇帝，他的父亲是明孝宗朱祐樘。

朱厚照15岁即位，正是懂事又不懂事的年龄。每天被司礼监王岳唤醒，催他上朝。他睡眼惺忪地坐在硬邦邦的御座上，前仰后合，听那些大臣的奏章。

朱厚照可以随意不上朝，也可以把奏疏交给内阁大学士或司礼监，让他们去办。至于谏官们上的谏章，随意一扔就算了。他要刘瑾他们陪他玩。开始他骑马射箭；后来又喜欢

上了歌伎舞女。有时候还要换上便装，偷偷地溜到街市上。

1819年9月，朱厚照在积水池扮作渔夫玩乐时不小心落进水中，从此得病，辗转床褥半年。后于1521年3月死于豹房，年仅31岁。纵观其荒唐的一生，即位以来沉溺于声色犬马之中，仅仅为了自己的娱乐而出游各地，胡作非为。自古以来，则只有商纣王、隋炀帝及明武宗几人而已。

趣味小链接

司礼监：官署名。明置，明朝内廷管理宦官与宫内事务的“十二监”之一，有提督、掌印、秉笔、随堂等太监。提督太监督理皇城内一切礼仪。刑名及管理当差、听事各役。

杨继盛斗严嵩

杨继盛是一个正直的朝廷官员。他回到京城没几天，就上奏世宗，要求惩办严嵩，并揭发严嵩10大罪状。

杨继盛的这个奏章，足以致严嵩死命。严嵩又气又急，跑到世宗那里，一边为自己开脱罪责，一边诬陷杨继盛，说杨继盛如何如何对朝廷不忠。世宗听了大怒，第二天上朝时，把杨继盛打了100廷仗，打入大牢。

一天，明世宗请道士蓝道行扶乩，就是求神仙，这位蓝道士对严嵩犯下的滔天罪行也深恶痛绝，就借神仙的口说出严嵩的罪状，劝世宗除掉严嵩。

世宗下不了决心，御史邹应龙平时也最恨严嵩，决定先从严嵩的儿子严世蕃下手，上奏皇上惩办他，只要严世蕃被治罪，严嵩一定会受到牵连。

邹应龙就向世宗上了一道奏章，明世宗果然惩办了严世蕃，充军到雷州，同时勒令严嵩辞官回乡。

廷仗：是明朝皇帝处罚大臣的一种特殊刑罚。明律中并无廷仗的规定，但从朱元璋开始，经常于殿廷之上，太监监刑，锦衣卫行刑，对冒犯皇帝的大臣施以笞杖。轻者血肉模糊，重者立即死于杖下。

海瑞冒死进言

明世宗沉迷于仙道，不理朝政，致使奸臣专权，朝内紊乱，百姓的疾苦，无人过问。户部主事海瑞忧心如焚，满怀着一腔激愤之情，写了一篇历数世宗种种错误，劝他改过自新，重新治理国家的奏折。

将生死置之度外的海瑞在下笔之前，已令管家去订好一口棺材，并且遣散了家人随从。他又拿出20两银子，交给在朝中为官的一位姓王的同乡，对他说："我这次上疏，凶多吉少，看在同乡的情分上，一旦我遭遇不测，请你拿这笔钱将我埋在老家，我就十分感谢您了。"

他的同乡含泪答允了他的请求。一切交代完毕，海瑞就义无反顾地到通政司递交了疏稿，然后，便到朝房等待治罪去了。

两个月后，即1566年12月，一心祈求长生的明世宗，终因服食过多的丹药而病死。他死后，海瑞被释放复职，继续为民操劳，直至1587年去世。

这位被誉为明代第一大清官的海瑞，又被百姓称作“海青天”。

海瑞（1514—1587），明代海南琼山人，曾任两京左右通政、右佥都御史等职。他在任期间，打击豪强，修筑水利工程，严惩贪官污吏，有“海青天”之誉。

戚继光驱逐倭寇

1562年，倭寇又到福建沿海骚扰。朝廷又派戚继光援救。戚继光带了新军赶到宁德，打听到敌人的巢穴在宁德城10里外的横屿岛。

戚继光亲自调查了横屿岛的地形，晚上潮落时，戚继光命令兵士每人带一捆干草，到了横屿对岸，把干草扔在水里。几千捆干草扔在一起，居然铺出了一条路来。戚家军兵士踏着干草铺成的路，神不知鬼不觉地进入倭寇大营。经过一场激烈战斗，盘踞在岛上的2000多个倭寇全部被歼灭。

戚继光在抗倭期间写成的《纪效新书》，是东南沿海平

倭练兵与作战的经验总结。第二年，倭寇又侵犯福建，攻下兴化。这时俞大猷已经复职。朝廷派俞大猷为福建总兵，戚继光为副总兵。两个抗倭名将一起，大败倭寇，收复兴化。

《纪效新书》：是戚继光在东南沿海平倭战争期间练兵和治军经验的总结。他在《自序》中说："数年间，予承乏浙东，乃知孙武之法，纲领精微莫加矣……于是乃集所练士卒条目，自选亩民丁以至号令、战法、行营、武艺、守哨、水战，间择其实用有效者，分别教练……客为题曰：《纪效新书》。"

光头知府李贽

李贽是明代著名思想家，幼年家道清寒，7岁丧母，跟随教书的父亲读书识字。1552年，李贽考中举人。

李贽50岁时，才被任命为云南姚安知府。不过李贽当知府的时间并不长，只两年多他就不干了。因为他受不了上级的勒索和送往迎来的繁文缛节。他把头发剃光，僧不僧，俗不俗，就那样往大堂上一坐，问起案子来，一时舆论哗然。

巡抚把他叫了去，问他："你这种打扮，成何体统！难道想当和尚吗？"

"非也，天底下并不是只有和尚才准许剃头的。而且

朝廷只对各级官阶的朝冠、绶带和官服的服色、绣文做了规定，却没规定各级官员头发的长短。因此下官此举，只是个人的癖好，似乎与官衔无关。”李贽的一番话，气得巡抚嘴唇也哆嗦了。

李贽回到任所，知道巡抚不会放过他，便主动离职，从此不再做官。他觉得做官太不自由，束缚了他的个性发展。

锦衣卫：明朝专有军事特务机构，全名“锦衣卫亲军都指挥使司”，前身为明太祖所创设之“御用拱卫司”以及 1368 年时改制之“仪鸾司”与 1369 年时改制“大内亲军都督府”。他们直接听命于皇上，可以逮捕任何人，包括皇亲国戚，并进行不公开的审讯。

张居正辅政改革

张居正是明朝一个能干的政治家，他掌握实权以后，就大刀阔斧地在军事、政治、经济几方面着实做了一番整顿。

张居正把抗倭名将戚继光调到北方，镇守蓟州。戚家军号令严明，武器精良，多次击败鞑靼的进攻。鞑靼首领俺答表示愿意和好，要求通商。张居正奏明朝廷，封俺答为顺义王，一面和鞑靼通商往来，一面在边境练兵屯田，加强防备。以后二三十年明朝和鞑靼之间就长期没有发生战争。北方各族人民的生活也安定多了。

张居正下令丈量土地，经过清查，查出了一批被皇亲国戚、豪强地主隐瞒的土地，这一来，使一些豪强地主受到了

抑制，国家的收入也增加了。

在丈量土地之后，张居正又把当时各种名目的赋税和劳役合并起来，折合银两征收，称为“一条鞭法”。经过这种税收改革，防止了一些官吏的营私舞弊，增加了国家的收入，也多少减轻一点农民的负担。

一条鞭法：即先将赋和役分别合并，再通将一省丁银均一省徭役；每粮一石编银若干；每丁审银若干；最后将役银与赋银合并征收。代表了16世纪明代管理者试图获得一种理想状态的各种努力。

万历皇帝修定陵

1573年朱翊钧即位，年号为万历。朱翊钧也很迷信，相信人死之后魂灵还在，也还要跟生前一样吃喝玩乐。所以他要在活着的时候把自己的陵墓修筑好，为自己死后的享乐做准备。他亲自带领文武百官、民间术士来到天寿山，寻找“吉壤”，起名为“定陵”。

陵墓建筑得辉煌、宏丽，在明朝13座陵园中是最壮丽的一座。建这座陵墓，共用了6年的时间，参加营建的官兵、匠人和民工每天有30000多人。石料都是从相距100里外的房山县大石窝采来的，木料则是由云、贵、川等地采

集的楠木和杉木。

建定陵共耗银800万两，大约相当于当时全国两年田赋的总和。国库拿不出，朱翊钧就派出太监去替他搜刮。抢占农田，增加赋税，使老百姓生活在水深火热之中。

终于在1599年，山东临清爆发了反对税使马堂的斗争，接着湖广荆州地区，驱逐税使陈奉。嗣后各地反抗税使的斗争，此起彼伏。这些斗争，虽然最后都被明廷镇压，但反抗的火种却留在了民间。

郑贵妃：明神宗朱翊钧后宫最得宠的妃子。万历十年三月，明神宗册封九嫔，郑氏被封为淑嫔，位居九嫔第二位，其在之后的四年内逐步晋封为德妃、贵妃、皇贵妃，宠冠后宫长达三十八年之久。

九千岁魏忠贤

熹宗即位以后，封客氏为“奉圣夫人”，提拔了客氏经常夸赞的太监李进忠，升他为司礼监秉笔太监，并且让他恢复魏姓，并赐名忠贤。

魏忠贤掌握了东厂之后，与锦衣卫的都督田尔耕相互勾结，利用这两个特务机构钳制百官，镇压异己。大规模地排斥与陷害阉党对立面的东林党人。

明熹宗年少，不爱过问朝政。魏忠贤独揽朝中大权，经常伪造圣旨，斥逐正直之臣，重用私党。他自己更是过着穷奢极欲的生活。他每次出门，必坐在装饰华丽的车子中。左

右夹护的卫士都身着锦衣玉带，脚蹬锃亮皮靴，腰佩利刃，加上随从的厨子、戏子、车夫、总共达数万人。

所到之处，士大夫跪倒一片，口中还得高呼“九千岁”。为何叫他“九千岁”？因为皇上是“万岁”，魏忠贤是一人之下万人之上。

阉党：明代依附于宦官权势的官僚所结成的政治派别。明朝宦官专权十分严重。英宗时的宦官王振，宪宗时的宦官汪直皆曾树有党羽，但至武宗时宦官刘瑾专权，阉党势力始形成。

迫害东林党人

1624年，东林党人领袖、副都御史杨涟，上疏痛斥魏忠贤24大罪，大胆揭发了魏忠贤的奸恶，句句刺中要害。

魏忠贤对东林党人切齿痛恨，将不趋附他的官员全部开列在一张单子上，统称为东林党人，下决心将他们斩尽杀绝。

1625年，魏忠贤张开了他的魔掌，令爪牙逮捕东林党著名领袖杨涟、左光斗、袁化中、魏大中、周朝瑞、顾大章等6人，诬陷他们收受贿赂，交给锦衣卫拷打追赃。锦衣卫都督、魏忠贤的义子田尔耕对这6个人进行了拷打逼供，手段

之残忍毒辣，闻所未闻。6个人中除顾大章自杀外，其余5人全被折磨死于狱中。

第二年，魏忠贤再兴大狱，逮捕东林党领袖高攀龙、周起元、周顺昌等7人。这次被抓的7个人都惨死在狱中。历史上将这两次大狱中受难的东林党人称为“前六君子”“后七君子”。

东林党是明朝末年以江南士大夫为主的官僚阶级政治集团，由明朝吏部郎中顾宪成创立。东林人士讽议朝政、评论官吏，他们要求廉正奉公，振兴吏治，开放言路，革除朝野积弊，反对权贵贪纵枉法。这些针砭时政的主张遭到宦官及其依附势力的激烈反对。

努尔哈赤建立后金

1593年，叶赫部联合了女真、蒙古9个部落，合30000人，分三路进攻努尔哈赤。

努尔哈赤听到九部联军来攻，事先在敌军来的路上，埋伏了精兵；在路旁山岭边，安放了滚木石块。一切安排妥当，他就安安稳稳睡起觉来。

九部联军到了古勒山下，建州兵在山上严阵以待，先派出100名骑兵迎战。叶赫部一个头目冲来，马被木桩绊倒，建州兵士去把他杀了，另一头目看到这情景也吓昏过去。这一来，九部联军没有统一指挥，四散逃窜，努尔哈赤乘胜追

击，击败了叶赫部。又过了几年，基本统一了女真族各部。

1616年，努尔哈赤在赫图阿拉建都，自称大汗，定国号为后金，年号天命。1618年，努尔哈赤召集八旗首领，商议如何对付明朝的大计，尔后与将誓师，宣布与明朝为敌。这第一恨就是明朝无端挑衅，杀了他的祖父和父亲。因这最大仇恨，要与明朝不共戴天，决定出兵讨伐明朝。

觉昌安是努尔哈赤的祖父，他带着努尔哈赤的父亲塔克世到古勒寨探望孙女、勒寨城主阿台的妻子。正碰上明军攻打古勒寨，觉昌安和塔克世在混战中都被明军杀害。

萨尔浒大战

努尔哈赤誓师以后，亲率20000兵马进攻抚顺。明军守将李永芳不战而降。明神宗得知李永芳投降，抚顺城被毁的消息，大发雷霆，派杨镐领兵迎战。

努尔哈赤仍然使用集中兵力，各个击破的战略，以攻为守，中路杜松军被歼后，努尔哈赤又率八旗兵赶回萨尔浒，攻破马林军营，马林见势不妙，撤回开原，刚到开原，就被后金军打散，第二路明军又是惨败。

坐镇沈阳指挥的杨镐，知道自己战略上的失误，连忙

快马传令叫另两路军停止前进，可是良机已经错过，调整战术，为时已晚了。于是另两路大军也惨败。

从杨镐出兵到结束，这次大战只经过5天时间，明军10万兵马损失一大半，文武将官战死300多人，损失惨重，明朝大伤元气。历史上把这次战争叫作“萨尔浒大战”。萨尔浒大战以后，努尔哈赤的后金政权迁都沈阳，将沈阳改称盛京。

八旗：清代满族的军队组织和户口编制制度，以旗为号。分：正黄、正白、正红、正蓝、镶黄、镶白、镶红、镶蓝八旗。

袁崇焕横戈戍边

袁崇焕在关外，经过一番实地考察，决心派兵进驻宁远，在那里修筑防守工事。

1626年，努尔哈赤亲率13万大军，渡过辽河，进攻宁远。他带领后金军气势汹汹地来到宁远城下的第二天，就亲自督战，集中大股兵力攻城。袁崇焕登上城楼瞭望台，沉着地监视后金军的行动。直到后金军冲到逼近城墙的地方，他才命令炮手瞄准敌人密集的地方发炮。这一炮使后金军受到更大伤亡。正在后面督战的努尔哈赤也受了重伤，不得不下令撤退。

袁崇焕听到敌人退兵，就乘胜杀出城去，一直追赶了30

里，歼灭后金官兵一万多人，才得胜回城。

努尔哈赤受了重伤，回到沈阳，跟他的部下说："我从25岁以来，战无不胜，攻无不克，没想小小的宁远城攻不下来。"他又气又伤心，加上伤势越来越重，拖了几天，就咽了气。他的第八个儿子皇太极接替他做了后金大汗。

袁崇焕：广州府东莞县石碣镇水南乡人。1619年中进士。明末著名政治人物、文官将领。入兵部，守卫山海关及辽东；指挥宁远之战、宁锦之战。

皇太极巧施反间计

皇太极兵败宁远，当然不肯罢休，他知道宁远、锦州防守严密，决定改变进兵路线。1629年10月，他又率领几十万后金军，从龙井关、大安口绕道河北，直扑北京。

后金军突然进攻北京，引起了全城震动。崇祯帝更是急得心慌意乱，不知该怎么办才好，后来听说袁崇焕带兵赶到，心才定了一些。

但是一些魏忠贤的余党却散布谣言，说这次后金兵绕道进京，完全是袁崇焕引进来的，说不定里面还有什么阴谋呢！

崇祯帝是个猜疑心极重的人，听了这些谣言，也有些怀疑起来。正在这时，有一个被金兵俘虏去的太监从金营逃了回来，向崇祯帝密告，说袁崇焕和皇太极已经订下密约，要出卖北京。这个消息简直像晴天霹雳，把崇祯帝惊呆了。

崇祯帝信以为真，竟将袁崇焕逮捕入狱，于1630年8月16日，以“谋叛欺君”的罪名，残酷地用磔刑将袁崇焕杀害了。皇太极用反间计除了对手袁崇焕，退兵回到盛京。打那以后，后金越来越强大。

皇太极：努尔哈赤第八子，正黄旗统领。1626年继位后金可汗，改年号为天聪。1636年，皇太极于盛京即皇帝位，改国号为“大清”，改元崇德。

卢象升战死巨鹿

1638年，清太宗派亲王多尔衮等率领大军第四次远征。清军直达北京外围，京城形势危急。明王朝内部意见分歧，有的主张抵抗，有的主张讲和。

崇祯帝也拿不定主意，他听说总督宣府大同地区军事的卢象升是个将才，就把他召到京城，命令他总督全国援兵。

由于议和派高起潜当权，卢象升到了巨鹿，兵力只剩下5000人了。卢象升孤军作战，十分困难，由于杨嗣昌的破坏，粮饷也接济不上，将士们饿得发慌。到了半夜，几万清军骑兵把明军围得水泄不通。虎大威带兵突围，被清兵压了

回来。卢象升大声喊道："虎将军，我们为国尽忠的时刻到了！"

将士们齐声响应，喊杀震天动地，战斗从早上一直至晚上，卢象升身上中了4箭，受了3处刀伤，杀得像血人儿一样。他还拼命格斗，杀了十多名清兵，终于倒下。

卢象升：明末著名将领、民族英雄。授户部主事，擢员外郎，死后追赠兵部尚书，南明福王时追谥"忠烈"，清朝追谥"忠肃"。著作有《卢忠肃集》《卢象升疏牍》。

张献忠智取襄阳

1641年，张献忠趁明军襄阳兵力空虚，率精锐部队直取襄阳。杨嗣昌在重庆得知消息后，连夜派使者传令，命襄阳明军严加防守。使者走在途中被起义军发现后抓了回来，并在他身上搜到了盖有杨嗣昌行辕的大印和文书。

张献忠安排他的义子李定国打扮成杨嗣昌的使者，带了几名"随从"和令牌、文书，大模大样地混进了襄阳城。混进襄阳城的兵士趁夜间人们安睡之际，分开在四处放火，惊醒了熟睡的百姓，全城顿时乱作一团，起义军趁机打开城门，大队人马赶到，一举攻克了襄阳城。

张献忠一面派人打开监狱，救出被俘的兵士和家属，一面直奔襄王府，活捉了襄王朱翊铭，并下令将朱翊铭斩首示众。

张献忠：字秉忠，号敬轩，明末农民起义领袖，曾建立大西政权。与李自成齐名。其人多有奇闻逸事流传，如入川屠蜀、江中沉宝等等。对此史学界也一直存在争议。

杨嗣昌：明代官员。任兵部尚书后用“四正六隅”“十面之网”的方法镇压农民起义军。亲自出京督师，被张献忠以走致敌战术牵制，疲于奔命。后听闻襄王、福王被杀，畏罪绝食而死。

闯王李自成

1640年，李自成率部转入河南。举人出身的李信就在这时参加了义军。针对土地高度集中和赋税苛重的状况，李信为起义军制订了“均田免粮”的纲领，“迎闯王，不纳粮”传遍了远近州府。

1641年，李自成杀进了洛阳，俘虏了崇祯皇帝的叔父、福王朱常洵。通过这次战役，李自成的队伍由小到大，发展成一支有一百多万众的义军。于是，他乘胜打开封城，杀死了3个明朝总督，消灭了几十万明军，摧毁了明朝在河南的军事力量。

此后，起义军进入湖北，攻下了襄阳。然后北上攻下西

安。1644年正月，李自成在西安正式宣布建立“大顺”国，年号“永昌”，改西安为西京，并建立了一系列政权制度，具有初步的开国规模。

1644年2月，起义军乘胜渡过黄河，兵分两路向北京进发。李自成亲率主力经大同、宣城而下。3月，攻下了北京门户居庸关，这样明朝灭亡的日子屈指可数了。

1644 年 4 月，多尔衮率领八旗官兵与明朝总兵吴三桂合兵，在山海关内外击败李自成。1645 年李自成在湖北通山九宫山考察地形，从此便神秘消失。

崇祯景山自缢

1644年3月18日下午，李自成坐镇彰义门，开始对北京城全面进攻。

当天晚上，崇祯登上皇宫后面的万岁山，遥望四面城外的满天炮火。吩咐太监把太子和另两个儿子定王、永王，分送给外戚周氏和田氏家。

这时远处近处都传来喊杀声，太监们都丢下马匹逃散。身边就剩下秉笔太监王承恩一人。朱由检见城内到处是闪耀的火光，便脱下外服，要过王承恩的笔来，借着月光，在白缎衣里上写下了他的最后一份诏书：“朕自登基十有七年，

东人三侵内地，逆贼直逼京师。朕死无面目见祖宗于地下，去朕衣冠，被发覆面，任贼分裂朕尸。勿伤百姓。”

朱由检把衣服挂在树上，将冠摘下，解散了头发，披在脸上，这才在山脚下的一棵树上自缢而死。王承恩对皇帝的尸体拜了三拜，吊在了另一棵树上。明朝灭亡。

《罪己诏》：是古代的帝王在朝廷出现问题、国家遭受天灾、政权处于安危时，自省或检讨自己过失、过错发生的一种口谕或文书。它通常是在三种情况下出现：一是君臣错位；二是天灾造成灾难；三是政权危难之时。用意都是自责，只是情节轻重有别。

清朝

1616 — 1911

清朝是中国历史上最后一个封建王朝，共传12帝，总计296年。1616年，努尔哈赤建立后金。1636年，皇太极改国号为大清。1644年，多尔衮率领清兵入关，多年征战后，统一全国。康雍乾三朝走向鼎盛，综合国力空前强大。1840年鸦片战争后，多遭列强入侵，其后进行了洋务运动和戊戌变法等近代化的探索和改革。1911年爆发辛亥革命，清政府被推翻。

“大清”政权建立

明朝后期，女真族出了一位杰出的领袖爱新觉罗·努尔哈赤，此时，努尔哈赤担任明朝建州部首领。1583年努尔哈赤袭封为指挥使，以祖、父遗甲13副，相继兼并海西四部，征服东海女真，统一女真各部。

1616年，努尔哈赤在赫图阿拉称汗，建立名为“大金”的女真政权，史称“后金”，改元天命。脱离了明朝的统治。虽然明朝多次派兵攻打女真族，但都被击败。

1618年，努尔哈赤公布讨明檄文，开始公开起兵反明。

1626年，努尔哈赤在宁远战役中被明军的大炮打伤了，

不久逝世。第八子皇太极继位。

1636年，皇太极在沈阳称帝，改国号大清，改元崇德，清朝正式建立。

1643年皇太极病死，九子福临继位，是为顺治帝。

沈阳故宫始建于1625年，建成于1637年。1644年，清政权移都北京后，成为“陪都宫殿”。从1671年到1829年间，清朝皇帝11次东巡祭祖谒陵曾驻跸于此，并有所扩建。

沈阳故宫是清初皇宫。原名盛京宫阙，后称奉天行宫。沈阳市旧城中心。

李自成征讨山海关

李自成得知吴三桂拒绝投降，带了20多万大军，进攻山海关。吴三桂请求清朝帮助他镇压起义军。多尔衮接到吴三桂求救信，觉得机会来了，他带着十几万清兵，日夜不停地向山海关进军。

李自成20多万起义军来到山海关，依山靠海，摆开一字阵。多尔衮从城头望见起义军阵容整齐，就让吴三桂打先锋，叫清军埋伏起来，自己和几名清将躲在后面山头观战。

李自成登上西山指挥作战。吴三桂带兵一出城，起义军

的左右两翼合围包抄，把吴三桂的队伍团团围住。双方激战时，海边一阵狂风，把地面上的尘沙刮起，一霎时，天昏地黑。多尔衮看准时机，命令埋伏的几万清兵一起出动，向起义军突然袭击。

起义军毫无防备，阵势也就乱了。直到风定下来，才看清对手是留着辫子的清兵。起义军惨遭失败。李自成带领将士边战边退。后撤回西安。

李自成亲征山海关失利，被迫于原明宫草草举行登基仪式，后退出北京。1645 年，李自成在率军南下途中牺牲于湖北九宫山。康熙十三年，湖南宜章莽山被吴三桂攻陷，李锦出家隐居。大顺残余势力结束。

缓解民族矛盾

多尔衮带领清兵进北京后，为稳定社会秩序，安定民心，消除民族矛盾，迎接顺治帝进京。多尔衮首先颁布了一道晓谕天下的檄文，官、军、民等只要不反对新朝，就可以安居乐业，对新朝有功者赏，有罪者罚。

他接着寻访、启用原明朝的官吏，动员他们出来为新朝服务。在实施新政中，多尔衮又听取了原明朝顺天巡抚宋权的建议，尊崇明朝最后一位君王崇祯。多尔衮不仅采纳了这个建议，还扩大到对明朝20代皇帝的全部祭祀。多尔衮这些

做法，对有着浓厚民族观念和忠君思想的汉族人是一个很大的麻痹和安慰。

多尔衮为了巩固清朝统治，他大刀阔斧地改革了明朝一系列腐败的制度，废除了一些由于战争带来的各种苛捐杂税。这些举措，对稳定当时社会秩序，缓和民族矛盾，维护清王朝统治起到了重大作用。

多尔衮在政治上所做的最具深远历史意义的一件大事，就是力排众议，决策迁都。从沈阳迁居北京，开创了清朝发展的新天地。

严禁军队骚扰百姓，更不得抢掠，从而以安民心。

史可法死守扬州

崇祯皇帝在北京煤山自尽的消息传到南京，福王朱由崧登上了南明皇帝的宝座，年号为弘光。皇帝派兵部尚书史可法去扬州督师。

1645年5月10日，清军兵临扬州城下。史可法急忙让防河诸镇将领入城守卫，只有刘肇基带领4000兵赶到。5月20日，多铎率军猛攻，扬州城西北角被清军攻破，史可法悲痛欲绝。大家簇拥着他，试图从小东门突围出去，不幸碰到清军迎面而来，史可法见状大叫：“我就是史可法！”

清军将史可法押解到多铎面前，多铎劝他投降，他厉声说：“我，头可断，身不可屈！”

多铎又劝道：“君不见洪承畴乎？降则富贵。”

史可法轻蔑地说：“我岂能仿效他的行为！我的决心早已下定：城亡我亡！”

清将又劝降了三天，他依然毫不屈服。1645年5月23日，史可法这位坚贞不屈的抗清英雄被杀害了。

史可法，字宪之，号道邻，河南祥符人。世居直隶大兴。在27岁时中了进士，被授西安府推官。30岁又升迁为户部主事。后因镇压农民起义有功，提升为南京兵部尚书。

郑成功收复台湾

1661年的春天，郑成功作出了一个重大决定，即挥师东征，赶走荷兰侵略者，收复台湾，扩大抗清基地。

3月1日，郑成功在金门举行隆重的“祭江”誓师仪式。3月23日，郑成功率领东征大军从料罗湾出发，浩浩荡荡向东挺进，第二天早上，船队陆续到达澎湖群岛。

3月30日晚上，船队顶着狂风，离开澎湖冒险东征。4月1日，到达台湾鹿耳门港外，猛烈炮轰敌舰，击毙了500多人。荷兰在“台湾”的驻军共有2000多人，伤亡惨重，退入城堡龟缩不出。

后来，郑成功围困台湾城。12月，围困八个月的荷兰士兵死伤达1600多人，剩下的不满700人，弹药、粮草几乎用光，荷兰人陷入绝境。

见时机已经成熟，郑成功发动最后总攻。战士们奋勇作战，城墙上出现了缺口。荷兰总督揆一见大势已去，只好投降。

一天，老师给11岁的郑成功出了一个作文题目："小子当洒扫应对进退。"像这样的作文题目，对11岁的小孩子来说，可能不懂得如何去下笔。

可是，郑成功不但是一挥而就，而且气势万钧，他在文章中很简洁地说："汤武之征诛，一洒扫也；尧舜之揖让，一进退应对也。"

康熙智擒鳌拜

1669年5月，康熙帝下诏，命鳌拜进宫议事。鳌拜仍像往常一样走进皇宫，见了康熙皇帝仍旧不跪拜只哈腰，问道："陛下召老臣有何吩咐！"

康熙帝十分生气，厉声喝道："鳌拜你可知罪!"鳌拜一听心知皇上有疑，但他根本没把这位年少的皇帝放在眼里，傲慢地说："臣奉先帝遗诏，辅政八年，何罪之有？"

康熙帝见状更加气愤："大胆鳌拜，结党营私、违犯政令、陷害忠良、图谋不轨，还敢说无罪！来人，拿下这个奸贼！"话音刚落，从后冲出百余名年轻小将一齐奔向鳌拜。没几个回合，鳌拜就被打翻在地，五花大绑地跪在了康熙帝面前。

康熙帝擒住逆臣贼首，立即下令御林军将鳌拜府团团围住，将其儿子、弟弟、侄子及其死党全部擒获归案，并召集文武大臣上殿，公布鳌拜的罪状。

康熙夺回权力，开启清史上新的一页。

孝庄文皇后：是史上有名的贤后，一生培育、辅佐顺治、康熙两代君主，是清初杰出的女政治家。

康熙平定三藩之乱

三藩叛乱，江南失守的消息传到北京，朝廷一片混乱。康熙帝坚定了他的削藩决心，决定派八旗军全力讨伐吴三桂，坚决镇压叛军。

对耿精忠、尚之信，康熙皇帝则软硬兼施。他一方面派他们住在北京的兄弟前往福建和广东进行劝说，一再表示对他们以前的行为不再追究；另一方面，又派八旗军去攻打他们，把他们逼得投降了。

耿精忠和尚之信被降服，给吴三桂以很大的打击。后来，叛军内部也发生了动摇分化。吴三桂手下的大将林兴

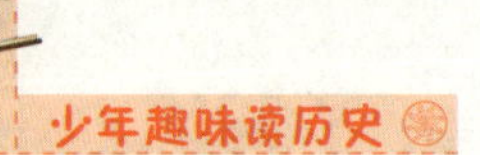

珠、韩大任投降了清军。

有一天，吴三桂听到前线战败的消息，突然中风昏厥。8月17日，他一命呜呼了，

平定三藩之乱，保证了祖国的统一和稳固，对经济的发展和人民安定的生活做出了很大的贡献。

反清复明是指“推翻清朝统治，恢复明朝王室”。清军入关时对汉族人民进行的血腥大屠杀留下的痛苦历史记忆，引起部分汉族人士的强烈不满，他们追忆历史上明王朝统治时期本民族相对较高的社会地位，提出了“反清复明”的口号。

康熙三征噶尔丹

1694年，第一次亲征胜利后，康熙帝约噶尔丹会见，订立盟约。噶尔丹不但不来，还暗地派人到漠南煽动叛乱，扬言他们已经向沙俄政府借到枪兵六万，将大举进攻。内蒙古各部亲王纷纷向康熙帝告发。

1696年，康熙帝第二次亲征。西路军大将费扬古按照康熙帝的部署，在小山的树林茂密的地方设下埋伏。他先派先锋400人诱敌，把叛军引到预先埋伏的地方，然后前后夹击，叛军死伤无数。最后，噶尔丹只带了几十名骑兵脱逃。

隔了一年，康熙帝又带兵渡过黄河亲征。这时，噶尔丹原来的根据地伊犁已经被他侄儿策妄阿那布坦占领；他的左右亲信听说清军来到，也纷纷投降，愿意做清军的向导。噶尔丹走投无路服毒自杀。

自那以后，清政府重新控制了阿尔泰山以东的漠北蒙古，给当地蒙古贵族各种封号和官职。清政府又在乌里雅苏台设立将军，统辖漠北蒙古。

清朝时候，蒙古族分为漠南蒙古、漠北蒙古和漠西蒙古三个部分，都臣服了清朝。准噶尔是漠西蒙古的一支。

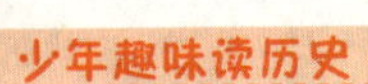

康熙平定西藏

1716年冬，策妄阿那布坦命其弟率6000士兵进攻西藏，两军相持两月之久，拉藏汗兵败被杀，策妄阿那布坦占领布达拉宫，大肆抢劫，连寺庙也没能幸免。

康熙帝得知策妄阿那布坦进兵西藏后，十分震怒，下诏封青海达赖为六世达赖，废除拉藏汗所立的六世达赖。并命第十四皇子胤禵为抚远大将军，坐镇青海统一指挥。清军将领延信带大队人马迎头痛击叛军，策妄阿那布坦前有强大清军的围剿，后有藏民及喇嘛兵的袭击，处境狼狈，很快被清军击败，逃回伊犁。后又归顺清朝。

清军击败策妄阿那布坦后，进入西藏。延信将达赖六世从青海接送到西藏，重新举行了隆重的坐床仪式，成千上万的喇嘛藏民在布达拉宫，朝拜六世达赖。

延信当众宣读皇帝诏书，诏书中规定，西藏从此政教合一，由达赖和班禅统一管理。达赖负责前藏，班禅负责后藏。从而中国西南出现一个长期稳定的局面。

黄教：黄教是藏传佛教格鲁派的俗称，因为该派僧人戴黄色僧帽而得名。创建于1409年，著名的宗教改革家宗喀巴在推行宗教改革过程中形成的，也是藏传佛教中形成最晚的一个教派。

雍正诛年羹尧

1725年2月，天空出现“日月合璧，五星连珠”奇观，人们认为这是祥瑞，纷纷上书皇帝表示庆贺。

年羹尧也写了一份贺词，却把“朝乾夕惕”，写成“夕惕朝乾”，整个意思反了。雍正帝一见，十分震怒，认为年羹尧对皇上不敬，别有所图。立即下诏撤销其大将军之职，调任杭州将军。

谁知到了杭州，雍正又下旨，夺去将军之职，令其看守涌金门。这时年羹尧如梦初醒，不由得牢骚满腹，怨气

冲天。

年羹尧一倒，朝中王公大臣纷纷上奏弹劾年羹尧的罪状。经刑部核实，其罪共92条，供词明白，依照条律应当大辟，其父及兄弟、子孙、叔伯之子、兄弟之子年方16岁以上者皆斩，以下及妇女给功臣家为奴。

雍正看到奏折后，略有所思，然后说：年羹尧有大功于前，姑且从宽，令其自裁。儿子年富斩首。余下15岁以上者充军边关。其父年遐龄、其兄年希尧革职免罪。

年羹尧：字亮工，号双峰，原籍安徽怀远，汉军镶黄旗人，进士出身，高官显爵集于一身。他运筹帷幄，驰骋疆场，立下赫赫战功。

乾隆帝勤于国政

1735年秋天，58岁的雍正帝驾崩于圆明园。他的儿子弘历继位。弘历继位后，第二年改年号乾隆。这就是历史上有名的乾隆皇帝。

乾隆帝勤于国政，可与圣祖、世宗相比。他每日早朝必在5时准时开始。夏季时，天已大亮，而冬季，天还很黑，不论春、夏、秋、冬一律如此，从不误朝。

为便于应付临时事物，乾隆帝命军机处大臣，每晚一人轮流值班。一人办理有困难，又特安排一人早上提前上朝协助办理。

西部边疆用兵时，每次有军报来，虽半夜，也必须呈报皇上，乾隆亲自批阅、处理。1775年，皇帝南巡时，曾在扬州祭祀史可法，并赐谥忠正。两年后命扬州府在扬州梅花岭建祠纪念。乾隆亲自写诗凭吊，并命将其诗刻于碑上，立于祠堂前。

乾隆帝对于有功之臣，除嘉奖、提升外，还下诏绘功臣画像，挂在紫光阁内，并亲自参加祭祀。

康乾盛世：经过康熙、雍正、乾隆等帝王的励精图治，从1681年至1796年，在长达115年时间里，清朝自称“康乾盛世”。

和珅贪腐被查

乾隆帝做满60年皇帝后，传位给了太子颙琰，颙琰即位，即清仁宗，又叫嘉庆帝。

嘉庆帝早知道和珅贪赃枉法的情况，因为他是太上皇乾隆帝的红人，对他的所作所为依旧忍着，朝廷大臣也不敢参奏。1799年，乾隆帝一去世，大臣一上奏，嘉庆帝马上把和珅逮捕起来，命他自杀；并且派官员查抄和珅的家产。

和珅的豪富，本来是出了名的，但是抄家的结果，还是令人大吃一惊。长长的一张抄家清单里，记载着金银财宝，

绫罗绸缎，稀奇古董，多得数都数不清，粗粗估算一下，大约值白银8亿两，抵得上朝廷十多年收入。

嘉庆亲自处理了这桩贪污案，他也不觉暗暗吃惊，自古以来，即便是晋朝以奢华著名的王恺、石崇，也不及和珅的千分之一。自然那查抄出来的大批财宝，都让嘉庆帝派人运到宫里去了。事情传开后，民间就有人编了两句顺口溜讽刺说："和珅跌倒，嘉庆吃饱。"

和珅在1799年被赐白练一条自尽而死。和珅是中国历史上十大奸臣（庆父、赵高、梁冀、董卓、来俊臣、李林甫、秦桧、严嵩、魏忠贤、和珅）之一。

振国威虎门销烟

1839年，道光帝命湖广总督林则徐为钦差大臣，前往广州禁烟。3月10日，林则徐到达广州。他首先肃清走私、包庇、纵容贩毒的贪官污吏，抓住依靠鸦片发了横财而又十分猖狂的伍绍荣，林则徐依律处斩了伍绍荣。又警告了20余名贪官污吏，肃清了内贼后又把利剑直指英国。

英国驻我国的商务监督义律只好将鸦片两万多箱共237万斤全部交出。林则徐宣布：销烟开始！霎时，万众欢腾，士兵们将鸦片与石灰掺在一起，倒入坑里，然后放进海水，顿时气泡翻滚，浓烟冲天，散发出一股呛人的气味。200多

万斤鸦片，整整烧了23天。这些鸦片终于全部被销毁了，就连池子里剩下的黑渣，也都被冲进了大海。

林则徐的虎门销烟运动取得了胜利，可是义律那些英国人是不会善罢甘休的。不久，这些侵略成性的恶人便把这当成借口，发动了罪恶的鸦片战争。

林则徐，福建侯官人，字元抚，又字少穆、石麟，晚号俟村老人等。清朝后期政治家、思想家和诗人，是中华民族抵御外辱过程中伟大的民族英雄，其主要功绩是虎门销烟。

鸦片战争的爆发

虎门销烟后，义律走投无路，说我国违反国际法，破坏通商条例，攻打英国的兵舰与商船，使之损失惨重，要求政府保护他们的利益。英国女王通过国会做出决定，派遣军队进攻我国。命义律的堂兄乔治·义律为侵华总司令，任命伯麦为海军司令，率16艘兵舰，装载540门大炮，英军三个团，印度兵一个团，还有在印度驻防的20多艘兵舰，一齐向我国开来。

1840年6月21日英国侵略军到达澳门，宣布自6月28日起封锁珠江口。从此，历时两年两个月的鸦片战争开始了。

林则徐除加强各炮台的防御，加紧水师、水勇的训练外，并亲笔写信给福建、浙江、江苏、山东、河北等所有沿海各省总督、巡抚，请他们做好防御敌人入侵的准备。同时在广州沿海张贴斩杀洋鬼子的悬赏告示，唤起民众同仇敌忾。

趣味小链接

关天培：江苏淮安府山阳县人，晚清著名爱国名将。著有《筹海初集》及训练图表等。三国名将武圣人关羽后裔。道光皇帝接到虎门胜利的捷报，传谕嘉奖林则徐、关天培及水师们，拨银5万两，赏林则徐玉如意一把，赏关天培宝刀一口。

关天培血溅虎门

关天培，江苏山阳人，历任江苏太湖营水师副将、江南提督。1834年，调任广东水师提督。林则徐禁烟中，他与邓廷桢都是林则徐的得力助手，立下赫赫战功。

62岁的老英雄抱定与虎门共存亡的决心，他立即召集全体将士说："人可死，志不可侮。今日，我等面对强敌，只有决一死战，以报国恩。关某在此，对天盟誓，关某在，炮台在，决不后退!"

英军指挥乔治下令从三面包围，同时开炮，一定要摧毁关天培的主炮台。

关天培手挥大刀，率领兵士与敌人展开肉搏战，大刀、长矛杀得敌人纷纷后退。英军人多势众，官兵伤亡越来越

惨重。

关天培杀得浑身是血，肩头、胳膊已多处受伤，眼看周围尽是英军，老英雄最后劈死一个英军后，仰天大呼："英人可恶，琦善可恨，天培从此殉国了。"手中的剑，向颈部一抹，引颈自刎。

镇远、威远失陷，老英雄壮烈殉国。

虎门炮台：林则徐虎门销烟后，关天培在东莞县虎门要塞积极布防，设置炮台 11 座，大炮 300 多门。义律率军舰 18 艘进攻虎门炮台，关天培身先士卒，率先死战，多次击退英军，终因寡不敌众，关天培与部众 400 余人全部壮烈牺牲。

陈化成血战吴淞

1842年6月，英舰已经开到了吴淞口的长江水面上。吴淞口炮台有东西两座，两炮台由江南提督陈化成亲自驻守。英国军舰越来越近，就连桅杆上的英国国旗都能看得清楚。陈化成大吼一声："放炮！"前面的几艘军舰立刻冒了烟儿，船上高挂的英国国旗也被打成碎片儿，在硝烟中飞散。

陈化成见前后都是敌人，便鼓励士兵们说："弟兄们，皇上把炮台交给了我们。如果我们活着，炮台却丢了，我们

还有什么脸面去见皇上和乡亲父老们呢？今天，我们就是死，也要死在炮台上。”

这时候，后面扑来的洋鬼子已经冲上了炮台。陈化成不顾自身的伤痛，挥舞着大刀与敌人拼杀起来。他一连劈死了三个洋鬼子，一颗炮弹突然在他面前爆炸了。这位七十多岁的老英雄倒在了血泊里。

1842年，清政府签订了我国历史上第一个不平等条约，即《南京条约》。中国把香港割让给英国，赔偿英国2100万元。

陈化成：福建同安县人，鸦片战争爆发时任福建水师提督，迎击英舰，后任江南提督，守卫吴淞，英勇抗英著名将领。

洪秀全金田起义

1847年8月，洪秀全来到紫荆山，与冯云山再次相会。这时杨秀清、萧朝贵、石达开等也加入了“拜上帝会”。看到力量迅速发展壮大，洪秀全立即提议秘密建立军队，制造军械，筹备军费，规定纪律。一支农民武装逐渐形成。

不仅紫荆山如此，整个广西农民起义都如火如荼，迅猛发展，洪秀全觉察到革命浪潮已经到来，于是命令大家1850年11月4日以前赶到金田村集合，准备起义。

两万多会众陆续赶到金田村，会众中农民最多，其次是手工业工人，也有一部分游民、知识分子和地主商人。在这

些会众中，汉族人最多，其余还有壮族、瑶族、苗族等少数民族，这是一支以农民为主体，包括不同阶级、不同民族的农民革命武装。

1851年1月11日是洪秀全的诞辰。就在这一天“拜上帝会”正式宣布起义，建号太平天国，公开宣告同整个封建势力对立。太平军战士立刻发出杀妖的呐喊，喊声震撼了紫荆山麓。历史上有名的金田起义就这么爆发了。

拜上帝会，又称拜上帝教或太平基督教，洪秀全以拜上帝会为组织形式，以信徒为基本力量，发动反清武装起义，建立了太平天国。

太平天国定都南京

金田起义的第三天，洪秀全挥师东进，首战于东岭。洪秀全又趁永安空虚，一举攻下永安。在永安城，洪秀全正式称天王。开始封王建制，封杨秀清为东王、萧朝贵为西王、冯云山为南王、韦昌辉为北王、石达开为翼王、洪大全为德王，秦日纲、林凤祥等首领，各为丞相军师，军队由东王统一调度。

1853年2月14日，整个南京城全部为太平军所占领。3月22日天王洪秀全，在大队人马的护卫下进入南京城，开创太

平天国的新天地，正式建立了与清王朝对峙的政权。

洪秀全建都南京，把南京改为天京，颁布《天朝田亩制度》。实行耕者有其田，有饭同吃，有衣同穿，有钱同使，无处不均匀，无处不饱暖等。

建都南京后，太平天国开始北伐西征。

《天朝田亩制度》是太平天国定都天京后，于1853年颁布的一个以解决土地问题为中心的全面的农民革命斗争纲领和社会改革方案。《天朝田亩制度》以解决土地问题为中心，包括社会组织、军事、文化教育诸方面的太平天国的纲领性文献。

火烧圆明园

第二次鸦片战争爆发后，英法联军占领海淀地区，向圆明园进兵。

圆明园位于北京西郊海淀附近，始建于明朝。历代皇帝精心经营150年，成了世界上最美丽、最宏伟的皇家园林。

闯进园内的侵略军肆意抢掠园里的珍宝，无价的瓷器和珐琅瓶因为太大，无法拿动，干脆打碎；楠木器具、铜器、象牙雕塑也肆意用枪托毁坏。

每一个法国兵都从圆明园抢到价值约三四万法郎的珍贵物品。一名法国军团指挥官抢掠的奇珍异宝和金刚石，价值竟达80万法郎以上。法军军营堆满了各种各样的钟表，五光

十色的绫罗绸缎和数不尽的珍贵文物，价值达3000万法郎。10月18、19日那天，三四千名英国骑兵一齐出动，在圆明园四处放火。霎时间浓烟滚滚，火光冲天。黑烟结成烟团，在天空中向东南流动，长达百余里，日月无光，难辨白昼。

火烧圆明园，这是人们说惯了的一个说法。其实，火烧圆明园的真正概念，不仅是火烧圆明园，而是火烧京西皇家三山五园。

焚毁的范围远远比圆明园大得多。这三山五园是：万寿山、玉泉山、香山三山，清漪园、圆明园、畅春园、静明园、静宜园五园。

慈禧政变篡权

1861年8月22日，年仅31岁的咸丰皇帝病逝。咸丰临终前，口授遗嘱，宣布由6岁儿子载淳继位，并指定载垣、端华、肃顺、穆荫、景寿、匡源、杜翰、焦佑瀛八个亲信为赞襄政务王大臣，辅佐载淳。

载淳即位后，生母懿贵妃叶赫那拉氏被尊为“圣母皇太后”，住西边的长寿宫称为“西太后”，就是慈禧太后。

11月1日，西太后在胜保派亲兵接应下，提早一天回到北京。第二天黎明，载垣、端华刚进宫门，就被埋伏在两旁

的侍卫就地逮捕，并宣读早已拟好的谕旨，将八大臣解职并审判定罪。第二天，两宫太后就开始垂帘听政。改年号为“同治”。

26岁的那拉氏从此走上政治舞台，在以后40多年的时间里，她一直是清朝的最高统治者。这一年，因为是旧历辛酉年，故这一历史事件被称作“辛酉政变”。

肃顺：清末满洲镶蓝旗人，宗室贵族。历任御前大臣、总管内务府大臣、户部尚书、协办大学士等职。深为咸丰帝信任。

慈禧太后：姓叶赫那拉，出生于北京。咸丰帝的妃子，同治帝生母，光绪帝养母。慈禧博学多才，能书善画，书法长于行书、楷书，绘画有花卉等传世。

洋务自强运动

洋务运动的内容很庞杂，涉及军事、政治、经济、外交等，而以“自强”为名，兴办军事工业并围绕军事工业开办其他企业，建立新式武器装备的陆海军，是其主要内容。

从19世纪60年代开始，江南制造局由李鸿章在上海创办；左宗棠在福州创办福州船政局；安庆内军械所由曾国藩创建；1867年，清政府令满洲贵族崇厚在北方筹办天津机器局，1870年交给李鸿章经办。除以上四大局之外，各省督抚为增强地方统治势力，也相继兴办一些军用工业。

洋务派围绕着军事工业也兴建了许多民用工业。尽管洋

务自强运动有其历史局限性，但其出现是进步的。近代军事工业与民用企业的建设促进了近代文化教育事业的兴起，对中国社会发展产生了深远的影响。

沈葆桢：1861 年，清廷任命沈葆桢为钦差大臣，赴台办理海防。由此，沈葆桢开始了他在台湾的近代化倡导之路。

张之洞：提出的“中学为体，西学为用”。1889 年任湖广总督。督办芦汉铁路，并把武汉打造为当时中国最大的重工业基地。

冯子材镇南关大捷

1883年春，法军统帅尼格里带兵占领了中越边境的重镇镇南关。镇南关是中国西南边境的大门。当地民众纷纷来到清军老将冯子材的大营里，要求加入部队赶走侵略军。这一切使尼格里非常害怕。于是他放火烧了镇南关，带领法军退到了文渊城。

冯子材立刻找来了苏元春、王德榜和王孝祺等将领。他讲了一下自己的作战计划，然后命令各位将领马上分头行动。

就在双方恶斗时，法国兵突然乱了起来。原来王德榜以

计率兵袭击了文渊城。法军往前线送食品、弹药的运输队几次都被王德榜打了回去。

洋鬼子在大刀长矛面前，吓得四散奔逃，尼格里也跟着往后逃跑。冯子材不给敌人喘气的机会，率领清军穷追猛打。接连收复了文渊、谅山、北宁等地。在战场上中国军队取得了全面的胜利。

镇南关大捷是鸦片战争以来，中国对外战争中取得的第一次重大胜利。战后，中法两国在天津签订了《中法会订越南条约》。这个条约第一次做到了对外战争不赔款。

中日甲午战争

1894年，即中国旧历甲午年，日本发动侵略中国的战争，史称中日甲午战争。7月25日，日军在牙山口外丰岛海面不宣而战，对中国船队发动了海盗式的偷袭。清政府被迫于8月1日对日宣战。

9月17日，日本舰队在黄海向北洋舰队挑起一场海战。“定远号”是敌舰攻击的主要目标，战斗一开始便中弹数发，船上桅杆被打断。正在指挥的北洋海军提督身受重伤，但拒绝入仓，坚持坐在甲板上督战。

“致远”舰在管带邓世昌的率领下，袭击日舰“吉野”号，不幸被鱼雷击中。舰上的两百余位中国官兵，无一人跳

水离舰，他们在高呼杀敌的喊声中，随自己的军舰沉没在黄海的怒涛中。

管带林永生指挥受伤的“经远”舰独立作战，不幸也中了鱼雷。全舰官兵同仇敌忾，在舰身逐渐下沉的情况下，继续向敌舰猛烈射击。最后，全舰270人除16人获救外，全部为国殉难。

中日甲午战争以侵略者的胜利而告终。1895年3月14日，清政府按侵略者的旨意，派李鸿章赴日本“议和”。4月17日，李鸿章按日本侵略者要求，代表清政府签订了割让“台湾”给日本等丧权辱国的《中日马关条约》。

刘永福保卫台湾

《马关条约》签订的消息一传到台湾，台湾各族人民立刻组织起了抗日队伍。其中规模最大的是徐骧、吴汤兴和姜绍祖率领的民团。各路起义军推举刘永福为抗日的统帅。刘永福就是当年援越抗法的黑旗军首领，后来他的队伍被清政府收编。当时正驻防台南。

义军战士们和敌人展开肉搏战。就在战斗进行到最激烈的时候，刘永福派彭松年带领黑旗军，支援义军来了。

日军少将山根信成被刺死。在义军和黑旗军的英勇奋战中，一千多名敌人被击毙。吴汤兴和彭松年都牺牲了。战斗结束后，随徐骧突围到台南的，只有二十多人了。

徐骧到达台南后，又召集了七百多名高山族兄弟参加了义军。刘永福派王德彪率军把守嘉义，杨泗洪率军帮助徐骧反攻彰化。台湾人民心情振奋，一连打了几个大胜仗。日军吓得躲在彰化不敢继续南犯。

徐骧：清末台湾抗日义军将领。台湾苗栗人。秀才出身。徐骧勤奋耐劳，并善于团结群众，常资助贫苦乡民，深得当地农民的信赖。在抗击日本侵略的新竹保卫战中壮烈殉国。

光绪帝励志自强

以康有为为代表的资产阶级改良派，在民族危机日益严重的情况下，发动了具有爱国救亡意义的维新运动，幻想在不触动封建主义的经济基础及其上层建筑的前提下，通过自上而下的改良，使中国走上资本主义道路。

光绪已长大，慈禧不得已才撤帘归政，由光绪亲政。站在光绪这一边的，有他的师傅翁同龢，他官位较高，多年任

尚书，两度任军机大臣，但实权不大。

1895年4月，日本逼迫中国在日本马关签订《马关条约》的消息传到北京，康有为、梁启超做成上皇帝的万言书，痛陈民族危亡的严峻形势，提出拒和、迁都、练兵、变法的主张，得到在北京应试的1300名举人联名。

因为外省举人到京是由朝廷的公车接送，事件亦被称为公车上书。这次上书，对清政府触动不大，却轰动了全国。“公车上书”揭开了维新变法的序幕。

康有为：广东南海人，近代著名政治家、思想家、社会改革家、书法家和学者，主要著作有《康子篇》《新学伪经考》等。

百日维新

1898年，光绪帝决定变法。他与康有为商量变法步骤，任命他为总理衙门章京，许他专司奏事。康有为又举荐主张变法的同志数人，如内阁候补侍郎杨锐，刑部候补主事刘光第，内阁候补中书林旭，江苏候补知府谭嗣同。光绪帝各赏四品卿衔，让他们担任军机章京，协助主持变法事务。

从6月21日至9月11日，改良派通过光绪帝接连颁发了许多除旧布新的变法法令。主要内容有：废除八股，改革科

举制度；设立学堂，学习西学；奖励新著作、新发明；奖励创办报刊，提倡上书议事；保护和奖励农工商业，修筑铁路，开采矿产；用新法训练海陆军，改革官僚机构，裁减不必要的官员等。1898年是戊戌年，因此称这次变法为“戊戌变法”。

梁启超：中国近代史上著名的政治活动家、启蒙思想家、资产阶级宣传家、教育家、史学家和文学家。

签订《辛丑条约》

1900年6月21日，慈禧太后宣诏招抚义和团，并对列强宣战。正当义和团战士在前线浴血奋战的时候，慈禧太后露出了她卖国的真面目。7月初，慈禧就密令天津提督宋庆，不惜余力，屠杀义和团。在宋庆血腥地镇压下，义和团损失惨重，天津全城很快被侵略者占领。董福祥率军护卫慈禧太后和光绪帝西逃。

8月4日，八国联军从天津沿运河向北京进犯。途中遭到义和团的沉重打击。联军进入北京后，疯狂地进行烧、杀、抢、掠的活动，几天时间，繁华富庶的北京城被洗劫一空。

帝国主义还强迫清政府签订了《辛丑条约》。根据条

约，清政府赔款4亿5千万两白银，加上利息，共9亿8千2百多万两，以海关关税、盐税、常关税作保，在北京设立使馆区，拆毁大沽炮台，外国军队进驻北京等，丧权辱国。

董福祥：甘肃环县人。1897年，奉调防卫京师，董福祥部士兵纷纷加入义和团。清与八国联军议和后，董福祥被清政府革职。

孙中山创建同盟会

1905年夏，孙中山结束了在欧美发动留学生和华侨的工作赶回日本。7月，孙中山、黄兴两人一见如故，孙中山畅谈革命形势，并建议“兴中会”与“华兴会”联合，共同致力革命，得到黄兴赞同。宋教仁得知后，也十分赞同。一些留学生也一致拥护孙中山的主张，组织统一的革命团体。

孙中山被推举为会议主席。讨论的第一个议题是：这个统一组织的名称和宗旨。代表们一致同意叫“中国同盟会”简称“同盟会”。孙中山提出16个字的宗旨：“驱除鞑虏，恢复中华，创立民国，平均地权。”第二个议题：拟定一个会员入会的秘密誓词，在誓词中明确提出“驱除鞑虏，恢复中华，创立民国，平均地权”的革命纲领。孙中山领着代表们庄严宣誓。

中国同盟会的成立，是孙中山领导的民主革命发展过程中的一个里程碑，是中国历史上第一个资产阶级革命政党。

孙中山名文，字德明，号日新，改号逸仙，1897年在日本化名中山樵，遂以中山名世。广东香山人。中国伟大的民主革命先行者。

辛亥革命大爆发

1911年10月10日20时，程定国发出武昌起义的第一枪，起义士兵首先发难攻占楚望台军械库，继而深受文学社和共

进会等革命团体影响的大部分新军共同响应。吴兆麟、熊秉坤率起义部队攻打湖广总督府，在南湖炮队的炮击下，起义军在次日黎明前占领总督衙门，湖广总督瑞澂逃走。

10月12日，革命党人第二十一混成协第四十二标士兵胡玉珍、邱文彬、赵承武等在汉阳发动起义，光复汉阳；随后赵承武率起义军攻占汉口。12月，孙中山从海外回国，17省代表在南京召开会议，选举孙中山为中华民国临时大总统。

1912年2月12日，隆裕太后宣布溥仪退位诏书，清朝灭亡。从此，结束了清朝260多年的封建统治，同时也结束了2000多年来的皇帝专制制度。

吴兆麟：字畏三，号宽元，谱名锡敏。鄂城葛店岳陂村吴家畈人。编著过《战术实施》《参谋旅行》等书籍。